뉴스에서 체온을 찾습니다

뉴스에서 체온을 찾습니다

그늘 속 이야기를 | 비추는 | MBC 뉴스데스크 〈현장 36.5〉 제작기

방송문화진흥총서 249

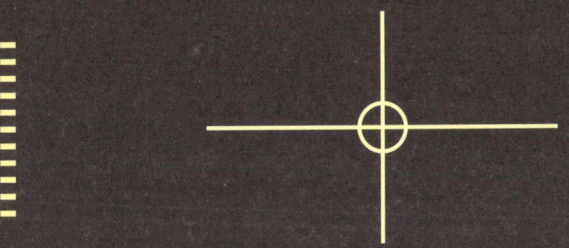

박지민　김승우　김희건　위동원　장영근　허원철
　　김동세　김준형　손지윤　이지호　한지은

싱긋

차례

머리말 〈현장 36.5〉, 평범한 삶의 현장에서

　　　　사람들의 체온을 찾습니다 — 009

프로세스, 영상뉴스는 이렇게 만들어집니다 — 018

〈현장 36.5〉 속으로 — '영상기자의 제작기'와 '기자들의 대화'

1부 — 히어로, 현장에서 만난 평범한 영웅들

1장　'12·12' 그날, 험난한 정의를 택하다 '김오랑' — 052

　　　기자들의 대화 도입부와 정리부, 그래픽 매치 — 061

2장　'평화의 소녀상'을 만드는 사람들 — 074

　　　기자들의 대화 뉴스 영상의 특성과 영상 서사 — 085

3장　스페인 신부의 파란 눈은?… '사랑의 색' — 098

　　　기자들의 대화 인서트와 컷어웨이 — 106

4장　우린 작업복만 빨아요… 1000원 공공 빨래방 — 126

　　　기자들의 대화 영상뉴스의 구성과 화제 전환 기법,

　　　　　　　　　　연역적 및 귀납적 영상 접근법 — 132

2부 — 장애, 함께 사는 세상

5장 '썰매 타고 골을 향해'… 얼음 위에서 하나 된 도전 — 166

　　　기자들의 대화 뉴스의 리듬 — 175

6장 멋진 화가의 꿈… 자폐 화가가 그려내는 아름다운 세상 — 184

　　　기자들의 대화 뉴스 영상의 입체감과 앵글 — 190

7장 당신의 미용실, 문턱을 넘어 함께해요 — 204

　　　기자들의 대화 뉴스 영상 속 구도 — 211

8장 "아빠는 9살"… 한 '돌봄 청년'의 이야기 — 226

　　　기자들의 대화 시청자의 시야를 고려한 뉴스 제작 — 234

3부 — 지역, 먼 곳이 아닌 주변의 이야기

9장 '조선소 훈민정음'… 언어장벽 허물기 — 260

　　기자들의 대화 숏 사이즈와 공정성 — 267

10장 손녀처럼 보이겠지만… 우리 이장님 — 300

　　기자들의 대화 뉴스 자막과 현장음 — 310

11장 '무사히 오기를'… 가족 걱정에 애타는 고려인들 — 326

　　기자들의 대화 사례 취재와 구성 — 335

12장 칠곡 할매 래퍼, '못 배운 한을 노래하다' — 356

　　기자들의 대화 뉴스 속 소리의 종류와 역할 — 363

4부 — 축소사회, 달라진 사회의 단면들

13장 혈연을 넘어… "그렇게 가족이 된다" — 396

　　기자들의 대화 뉴스의 형식과 피처스토리 — 402

14장 느린아이… 전력 질주하는 부모 — 416

　　기자들의 대화 초상권 보호과 포커스 — 425

15장 72년의 잊지 못할 그리움, 여전히 남은 이산가족 — 440

　　기자들의 대화 뉴스 아카이브와 음악의 활용 — 445

16장 '그들을 조국의 품으로'… 유해발굴감식 현장 — 468

　　기자들의 대화 카메라의 높이 — 475

17장 동심까지 치료하는 장난감 병원 — 502

　　기자들의 대화 이미지 표현의 역사 속 뉴스 영상 — 509

머리말
〈현장 36.5〉,
평범한 삶의 현장에서
사람들의 체온을 찾습니다

지인들의 SNS를 보고 있으면 내 삶이 약간 초라하게 느껴질 때도 종종 있을 겁니다. 이 세상에서 나만 불행한 것 같기도 하고 혹시 내가 잘못 살고 있는 건 아닌지 걱정할지도 모릅니다. 그렇게 생각할 필요가 없습니다. 연인과 떠난 해외여행, 가족과 즐기는 근사한 레스토랑의 만찬. 이런 경험들도 사실 타인의 삶에서 발견할 수 있는 극히 일부일 뿐입니다. '보통 사람'들은 대부분 비슷한 행복과 고민을 지니고 살아갑니다. 단지 내가 드러내고 싶은 것만 SNS에 올리다보니 마치 그게 타인들의 삶을 구성하는 전부인 듯 느껴질 뿐입니다. 하지만 공영방송 뉴스는 SNS와 달라야 합니다.

MBC 뉴스데스크는 한 시간 남짓 방송됩니다. 그 시간 동안 우리 사회의 다양한 목소리를 반영하려고 노력합니다. 그럼에도 쏠림은 있습니다. 시급한 정치적 사안과 사회, 경제 이슈에 집중하다보니 그렇습니다. 그 과정에서 뉴스 화면 대부분은 TV에서만 익숙한 사람들로 채워집니다. 알려진 사람, 힘있는 사람의 이야기가 과도하게 대변되는 경향이 생기는 겁니다. 수치를 의식한 탓도 있습니다. 당장 시청자의 눈을 사로잡지 못하면 경쟁에서 뒤처지는 게 현실입니다. 살면서 한 번도 보기 힘든 유명 인사들의 이야기가 뉴스로 보도되면 실제 우리 삶을 바꿀 수 있는 평범한 사람들의 이야기는 묻히곤 합니다.

MBC는 공영방송입니다. 공영방송의 주인은 우리 사회 모든 구성원입니다. 그래서 뉴스데스크가 방송되는 한 시간도 우리 모두의 이야기로 채워져야 합니다. 이를 위해 공영방송 기자들은 보통의 시민들이 살고 있는 '현장'으로 나가야 합니다. 기자 어깨 위의 카메라를 살아가면서 단 한 번도 본 적 없는 농민들, 선한 마음으로 동시대를 묵묵히 살아가는 노동자들, 기자는 우리 사회를 지탱하고 있는 이런 시민들과 연대하며 이들의 삶을 뉴스에 투영해야 합니다. 현장에 답이 있다고들 말합니다. 오직 삶의 현장만이, 그동안 과도히 대변된 사람들이 아니라 우리 사회 구성원 모두와 공영방송의 뉴스 화면을 공유할 수 있기 때문입니다.

〈현장 36.5〉는 장애인, 청년, 다문화가정, 이주노동자 등 하소연할 데가 마땅찮은 사회적 약자나 소외계층에 특히 집중했습니다. 지겹다는

2018년 당시 타이틀.
2021년 개편 후 타이틀.

의견도 있었지만 유독 약자를 조명했던 이유는 형평성 차원입니다. 우리 사회에서 더 많은 배려가 필요한 구성원들이 있듯이 뉴스데스크에서도 마찬가지입니다. 이들에게 좀더 많은 시간이 할애되어야 합니다. 하지만 〈현장 36.5〉가 365일 소외계층만 다루더라도 전체 뉴스 비중으로 보면 미약한 수준입니다. '약자 대변'은 공영방송 뉴스의 가장 중요한 책무 중 하나입니다. 영리를 고려해야 하는 다른 언론사에서는 추구하기 힘든 가치이기 때문입니다. 앞으로도 MBC 뉴스데스크 〈현장 36.5〉가 약자의 목소리에 지속적으로 귀를 기울여야 하는 이유입니다.

기획에서 편집까지,
영상기자들이 만드는 피처스토리

〈현장 36.5〉는 2018년 2월 출발했습니다. 이한열 열사의 운동화가 복원된다는 소식을 당시에 듣고 영상 기획 뉴스로 제작한 것이 그 시초입니다. 영상기자가 기획, 취재, 구성, 편집까지 도맡아서 뉴스를 완성했습니다. 지금의 포맷과 비교하면 앵커 멘트와 기사(내레이션)가 빠진, 영상과 인터뷰 그리고 현장음 위주의 구성이었습니다. 뉴스 포맷의 결핍은 곧 표현력과 전달력의 한계로 이어졌습니다. 그래서 2021년 12월 지금의 포맷으로 개편하게 됩니다. 12·12라는 시의성을 살려, 반란군에 의해 전사한 김오랑 중령의 이야기를 다룬 게 또 한번의 시작입니다.

앵커 멘트와 기사를 장착한 〈현장 36.5〉는 비로소 피처스토리(feature story, 기획 뉴스)를 만드는 데 부족함 없는 형식을 갖추게 되었습니다. 피처스토리는 일반 뉴스처럼 시의성 있는 주요 사안을 효율적으로 다루는 것은 아니지만 많은 매력을 지니고 있습니다. 우선 현장을 찾아 인물을 중심으로 이야기를 풀어내는 스토리텔링 형식이라 흥미롭습니다. 단지 흥미만 좇는 것은 아닙니다. 피처스토리의 흥미로운 서사는 그 이면에 있는 진실로 접근해가는 과정입니다. 실타래처럼 얽힌 복잡한 현상도 우리 이웃의 삶 속 이야기를 통해 접근하면 그 진면목을 더 편안하고 설득력 있게 전달할 수 있습니다.

이 책은 그 피처스토리를 제작하는 과정을 담았습니다. 우선 '제작기'가 있습니다. 일종의 성찰적 에세이입니다. 제작 당시 많아야 5년 차 정도였던 영상기자들, 사회 초년생에 가까운 이들이 어떤 문제의식에서 이런 아이템을 발제했고 이야기를 끌고 갈 인물과 사례는 어떻게 선정하고 섭외했는지 설명합니다. 이야기를 풀어내기 위한 영상취재, 편집 계획과 그 계획의 수정, 그 과정에서 겪은 시행착오를 가감 없이 풀어냅니다. 무엇보다 현장에서 약자나 보통 사람의 목소리를 직접 접하면서 느낀 감정과 이를 통해 품게 된 우리 사회의 변화에 대한 바람을 이야기했습니다.

2018년 2월 1일 뉴스데스크 「'1987' 이한열 열사의 운동화」.

2018년 첫 〈현장 36.5〉.

뉴스에서 체온을 찾습니다

2021년 12월 12일 뉴스데스크 「'12·12' 그날, 험난한 정의를 택하다 '김오랑'」.

2021년 개편 후 첫 〈현장 36.5〉.

2021년, 저는 뉴스 영상2팀장으로서 〈현장 36.5〉의 포맷을 개편하면서 저연차의 기자들과 일할 기회가 생겼습니다. 20년 넘게 영상기자로 일하면서 쌓은 경험을 전수할 수 있는 좋은 기회였습니다. 후배들이 제작 과정에서 충분히 고민할 수 있는 시간을 줬습니다. 그 과정에서 실패할 기회도 제법 가졌을 거라 생각합니다. 물론 방송이 코앞에 닥치면 데스크가 개입하기도 했습니다. 함께 아이템을 선정하고 기사를 고쳐주고 편집하면서 많은 대화를 나눴습니다. 대화의 내용을 되돌아보자면, 지금은 일취월장한 후배들 입장에서는 아마 지극히 기본적인 것들이었다고 생각할지도 모릅니다. 하지만 당시에는 후배들이 상당히 진지한 태도로 팀장과 이야기를 나누었던 기억이 납니다.

데스킹을 하면서 후배들과 나눈 다양한 이야기들을 '기자들의 대화'라는 글로 엮어 제작기에 덧붙여봤습니다. 학문적으로 부정확할 수 있는 부분이 있어서 대화 형식을 빌렸습니다. 후배들과 한자리에 앉아 대화를 복원했으면 좋았겠지만 여건상 불가능했습니다. 이 글을 쓰는 지금도 국내외 취재현장으로 모두 뿔뿔이 흩어져 있기 때문입니다. 〈현장 36.5〉 제작 당시의 구성, 촬영 및 편집 기법을 중심으로 썼습니다. 그 기법들이 일반 뉴스에서는 어떻게 활용되는지도 추가했습니다. 이해를 돕고자 다른 매체에서도 예시를 찾았습니다. 〈현장 36.5〉의 취지를 소개하는 인터뷰를 한 적이 있는데, 이 코너를 설명해주는 해당 인터뷰는 하단에 QR코드로 첨부했습니다.

주니어 기자들에게도 유익했던 만큼 언론이나 영상을 공부하는 학생이나 뉴스에 관심이 많은 분에게도 이 책이 괜찮은 읽을거리가 되었으면 좋겠습니다.

MBC 뉴스영상국

뉴스영상편집팀장 박지민

〈미디어스〉 인터뷰
「MBC 영상기자 전담 리포트 '현장 36.5' 제작기」

프로세스,
영상뉴스는
이렇게 만들어집니다

❶ 아이템 발제

① 아이템 리스트

평소 〈현장 36.5〉의 주제에 부합한다고 생각했던 소재, 기자의 관심 사안, 최근의 화제 및 논란(인터넷, 지역신문, 전문지, 잡지 참조) 등의 아이템들을 무작위로 정리한다. 팀장과의 회의를 거쳐 다시 아이템들 사이의 우선순위를 정한다. 의미의 중대성, 취재 일정, 섭외 가능성, 제작의 용이성, 시청률 등을 복합적으로 고려하는데 최종적으로 숏리스트(shortlist)를 두세 개 정도로 압축한다.

② 아이템 발제시 고려 사항

전화나 이메일로 취재원과 소통하며 숏리스트에 오른 아이템들에 대해 간단한 사전 취재를 거친다. 알려진 내용이 실제로 맞는지 팩트 체크를 하는 것은 기본이다. 취재원이 방송 일정에 맞춰 취재에 응할지 여부, 영상취재가 가능한 부분은 어떤 것들이 있는지 등의 여건들을 여러 모로 검토한다. 이어 다시 한번 팀장과 시의성, 화제성, 시급성(동일 사안에 대한 타사의 취재) 등을 종합적으로 따져본 뒤 하나의 아이템을 최종적으로 선정한다.

선정 기준은 다양했다. 「'시한부'… '난임'의 또다른 이름」 「"독박육아는 없다"… 옆집 아빠들의 육아 일기」 등은 2023년 방송문화진흥회가 선정한 토픽인 '저출생' '인구절벽'이라는 사회적 의제에 기반해서, 「할머니는 소아외과 의사 선생님」은 당시 소아청소년과 등 필수 의료 분야 의사의 부족 이슈에 따라, 「무사히 오기를'… 가족 걱정에 애타는 고려인들」 「평화를 노래하는 음악인들」은 러시아-우크라이나전쟁의 발발이라는 이슈에 따라, 「12·12 그날, 험난한 정의를 택하다 '김오랑'」 「응급구조사가 된 세월호 생존 학생」은 특정 날짜(기념일, 추모일 등)에 맞춘 시의성에 따라, 「상어주의보… 피서객을 지켜라!」 「해운대를 지켜라… 태양보다 뜨거운 수상구조대」는 여름이라는 전형적인 계절성 아이템에 따라 선정되었다.

시청자의 시선을 사로잡으려면 화제성이 있거나 소위 그림이 되는

2023년 8월 13일 뉴스데스크 「'평화의 소녀상'을 만드는 사람들」.

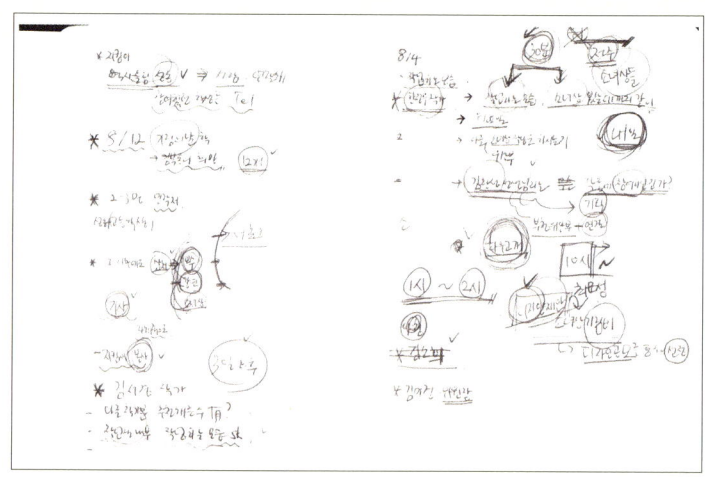

위 메모는 손지윤 영상기자가 〈현장 36.5〉
「'평화의 소녀상'을 만드는 사람들」을 제작할 당시에 쓴 것이다.
손 기자는 광복절을 즈음해서 뉴스 소재를 찾다가
예전에 '과연 소녀상은 누가 만드는 걸까?'라는
사소한 호기심을 적은 메모에서 영감을 얻어 취재를 시작했다.
평소 실생활에서 마주치는 모든 것은 아이템이 될 수 있다.
같이 일하는 동료, 친구, 부모님과의 일상적인 대화에서도
아이템이 될 만한 것이 있다면 일단 메모해야 한다.
제작 가능성을 타진해보는 것은 차후의 문제다.

아이템이 좋다. 하지만 가장 중요히 생각할 부분은 사회적 울림, 즉 아이템이 뉴스로 드러낼 수 있는 메시지다. 한편 〈현장 36.5〉는 주로 주말 뉴스데스크에 방송되는 관계로 제작 기간이 제한적이다. 그래서 해당 방송일까지 제작을 완료할 수 있는지 제반 일정 및 섭외 여부도 잘 따져봐야 한다. 해당 아이템이 우리 사회의 마이너리티를 조명한다는 〈현장 36.5〉의 기본 콘셉트에 부합한다면 물론 더할 나위 없다.

❷ 아이템 선정

① 소재

영상기자 개인의 사회적 관심 분야에 따라 소재는 다양하게 정해진다. 〈현장 36.5〉의 소재는 2024년 기준으로 '사회적 공헌'이 가장 큰 비중을 차지했다. 이어 최근 이슈, 장애, 사회문화적 다양성, 지역, 저출생과 고령화, 화제의 인물 등의 순이었다. 뉴스 소재를 찾을 때 가장 자주 사용되는 방법은 방송 일정에 맞춰 시의성을 따지는 일이다. 현시점에 적절한 소재를 찾으려고 중앙지는 물론 인터넷이나 지역 언론을 샅샅이 뒤지는 경우가 많다.

타 언론사에서 이미 다룬 내용이라도 크게 문제가 되지 않는다. 다른 시각과 제작 방식으로 차별화하면 완전히 다른 뉴스를 만들 수 있기 때문이다. 2023년 8월 13일 주말 뉴스데스크의 경우 광복절에 즈음해서 '평화의 소녀상'이라는 소재를 발굴했다. 다른 언론사에서도 이미 많이 다룬 소재였다. 하지만 소녀상에 집중하는 것이 아니라 소녀상을 만드는 사람들의 이야기에 초점을 맞춰서 새로운 뉴스를 만들 수 있었다.

② 섭외

기본적으로 전화로 섭외 가능성을 타진한다. 그래서 취재원의 연락처를 확보하는 것이 중요하다. 이를 위해 인터넷을 뒤지거나 소속 기관에 연락을 취할 때도 있고 해당 인물을 먼저 취재한 타 언론사 기자와 접촉하기도 한다. MBC 뉴스정보시스템인 MARS는 많은 취재원 정보를 저장하고 있다. 이를 참고하여 동일 분야 관계자에게 섭외 도움을 청하거나 해당 분야 전문가에게 자문하기도 한다.

취재와 촬영을 병행하기에, 영상취재 장비를 활용하기 위한 허가도 미리 받아야 한다. 취재 대상이나 장소의 특성 등을 염두에 두고 어떤 장비를 사용할지 결정하게 되는데 장비의 선정에 따라 영상 스토리텔링의 구조 역시 함께 변한다. 김준형 영상기자는 〈현장 36.5〉「"정치는 이어달리기"… 바통을 주고받은 국회 이삿날」에서 21대 국회 마지막날의 풍경을 취재했다. 아이템의 성격상 국회 안팎을 입체적으로 보여주는 게 중요했다. 드론 촬영은 필수였다. 이에 국회사무처로 사전에 공문을 보내 협조를 구했고 이삿날 당일 무리 없이 드론 촬영을 할 수 있었다. 촬

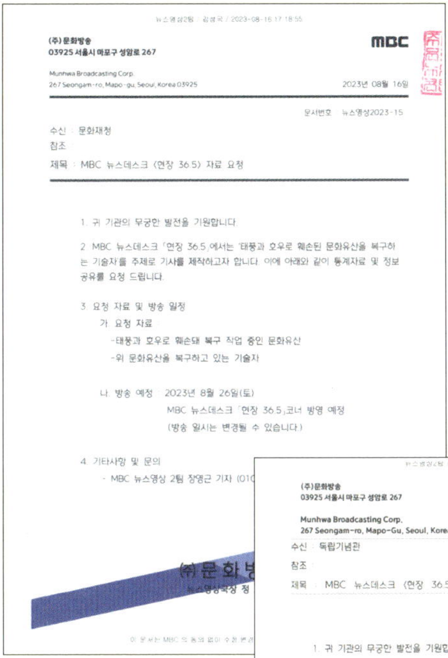
(주)문화방송
03925 서울시 마포구 성암로 267

Munhwa Broadcasting Corp.
267 Seongam-ro, Mapo-gu, Seoul, Korea 03925

MBC

2023년 08월 16일

문서번호 : 뉴스영상2023-15

수신 : 문화재청
참조 :
제목 : MBC 뉴스데스크 〈현장 36.5〉 자료 요청

1. 귀 기관의 무궁한 발전을 기원합니다.

2. MBC 뉴스데스크 「현장 36.5」에서는 '태풍과 호우로 훼손된 문화유산을 복구하는 기술자'를 주제로 기사를 제작하고자 합니다. 이에 아래와 같이 통계자료 및 정보 공유를 요청 드립니다.

3. 요청 자료 및 방송 일정
 가. 요청 자료 :
  -태풍과 호우로 훼손돼 복구 작업 중인 문화유산
  -위 문화유산을 복구하고 있는 기술자

 나. 방송 예정 : 2023년 8월 26일(토)
  MBC 뉴스데스크 「현장 36.5」코너 방영 예정
  (방송 일시는 변경될 수 있습니다.)

4. 기타사항 및 문의
 - MBC 뉴스영상 2팀 장영근 기자 (010

(주)문화방송
뉴스영상국장 정

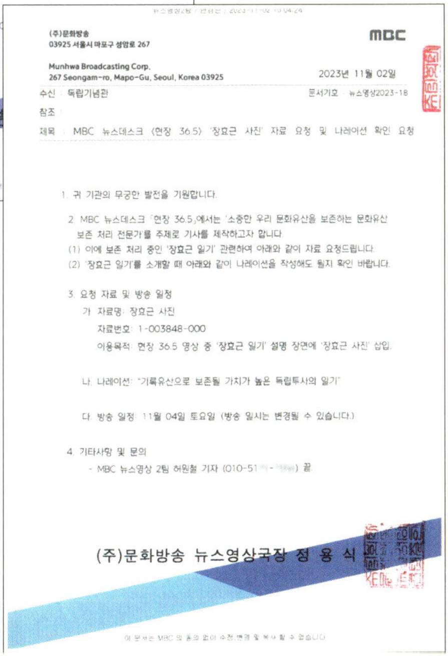
(주)문화방송
03925 서울시 마포구 성암로 267

Munhwa Broadcasting Corp.
267 Seongam-ro, Mapo-Gu, Seoul, Korea 03925

MBC

2023년 11월 02일

수신 : 독립기념관
참조 :
제목 : MBC 뉴스데스크 〈현장 36.5〉 '장효근 사진' 자료 요청 및 나레이션 확인 요청

문서기호 : 뉴스영상2023-18

1. 귀 기관의 무궁한 발전을 기원합니다.

2. MBC 뉴스데스크 「현장 36.5」에서는 '소중한 우리 문화유산을 보존하는 문화유산 보존 처리 전문가'를 주제로 기사를 제작하고자 합니다.
(1) 이에 보존 처리 중인 '장효근 일기' 관련하여 아래와 같이 자료 요청드립니다.
(2) '장효근 일기'를 소개할 때 아래와 같이 나레이션을 작성해도 될지 확인 바랍니다.

3. 요청 자료 및 방송 일정
 가. 자료명: 장효근 사진
  자료번호: 1-003848-000
  이용목적: 현장 36.5 영상 중 '장효근 일기' 설명 장면에 '장효근 사진' 삽입.

 나. 나레이션: "기록유산으로 보존될 가치가 높은 독립투사의 일기"

 다. 방송 일정: 11월 04일 토요일 (방송 일시는 변경될 수 있습니다.)

4. 기타사항 및 문의
 - MBC 뉴스영상 2팀 허원철 기자 (010-51[illegible]) 끝.

(주)문화방송 뉴스영상국장 정 용 식

이 문서는 MBC의 동의 없이 수정, 변경 및 복사 할 수 없습니다.

취재원 섭외, 자료 요청,
사용 허가 등을 위해
문화재청과 독립기념관에
발송한 협조공문.

2024년 6월 1일 뉴스데스크 「"정치는 이어달리기"… 바통을 주고받은 국회 이삿날」.

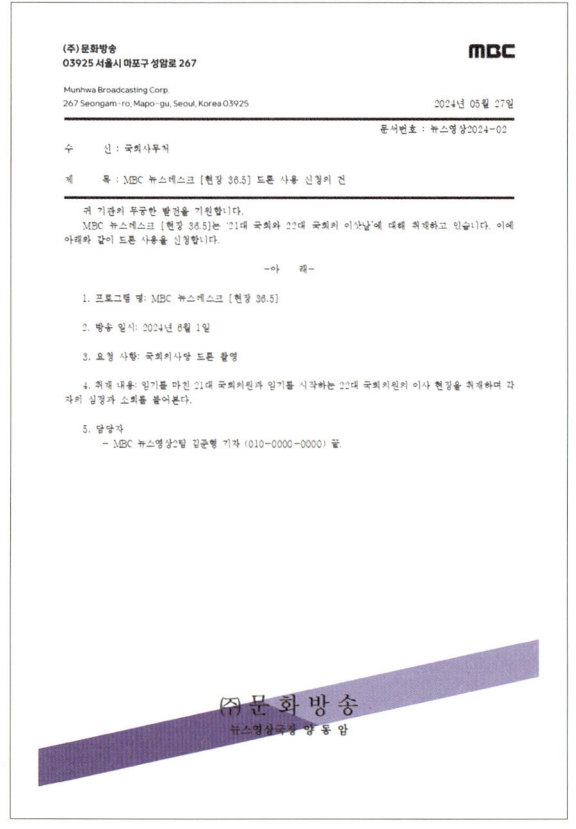

국회 경내에서 드론 촬영을 하기 위해 국회사무처로 발송한 협조공문.

영 허가 절차에는 언제나 일정한 시간이 소요된다. 그러므로 더 친절하고 견고한 영상 스토리텔링을 위해서는 행정적인 부분도 간과해선 안 된다.

주말 뉴스데스크 코너 「현장 36.5」 '국회 이삿날'(가제) 기획안

MBC 뉴스영상국 영상기자 김준형

기획 의도
21대 국회 문을 닫는 의원의 마무리와 22대 국회의 문을 여는 국회의원의 시작을 조명하여 새 국회에 대한 기대감을 고취하는 동시에 이전 국회, 소수정당에서 마무리하지 못한 과제에 대한 지속적인 관심을 부탁한다.

주요 내용
개혁신당 비례대표 1번 이주영 의원의 국회 첫 출근길과 출근 전 준비 과정으로 시작.
국회를 마무리하고 의원실을 정리하며 떠나는 녹색정의당 장혜영 의원으로 이어지는 역순행적 구성.

	내용	조율 필요한 부분
1	국회의원 배지를 달고 국회로 처음 출근하는 이주영 의원. 첫 출근에 대한 솔직한 느낌을 말한다.	5월 30일 첫 출근 전 배지를 가족이 달아주는 등 출근 특이 사항이 있으면 알려주세요.
2	정치인 이전에 한 일(소아과의사)을 말하며 그와 관련된 현장 그림.	의료업 관련 일정(의료계 현안 관련 회의 등)이나 정치인이 되면서 새로 생긴 일정(라디오나 방송 등)이 있으면 알려주세요.

3	첫 출근 전 의원실 짐 넣는 날. 정치인 이전 업무나 정치인으로서의 목표와 관련된 오브제를 설명하며 앞으로의 각오를 다진다.	짐 넣는 날 정해지면 알려주세요. 해당 날짜에 의원실에서 인터뷰도 진행하면 좋을 것 같습니다.
4	반면 짐을 빼는 두번째 주인공 장혜영 의원. 방에 있던 오브제를 설명하며 21대 국회 활약상을 설명한다.	짐 빼는 날을 대략 들었는데 해당 부분을 촬영하고 인터뷰 진행할 날짜를 조율하면 될 것 같습니다.
5	원내대표 직무대행으로 녹색정의당 회의를 진행. 회의 이후 동료 의원들과 이야기를 나누면서 녹색정의당 퇴장에 대한 아쉬움을 전한다.	회의 이후 동료 의원들과 가벼운 담소를 나누는 모습 촬영과 동료 의원 한두 분 정도 퇴장에 대한 아쉬움과 우려를 짧게 말씀해주시면 좋을 것 같습니다.
6	해당 의원실에서 장혜영 의원이 마지막으로 일하는 날 밤. 일을 마치고 남은 짐을 챙겨서 의원실을 떠난다. 이번 국회에서 마치지 못한 소수자 관련 어젠다를 다음 국회에 당부하며 마무리.	해당 촬영이 가능한 날짜가 24일이라고 들었는데 해가 지고 밤까지 촬영 가능한지 일정 확인이 필요합니다.

③ 데스크와의 상의 및 허가

아이템을 선정하고 촬영 장비 사용에 따른 제작 기법까지 어느 정도 정해지면, 기획안을 작성하고 이를 토대로 팀장과 상의를 시작한다. 2주 (1주 차의 경우 일반 뉴스 아이템 취재를 병행하므로 실제로는 일주일 동안 완성)라는 제작 기간 내에 '취재-촬영-편집'까지 완성할 수 있는 다양한 조언을 듣는다. 주제를 제대로 전달하려면 빠뜨려서는 안 될 영상 목록, 인터뷰 질문 리스트는 물론 피사체를 부각할 수 있는 제작의 기술적 요소

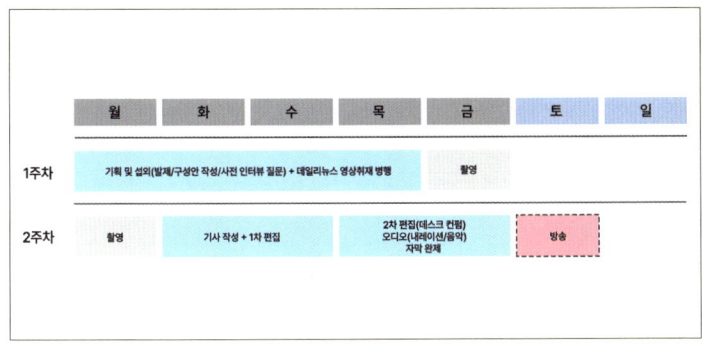

〈현장 36.5〉 제작 일정표.

들까지 포함된다. 출장 등 세부 제작 일정까지 논의가 끝나면 본격적인 제작 허가를 받게 된다. 이 과정에서 촬영이나 편집 등 제작을 담당하는 영상기자가 바뀌는 경우도 있다. 한정된 인력으로 운영되는 팀 내부 여건 때문이다. 영상기자의 주된 임무는 하루하루 일어나는 이슈들을 망라하는 '데일리 뉴스 영상취재'이기에 이런 상황은 감수할 수밖에 없다.

❸ 사전 취재

① 현장 답사

전화 취재와 기존 매체를 통해 취합한 내용들과 실제 상황이 다르지 않은지 현장 답사로 알아보는 것도 좋다. 미리 사실관계를 파악하는 것이다. 손지윤 영상기자는 〈현장 36.5〉「"미리 만나는 사회, 놀이터"」편을 제작하고자 사전에 서울 시내 주요 공공놀이터 몇 곳을 방문했다. 실제 취재가 이뤄질 제주도에 가서 예기치 않은 변수를 만난다면 손쓸 수 없기 때문이다. 강동구의 한 놀이터를 방문해서는 아이들이 가장 많이 모이는 시간은 언제인지, 실제로 놀이터에 아이들이 얼마나 오는지, 아이들은 어떤 놀이 기구를 가장 흥미 있어 하는지, 놀이터를 만드는 제작자의 의도는 무엇일지, 촬영과 인터뷰는 어떤 식으로 진행할지 등을 미리 파악했다.

　현장 답사는 촬영 기법의 효과를 미리 가늠해보는 시뮬레이션의 목적으로도 중요하다. 현장에서 어떤 장애물을 만날 가능성이 있는지, 자신의 예상대로 촬영 장비를 활용할 수 있을지 등을 미리 파악할 수 있기 때문이다. 손지윤 영상기자는 〈현장 36.5〉「우리 동네 도로명의 비밀」편을 제작하고자 퇴근길에 충정로역과 매헌(양재시민의숲)역을 찾았다. 애국지사의 호(號)를 따라 이름을 지었다는 공통점이 있는 지하철역들이다. 현장에 도착해서 주제와 관련된 피사체들이 어디에 있는지 미리 파악했다. 간 김에 머릿속으로만 구상해왔던 촬영 기법도 시험삼아 스마트폰으로 찍어보았다. 매헌역 지하에서 지상 도로로 수직 이동하는 화면전환 효과였는데 승강장 구조가 화면에서 어떻게 표현되는지 대충이라도 확인할 수 있었다.

2023년 5월 20일 뉴스데스크 「미리 만나는 사회, 놀이터」.

2023년 10월 21일 뉴스데스크 「우리 동네 도로명의 비밀」.

② 취재원 사전 취재 및 질문 리스트 작성

촬영에 들어가기에 앞서 예비 구성안을 만들면 현장에서 유용하다. 〈현장 36.5〉는 일반 뉴스와 달리 기사를 주축으로 서사를 구성하는 방식이 아니다. 인물의 인터뷰(◀ INT ▶ 또는 ◀ SYNC ▶)와 현장음(◀ EFFECT ▶)이 구성의 뼈대가 되고 약간의 내레이션(◀ NAR ▶)이 논리의 공백을 메워주는 형식이다. 그래서 현장에 나가기에 앞서 영상기자는 머릿속으로 완성된 뉴스에 대한 어느 정도의 얼개를 가지고 있어야 한다. 일종의 짜임새에 대한 계획인데 이를 예비 구성안이라고 부른다. 예비 구성안을 만들려면 철저한 사전 취재가 필요하다.

예비 구성안은 사전 취재를 바탕으로 예측한 인터뷰를 포함하고 있다. 현장에서 이런 인터뷰 내용들을 효과적으로 확보하려면 질문 리스트를 만들어야 한다. 뉴스 구성의 묘미를 살릴 수 있는 사람들 사이의 대화나 인상적인 현장음 역시 예상해서 리스트로 만들면 좋다. 취재원의 입을 통해 기자가 듣고 싶었던 내용을 끌어내려면 영리하게 질문을 던져야 한다. 현장에서 이런 언어적 요소들을 누락하면 뉴스의 논리를 구성할 때 큰 구멍이 생기기 때문이다.

　허원철 영상기자가 제작한 「'시한부'… '난임'의 또다른 이름」 편은 난임이라는 까다로운 소재를 선택했다. 저출생이라는 사회적 문제를 다른 앵글로 바라본 것인데 서른을 갓 넘긴 비혼 기자에게는 관련 지식이 전혀 없었다. 현재 난임 부부들이 처한 현실은 어떤지, 어떤 제도적 지원이 필요한지 일목요연하게 정리한 예비 구성안을 만들기 위해서는 전문가의 자문이 필요했다. 이에 해당 분야 권위자로 알려진 분당차여성병원 김지향 교수에게 공문을 보내기로 했다. 사전 취재 단계에서의 공문은 뉴스에서 다룰 내용을 비교적 간단한 질문 형식으로 포함하고 있다. 물론 본 취재에서는 이보다 훨씬 심층적인 인터뷰가 진행된다. 이를 통해 확보한 전문가의 식견은 뉴스의 전반적인 짜임새를 변화시키는 것은 물론 때론 뉴스의 방향성까지 바꾸는 경우도 있다.

2024년 1월 14일 뉴스데스크 「'시한부'… '난임'의 또다른 이름」.

사전 취재 과정에서 분당차여성병원에 보낸 질문지.

❹ 영상취재(촬영)

① 상황(scene)별 영상 스케치

　사전 취재를 바탕으로 현장에서 촬영할 수 있는 상황들을 머릿속에 그려본다. 그런 가상의 상황들, 인터뷰, 현장음 등의 요소들을 이야기가 되도록 엮은 것이 예비 구성안이다. 물론 기자에게 선입관을 심어줘서 예비 구성안이 현장에서 마주친 새로운 사실들을 외면하게 만든다는 비판도 있다. 현장은 예비 구성안 속에서 상상했던 내용과 딱 맞아떨어지지 않는다. 그래서 현장에서 발생하는 변수에 맞춰, 구성했던 내용을 수정해가며 촬영을 이어가야 한다. 같은 시간과 장소에서 일어난 상황들, 즉 다양한 신(scene)을 확보해가는 것이 영상취재의 기본이다. 현장 상황을 영상으로 묘사하는 것을 그림 그리는 행위에 빗대어 '스케치한다'고 말하기도 한다.

　현장 상황을 스케치할 때는 항상 주제와의 연관성을 생각하며 배경 정보, 현장의 이미지와 분위기, 인물의 동작과 표정, 현장음 등을 세밀하게 포착해야 한다. 제대로 찍지 못했거나 강조해야 할 부분이 있다면 영상이 상황을 설명할 수 있는 수준이 될 때까지 촬영을 계속한다. 그런 식으로 예비 구성안에 포함된 리스트들을 하나씩 지워간다. 물론 예상하지 못했지만 좀더 괜찮은 상황이나 현장음 등이 촬영되면 이런 요소들을 살리는 방향으로 구성을 적극적으로 수정해야 한다.

현장음은 기자의 개입 없이 포착할 수 있는 사람들 사이의 대화, 혼잣말, 환호나 울음소리 또는 주변 배경음 같은 것들이다. 인위적이고 딱딱한 느낌을 주는 인터뷰와 달리 뉴스의 메시지와 분위기를 자연스레 살리는 중요한 제작 요소이다. 즉 사실적인 구성을 강조하면서 제작 완성도까지 높이려면 다양한 현장음이 필수적이다. 그러므로 영상기자는 상황을 면밀하게 관찰하며 영상 스케치를 하는 동시에, 결정적인 현장음이 확보될 때까지 녹화를 멈추지 않아야 한다. 이를 위해 촬영중에도 머릿속으로는 구성을 떠올리며 시각과 청각 신경을 모두 곤두세워야 한다.

「"정치는 이어달리기"… 바통을 주고받은 국회 이삿날」의 예비 구성안	
#1 새로 국회에 입성한 이주영 의원은 누구인가? -1-	◀ 앵커 ▶ 앵커 멘트 추후 작성 예정. #1 새로 국회에 입성한 이주영 의원은 누구인가?-1- 이주영 의원실 짐 넣는 그림 ◀ NAR ▶ 아침부터 이사로 분주한 국회. 생소한 얼굴이 눈에 띄는데요. ◀ EFFECT ▶ 이주영 "여기로 옮겨주세요. 아 출입증이 필요하다고요? 아직 안 받았는데…." -분주하고 어설프고 인간미 있는 현장음- ◀ SYNC ▶ 이주영(22대 국회의원) "이번에 22대 국회에 개혁신당 비례대표로 들어왔습니다." ◀ EFFECT ▶ 이주영 "(청진기를 가리키며) 이건 현장에 있을 때 사용한 건데 초심을 잃지 않으려고 가지고 들어왔어요."

#2 새로 국회에 입성한 이주영 의원은 누구인가? -2-	의료계 종사자 출신 느낌의 그림 ◀ NAR ▶ 현장에서 직접 환자들과 만난 이주영 의사는 왜 정치인이 되었을까요? ◀ SYNC ▶ 이주영(22대 국회의원) "한 10년 정도? 지역에 있는 소아청소년과 응급실에서 근무했어요." ◀ EFFECT ▶ 이주영 "저 있을 때보다 더 바빠진 것 같아요." 의료계 종사자 "아무래도 의정 갈등 때문에…." ◀ SYNC ▶ 이주영(22대 국회의원) "(대충 의사는 해결하기 힘들었던 의료계의 문제가 많았다는 에피소드와 그래서 정치에 뛰어들었다는 이야기 등)" 이주영 의원실 정리를 대충 마치고 자리를 정돈하고 앉는 이주영 의원 ◀ SYNC ▶ 이주영(22대 국회의원) "(어떤 각오가 있고 어떤 입법을 준비하고 있는지, 어떤 정치인이 되고 싶은지 등 열정과 패기를 느낄 수 있는 말)"

#3 국회를 정리하고 퇴장하는 장혜영 의원 -1-	이주영 의원실에서 장혜영 의원실로 넘어가는 트랜지션 ◀ NAR ▶ 가까운 옆집 의원실은 기대보다 탄식이 가득합니다. (분위기에 맞춰서) ◀ EFFECT ▶ 장혜영 "(울적하거나 유쾌하거나 짐 정리 상황에 맞는 현장음)" ◀ SYNC ▶ 장혜영(21대 국회의원) "이번에 저희 녹색정의당은 원외로 나가게 됐어요. 정권 심판의 적임자가 아니라고 생각하신 것 같아요. 받아들여야죠." ◀ EFFECT ▶ 장혜영 "이건 발달장애인 24시간 보호 체계 마련 입법을 준비할 때인데요. 어머님들이랑 현장에서 함께 삭발했어요. 잘 어울리지 않나요?" ◀ SYNC ▶ 장혜영(21대 국회의원) "가족이 발달장애인이라 정말 중요하게 생각한 이슈였는데, 결국 입법에 실패하고 나가는 게 마음이 안 좋아요. 다음 국회에서도 이 문제에 진심일까? 걱정은 있죠."

#4
국회를 정리하고
퇴장하는
장혜영 의원
-2-

원내대표 직무대행으로
신임 대표자 유세를 진행하는 장혜영 의원

◀ EFFECT ▶
장혜영 "신임 대표는 우리 당을
잘 이끌어주시길 부탁드립니다."

◀ SYNC ▶
장혜영(21대 국회의원)
"우리 당이 전체적으로 사기가 떨어진 건
어쩔 수 없는 것 같아요. 제 개인이나
당 후원금 계좌로 많은 분이 도움 주시는 걸 보면
아직 저희에게 거는 기대가 많다고 믿어요."

행사가 끝나고 같은 당 의원들끼리
담소를 나누는 상황

◀ EFFECT ▶
???(녹색정의당 의원)
"노란봉투법을 포함해서 못 하고 가는 일이
너무 많아서 속상하죠. 그래도
우리의 역할이 분명하게 있으니까
열심히 해서 복귀할 생각입니다."

해가 지고 밤이 되어 불이 켜지는 국회 타임랩스

늦은 시간 의원실에서 업무를 하고 남은
마지막 짐을 빼는 장혜영 의원과 기대감으로 가득한
이주영 의원의 국회 출근길을 교차로 편집하며 마무리

◀ SYNC ▶
장혜영(21대 국회의원)
"다른 것보다 저와 당에서 지켜봐온
노동, 여성, 환경, 장애인 관련 이슈를
다음 국회가 소홀히 생각하지 않고
열심히 다뤄주셨으면 좋겠다는 생각입니다."

② **인터뷰**

인터뷰는 〈현장 36.5〉의 스토리텔링을 지탱해 주는 핵심 요소이다. 인터뷰는 구성상 상황의 설명, 감정의 전달, 주장 혹은 근거 등의 목적으로 활용된다. 사전 취재를 통해 현장에서 만날 상황과 인터뷰 답변까지 어느 정도는 예측할 수 있다. 하지만 현장에서 예상 대부분이 빗나가고 새로운 구성의 조건과 이유가 생겨나기 마련이다. 심지어 인터뷰 내용에 따라 뉴스의 주제가 긍정에서 부정으로 바뀌기도 하고 구성의 흐름 역시 크게 변할 때가 있다.

이런 현장의 예상치 못한 상황들 역시 기민히 파악해서 구성에 즉각적으로 반영해야 한다. 상황이 예상과 다르다고 해서 기자가 개입하는 것은 자제해야 한다. 어린아이를 인터뷰할 때는 물론이고 전문가를 인터뷰할 때도 기자의 예상대로 대답이 나오지도 않는 경우는 다반사다. 그럴 때는 영리하게 질문을 바꿔가며 의도했던 대답을 끌어내기 위해 노력해야 한다. 물론 언론 윤리적으로 용인되는 수준에서 대답을 유도하는 게 맞다. 하지만 이런 기자의 노력조차 무의미해지는 경우도 자주 있으니 있는 그대로 현장의 흐름에 몸을 맡길 줄도 알아야 한다.

③ **취재 장비**

현장에서 영상기자가 활용할 수 있는 장비는 무척 다양하다. 촬영 장비 선택은 취재 목적과 표현 의도, 미학적 완성도, 제작 편의성 등에 따라 달라진다. 아래는 영상기자들이 〈현장 36.5〉 제작하면서 자주 사용하는 장비들이다.

ENG 카메라

영상기자가 데일리 뉴스 취재, 기획 아이템, 〈현장 36.5〉까지 보편적으로 사용하는 방송 전문가용 카메라. 무겁고 부피도 크지만 안정적이다. 빠르게 상황에 대응할 수 있는 직관성과 거친 환경에 견딜 수 있는 견고함을 가지고 있다. ENG용 줌렌즈를 활용하면, 폭넓은 거리에 있는 대상을 모두 포착할 수 있는 만능 카메라다.

미러리스, DSLR 카메라

영상기자가 현장을 통제할 수 있을 때만 주로 사용하는 카메라. 숏의 사이즈에 따라 렌즈를 교체해야 하는 경우도 있어서 편의성은 다소 떨어진다. 하지만 얕은 심도를 표현하기 쉽다는 점에서 기획 아이템의 제작에서 선호된다.

드론

피사체(인물)가 속한 환경을 한눈에 조망할 수 있는 '롱숏'을 확보하기 위해 사용한다. 드론 영상은 주로 신(scene)이 바뀔 때, 설정숏(establishing shot)으로 활용된다. 드론으로 찍은 시원한 부감(high-angle)은 클로즈업, 미디엄숏에서 오는 답답함을 해소해주는 효과가 있다. 수도권은 비행금지구역으로 설정된 곳이 많아, 적어도 일주일 전에는 비행 허가를 신청해야 한다.

액션캠(인스타360, 고프로)

현장의 역동성을 표현하기 위해서 사용하는 초소형 카메라. 신체에 부착하면 1인칭 시점을 표현할 때 효과적이다. 협소한 공간에서 촬영하는 것 역시 수월하다. 액션캠을 장대에 연결하면, 드론을 사용하지 못하는 환경에서 부감을 확보할 수도 있다.

슬라이더

카메라 위치가 고정된 채로 시선을 좌우로 돌리는 팬(pan)과 달리 카메라 자체를 레일 위에서 이동해주는 장비. 부드럽고 안정적으로 시선을 변화시키며 공간을 이동하는 느낌을 준다. 〈현장 36.5〉에서는 주로 다음 시퀀스나 신으로 넘어갈 때 화면전환의 연속성을 조성하기 위해 활용한다. 장비 설치에 많은 시간이 소요되는 만큼 사전 취재나 답사 때부터 미리 준비해야 한다.

짐벌(gimbal)

핸드헬드 촬영시 영상의 흔들림을 최소화하기 위해 사용한다. 과거에는 무겁고 사용법이 복잡한 스테디캠을 주로 썼으나 최근에는 DJI 오즈모 등 소형 카메라가 장착된 제품을 자주 활용한다.

❺ 편집

① 싱크(인터뷰, 사운드바이트), 현장음의 선정과 배치

현장취재를 모두 마친 후 가장 먼저 하는 것은 촬영 원본을 STT(Speech to Text) 작업을 통해 문자화하는 것이다. 이를 통해 기자들이 '싱크'라고도 부르는 인터뷰와 사운드바이트, 대화와 현장음 등을 종이에 출력해서 일목요연하게 볼 수 있다. 현장에서 무슨 일이 있었는지, 취재원은 무슨 말을 했는지 정리하는 것은 뉴스 구성의 기본이다. 이들 중에 의미 있는 싱크와 현장음을 선정해서 형광펜으로 표시한다. 뉴스는 이런 싱크와 현장음 들을 살리는 방향으로 구성해야 한다.

선정된 싱크와 현장음은 일반 뉴스의 기사와 마찬가지로 〈현장 36.5〉에서 구성 논리의 주축이 된다. 그래서 싱크가 포함된 여러 신을 전체적인 논리가 통하도록 배치하는 것이 중요하다. 각 신의 구성 역시 싱크를 중심으로 하면 편리하다. 핵심 싱크가 나올 수 있는 상황을 조성하는 방식으로 현장 스케치 영상을 풀어가면 된다. 특히 현장음은 흥미와 몰입을 유도하는 시청의 동력으로 뉴스 전반에 전략적으로 배치해야

함을 잊지 않아야 한다.

② 기사(내레이션, 앵커 멘트) 작성

싱크나 현장음만으로 내러티브가 잘 이어지지 않거나 의미가 모호할 때가 있다. 그럴 경우에는 내레이션을 작성해서 논리를 보강한다. 물론 내레이션이 앞선 내용을 강조하거나 다가올 상황을 예고하는 등 추임새 역할 정도만 하는 경우도 있다. 보통 〈현장 36.5〉의 도입부에서는 아주 짧은 내레이션이 나와 상황이나 인물의 배경을 압축적으로 설명할 때가 많다. 이는 언어 메시지의 명확성 및 경제성으로 영상 서사의 전달력을 높이려는 시도이다.

앵커 멘트는 시청자들의 시청 욕구를 자극할 수 있는 단어를 활용하면 좋다. 그래서 〈현장 36.5〉의 앵커 멘트는 일반 뉴스에서는 잘 쓰지 않는 캐주얼한 표현도 종종 사용한다. 본 내용의 흥미로운 구성이 내포하는 사회적 의미를 규정하는 것도 잊지 않아야 한다. 앞으로 나올 하이라이트를 강조하거나 핵심 내용을 요약하는 것도 앵커 멘트의 역할이다. 현실적으로 쉽지 않겠지만 되도록 본 내용과 겹치는 부분이 없도록 앵커 멘트를 작성해야 한다. 시간 낭비를 줄이고 본 내용과 유기적인 관계를 형성하면서 완성도를 높일 수 있기 때문이다.

취재를 마친 후 촬영 원본을 살펴보면 촬영 전에 예상했던 '예비 구성안'대로 제작하기 힘든 경우가 대부분이다. 예비 구성안과 원본 사이의 간극을 잘 극복해야 한다. 기존의 구성안을 고집할 경우 실제 취재 내용이 왜곡될 수 있다. 반대로 촬영 원본의 내용만 따라갈 경우 원래 의도했던 주제와 다른 방향으로 제작될 수도 있다. 기사를 작성하고 인터뷰와 현장음 등 다른 제작 요소들과 합쳐 구성을 마무리하면 이를 MBC 뉴스정보시스템인 MARS에 '송고'한다. 팀장은 데스킹을 통해 이 송고본의 기사와 구성을 수정한 뒤 '출고'를 한다. 담당 영상기자는 데스킹을 마치고 최종적으로 확정된 이 출고본 기사를 바탕으로 편집을 준비한다.

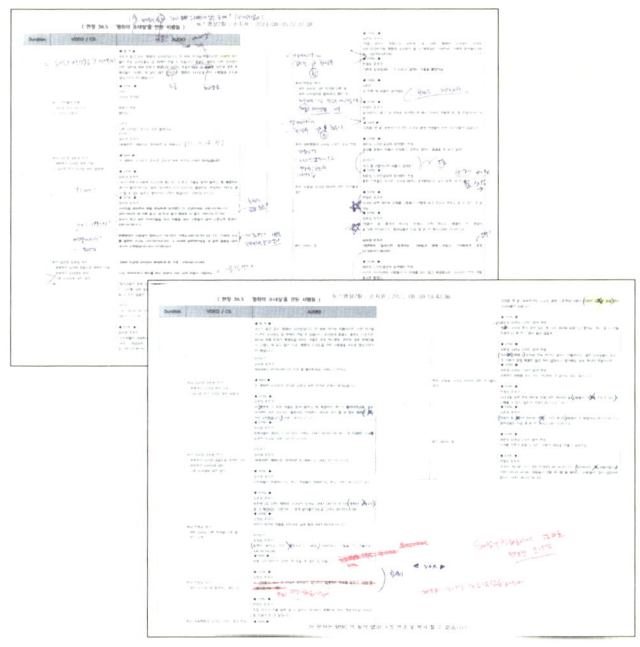

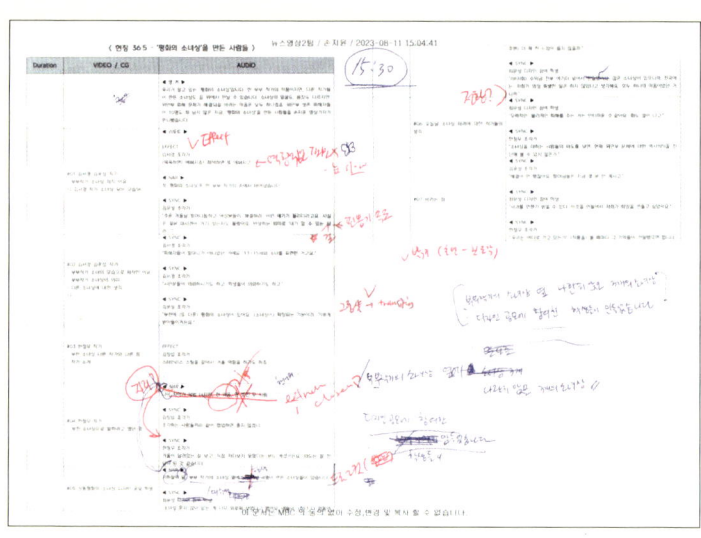

「'평화의 소녀상'을 만드는 사람들」 제작 당시 구성의 변화.

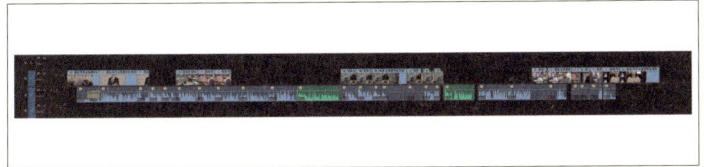

프리미어 프로 편집 프로그램으로 '오디오 편집'을 완료한 시퀀스.

③ 1차 편집

뉴스 영상 편집은 오디오를 우선 편집하는 관행이 있다. 영상을 고려하지 않고 오롯이 전체 기사의 텍스트만 생각하며 편집한다. 본격적인 편집의 밑바탕이 될 내레이션, 인터뷰, 현장음 등의 오디오를 기사의 순서에 맞게 배열한다. 물론 오디오와 함께 촬영된 비디오 역시 함께 붙인다. 주로 시퀀스의 타임라인 Video 1, Audio 1 트랙에 배치한다.

오디오 편집을 마친 후에는 남은 비디오와 오디오의 공백을 메우는 식으로 편집을 이어간다. 비어 있는 타임라인의 Video 2, Audio 2 트랙에 스케치 영상과 현장음을 붙이는 식이다. 미리 자막과 CG(컴퓨터그래픽)을 디자이너에게 의뢰하고 BGM(배경음악) 역시 음악감독에게 선정을 요청하면 다음 편집을 이어갈 때 시간을 절약할 수 있다.

④ 2차 편집

오디오와 영상이 기사대로 배열됐다면 좀더 자세한 편집을 진행할

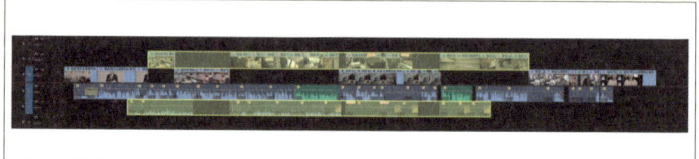

1차 편집까지 완료한 시퀀스.
오디오 편집 이후 노란색으로 표시된 부분이 추가되었다.

순서다. 2차 편집에서 오디오의 전체 균형을 조정하는 것은 기본이다. 화면 속 비디오와 오디오 중 무엇이 앞서 나와야 몰입도와 전달력을 높일 수 있을지 결정한다(split edit: J, L-cut). 인터뷰 역시 인물의 얼굴만 나오는 전체 화면으로 쓸 것인지, 아니면 관련 영상과 함께 보여주는 화면 분할로 쓸 것인지 결정한다.

⑤ **종합 편집**

구성상의 분위기를 고려해서 음악을 삽입하는 BGM 편집을 한다. 일률적이지 않은 화면의 밝기나 색상 등을 조정하고 아이템의 성격을 고려한 색채 보정(DI, Digital Intermediate. color grading) 작업도 이뤄진다. 〈현장 36.5〉 전용 폰트로 제작한 자막과 일반 뉴스에서는 보기 힘든 CG 역시 영상에 얹힌다. 앵커 멘트의 배경 화면으로 쓰일 동영상 DVE(Digital Video Effect) 편집까지 마치면 팀장의 시사가 이어진다. 팀

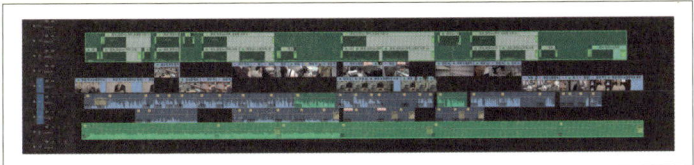

영상편집이 모두 마무리된 시퀀스로 방송이 가능한 '완제품'.
초록색으로 표시된 부분이 종합 편집 과정에서 추가된 것들이다.
상단 비디오 트랙에는 자막과 CG를, 하단 오디오 트랙에는 음악을 얹었다.
음악 볼륨은 기사, 인터뷰, 현장음에 맞춰 키우거나 줄여야 한다.

장의 지시를 반영해서 해당 부분의 수정을 마치면 〈현장 36.5〉의 '완제품'이 완성된다. 이 완제품을 뉴스데스크 큐시트 프로그램에 매칭하면 방송 준비가 완료된다.

MBC 뉴스데스크의 코너인 〈현장 36.5〉는 현장에서 만난 사람들의 체온을 시청자들에게 오롯이 전달하는 영상뉴스이다. 뉴스영상국 영상기자들이 피처스토리 형식으로 기획부터 편집까지 도맡아 뉴스를 제작한다. 약자들의 목소리, 저출생, 고령화, 지역소멸 등을 집중적으로 조명하며 공영방송의 책무를 다하고자 노력한다. 영상기자들이 만드는 만큼 시청자의 눈길을 끄는 다양한 영상 기법을 뉴스에서 활용한다.
이 책은 그 피처스토리를 제작하는 과정을 담았다.

〈현장 36.5〉 속으로

'영상기자의 제작기'와 '기자들의 대화'

1

히어로, 현장에서 만난 평범한 영웅들

1장

'12·12' 그날,
험난한 정의를 택하다
'김오랑'

2021년 12월 12일, **김동세 영상기자**

"기모란*이요?"

"김오랑, 오랑. 김, 오, 랑."

고(故) 김오랑 중령의 이름을 처음 들었던 것은 부끄럽지만 〈현장 36.5〉 아이템 주제로 이른바 '총**'을 맞았던 때였다. MBC 뉴스데스크의 코너 중 하나인 〈현장 36.5〉는 영상기자들이 직접 아이템 선정부터 기획-구성-취재-제작을 도맡아 하는 리포트로, 기존엔 기사나 내레이션 없이 인터뷰와 현장음과 자막 등으로만 구성하는 TV 뉴스인 논버벌 뉴스(non-verbal news) 방식이었다. 하지만 기사 없이 영상 구성만으로 시청자에게 기획 의도와 내용을 충분히 전달하기엔 한계가 있었다. 이에 박지민 팀장은 〈현장 36.5〉의 포맷을 개선한 제작 방식을 새로 제안했다. 리뉴얼 후 첫 방송 날짜는 1979년 12·12 군사반란의 수괴인 전두환이 사망한 뒤 처음 맞는 2021년 12월 12일이었다. 아이템은 정해져 있었고 첫 타자로 내가 낙점됐다.

학창 시절 국정 역사 교과서에서 접한 12·12 사태는 한두 줄 정도로 간단히 묘사된 것이 전부였다. 그마저도 전두환이나 하나회

---

*   의사이자 예방의학 전문가. 2020년 코로나19 팬데믹 당시 대한예방의학회 코로나19 대책위원회 위원장, 2021년 문재인 정부 대통령비서실 방역기획관을 역임하며 언론 매체에 자주 등장한 덕분에 당시 익숙한 이름이었다.

**   언론계 은어로 '총 맞았다'는 기자 본인이 발제하는 것이 아닌 팀장이나 데스크의 지시로 특정 아이템을 취재할 것을 (예정 없이) 지시받는 것을 의미한다.

등 승자의 역사만 주로 접했을 뿐 김오랑 중령에 대해선 들어보지 못했다. 자료도 많지 않았다. 인터넷을 뒤지고 당시 상황이 기록된 서적들을 찾아가며 공부를 시작했다.

육군 특전사령관 정병주 장군의 비서실장(당시 소령)으로, 12·12 당시 정 사령관을 체포하기 위해 사령부에 진입한 제3공수여단 병력과 맞서 싸우다 사살. 국군이 신군부 세력의 욕망에 송두리째 집어삼켜지던 비극의 밤에 장태완, 정병주 장군 등과 함께 반란군에 맞섰던 몇 안 되는 용감한 군인. 부인 백영옥 여사의 노력으로 1990년에 중령으로 추서됐지만 1991년 부인 또한 석연치 않은 이유로 실족사. 2014년 4월이 되어서야 보국훈장 삼일장 추서. 하지만 승자독식의 역사에 김오랑의 이름은 빛을 보지 못한 채 그를 기억하는 이들의 가슴속에만 새겨져 있었다.

사전 취재를 진행하며 반복적으로 등장하는 이름 하나를 찾았다. 김준철. '김오랑 중령 기념사업회'의 사무처장이었다. 연락처를 수소문해 전화를 걸었다. 특전사 대위 출신인 김준철 씨는 일면식도 없는 김오랑 중령의 명예 회복을 위해 20년 가까운 세월을 바쳤다. 왜일까? 김오랑 중령이 어떤 사람인지 더 궁금해졌다. 그는 경남 김해에 살고 있는 김오랑 중령의 조카분을 소개해주었다. 계획할 겨를이 없었다. 바로 약속을 잡고 비행기표를 예약했다.

문제는 모든 게 처음

계획할 겨를이 없는 상황은 내겐 상당한 부담이었다. 대학생 시절 학생회장을 하면서 학위수여식을 치를 때 방송 큐시트만큼 치밀한 시나리오와 대본을 갖고 진행할 정도로 MBTI상 뼛속까지 계획형(J) 성향인 나였다. 하지만 리뉴얼 후 모든 게 처음인 상황에서 몇 줄짜리 시놉시스 수준의 엉성한 얼개만 머릿속에 담은 채 일단 취재를 시작해야 했다.

장비도 문제였다. 기존 〈현장 36.5〉 포맷에서는 영상기자의 주무기인 ENG 카메라를 사용한 영상취재와 제작이 주를 이뤘다. 하지만 리뉴얼 과정에서 팀장은 피사계 심도*를 적극 활용해, 영화 같은 영상미를 추구해보는 것이 어떻겠느냐고 조언했다. 이를 위해서는 ENG보다는 DSLR이나 미러리스 카메라가 유용했다. 선배들의 의견은 갈렸다. '당연히 미러리스를 쓰는 게 낫지' '영상기자는 그래도 ENG를 메인으로 써야 하는 거 아니냐?' '네가 편한 게 장땡이다' 등등.

영상기자가 취재하는 현장과 드라마나 영화 촬영 현장의 가장

---

* 피사계 심도(Depth of Field, DOF)는 초점이 맞은 것으로 인식되는 범위이다. 렌즈의 초점은 단 하나의 면에 정해지지만 실제 사진에서는 초점면을 중심으로 서서히 흐려지는 현상이 나타난다. 이때 충분히 초점이 맞은 것으로 인식되는 범위의 한계를 피사계 심도라 한다.

큰 차이점은 모든 상황이 단 한 번 일어난다는 것이다. 정상회담에서 두 정상이 손을 맞잡고 인사하는 순간도, 세간의 이목이 집중되는 유력 정치인의 기자회견도, 사건 사고 현장에서 벌어지는 모든 상황도 단 한 번만 벌어진다. 그 순간을 놓치면 다음 기회는 없다. 그렇기에 영상기자에게 순발력은 생명이다. 그 찰나를 놓치지 않고 포착할 수 있는 가장 효율적인 장비가 바로 군용 장비처럼 무식하지만 전천후인 ENG 카메라이다. 대개 사전에 세팅된 현장에서 주로 사용하는 미러리스는 주니어 영상기자 입장에서 ENG만큼 편할 리 만무했다. 모든 게 처음이었기에 일단은 부딪쳐봐야 했다. '뭘 좋아할지 몰라 다 준비해봤어'의 마음으로 ENG, 미러리스, 핸디캠, 고프로 등을 모조리 챙겼다.

제대로 된 인정도 보상도 받지 못한 채 스러져간 '참군인' 김오랑의 비극적 죽음. 뒤에 남은 유족들의 삶은 마치 독립운동가 후손들의 그것처럼 순탄치 않았다. 김오랑 중령의 장조카이자 유족 대표인 김영진 씨는 본인이 운영하는 조그마한 포장마차로 취재진을 안내했다. 가게 벽에 김오랑 중령의 빛바랜 훈장증이 걸려 있었다. 여러 대의 카메라를 놓기엔 장소가 협소해 결국 한 대는 가게 밖 인도에 설치해야 했다. 그는 파일에서 김오랑 중령의 사진들을 꺼내 테이블에 늘어놓았다. 사진은 찰나지만 그 안의 서사는 파편이 아니라 함축이다. 김오랑의 신념과 생애가 조카의 입을 빌려 눈앞에

펼쳐졌다. 소중한 기록이었다. 자료로서의 가치가 있다는 생각에 사진 한 장 한 장을 ENG 카메라로 꼼꼼히 담았다. 인터뷰를 진행할 때는 ENG 이외에 미러리스를 사용해 드라마나 영화에서 자주 사용하는 클로즈업 앵글을 잡았다.

    대화 도중에, 김오랑 중령의 형님 한 분이 아직 생존해 계시다는 이야기를 들었다. 주저 없이 전화를 드렸다. 급작스러운 연락이었음에도 흔쾌히 방문을 허락해주셨다. 부산의 한 아파트에서 만난 김태랑 씨는 사진 속 김오랑 중령과 많이 닮은 분이었다. 백발이 무성한 83세의 고령에 귀도 잘 들리지 않으셨지만 눈빛과 목소리엔 기개가 서려 있었다. 조카와 마찬가지로 형님 또한 인터뷰 내내 '신명'을 바쳐 불의에 맞선 김오랑의 명예 회복과 그의 참군인 정신이 육사 등에서 후배 군인들에게 정식으로 교육되기를 바란다고 강조했다. 동생의 죽음에 얽힌 역사의 무심함 뒤에 서린 한(恨)에 대해 설명하던 형님은 끝내 눈물을 흘리며 한마디를 덧붙이셨다. "눈물이 아니라 피라, 이거는."

    취재를 마치고 서울로 돌아와 구성안을 구체화하려 했지만 좀처럼 앞으로 나아가지 못했다. 글을 쓸 때 개요 작성 전에 글감을 먼저 모으듯 리포트를 제작하려면 먼저 최소한의 영상취재 분량이 확보되어야 한다. 하지만 그게 부족했다. 이번 경우엔 '현장'이 없었다. 역사 아이템의 맹점이다. 국립현충원을 찾아가 12·12 당일에

희생된 고인 세 분, 김오랑 중령과 정선엽 병장과 박윤관 상병의 묘소를 스케치했지만 그게 전부였다. 사람도, 이벤트도 없었다. 유족 인터뷰 이외에 취재할 수 있는 현장은 방송 하루 전날인 12월 11일에 진행되는 '김오랑 중령 42주기 추도식'이 전부였다. 구체적인 추도식 계획을 김준철 사무처장에게 문의했지만 몇 명이 참석해 간단히 제를 올린다는 답변만 돌아왔을 뿐 명쾌한 답변을 얻지는 못했다. 불확실성의 연속. 결국 모든 상황을 대비하는 수밖에 없었다.

전체 리포트의 기승전결 중 추도식 부분만 비워둔 채 우선 나머지 부분을 구성해보았다. 예상했던 대로 현장 영상이 부족해서 군데군데가 허점투성이였다. 도입부부터 난관이었다. 김오랑 중령을 소개해야 하는데, 김해에서 찍어 온 사진으론 역부족이었다. 이때 팀장에게 도움을 청했다. 팀장은 김오랑 중령을 소개하는 대목을 위해, MBC 대하드라마 〈제5공화국〉에서 12·12 당시 그가 사살되는 장면을 끌어왔다. 또 영상과 인터뷰만으로 전개가 매끄럽지 않은 부분에는 리뉴얼 과정에서 새로 도입된 내레이션을 넣어서 논리를 보완해주었다. 답답했던 구성이 서서히 뉴스의 면모를 갖추기 시작했다. 꽉 막혔던 체증이 뚫리는 것 같아 속으로 쾌재를 불렀다.

결전의 12월 11일. 추도식 전체 싱크를 확보하기 위해 카메라 한 대를 와이드숏으로 배치했다. 무선 마이크를 세팅했고 다양한 앵글을 확보하기 위해 미러리스 카메라에 짐벌을 달았다. 추도식 참석자들이 김오랑 중령의 묘소를 향해 걸어오는 장면부터 현장에서 벌어지는 모든 이벤트를 최대한 가까이에서 꼼꼼하게 담았다. 개인적으로 김용환 추모사업회장이 전두환과 노태우의 부음을 고지해 올리며, 두 사람의 재판 당시 사진이 실린 기사를 태우는 장면을 추도식의 백미로 꼽는다. 김준철 사무처장은 인터뷰에서 그가 그토록 김오랑에 천착했던 이유를 설명하면서, 김오랑이 추구했던 군인 정신을 한마디로 정리해주었다.

"안일한 불의(不義)의 길보다 험난한 정의(正義)의 길을 택한다." 사관생도 생활신조 중 한 구절이었다.

2023년 11월, 영화 〈서울의 봄〉이 개봉해 1000만 관객 영화에 등극했다. 정해인 배우가 연기한 '오진호' 소령의 실제 모델이 김오랑 중령이라는 사실이 알려지면서(심지어 닮았다) 김오랑이라는 이름은 단숨에 세간의 주목을 한몸에 받았다. 영화 개봉 3주 뒤, 2년 만에 다시 찾은 김해삼성초등학교 옆 김오랑 중령 흉상. 이날 열린 그의 44주기 추도식엔 인파가 모였다. 2021년 당시 추도식에 참석한 인원이 손에 꼽을 정도였던 것을 생각하면 격세지감이었다. 생뚱맞은 장소에 홀로 덩그러니 놓여 있던 김 중령의 흉상. 그 앞에 쌓인 수많은 국화 바구니를 보았다. 이제는 그의 명예도, 유족의 한도 뒤늦게나마 제자리를 찾아 안온하고 평안하기를 진심으로 기도했다.

　사족을 달아본다. 평시 작전에 부하를 사지로 내몰고도 본인은 끝끝내 책임이 없다고 주장하는 해병대 사령관과 사단장의 천인공노할 뻔뻔함을 목도하며 부아가 치밀었다. 기자로서, 해병 출신으로서 묻고 싶다. 그대들도 사관학교 출신 아니냐고. 김오랑 중령이 목숨과 맞바꾼 사관생도의 신조인 "안일한 불의의 길보다 험난한 정의의 길을 택한다"를 그대들은 잊었느냐고. 부끄럽지 않느냐고.

기자들의 대화
도입부와 정리부, 그래픽 매치

박 팀장 (이하 박)
김 기자 (이하 김)

박 ▶ 그간 〈현장 36.5〉 포맷 개선의 필요성을 느끼던 차에 앵커 멘트와 기사를 추가하는 방식으로 변형을 시도하고자 했지. 김오랑 중령 편은 그 첫번째 아이템이라 더 기억에 남았어.

김 ▶ 맞아요. 이 아이템 이전까지는 소위 논버벌 뉴스 형식이었어요. 기사 혹은 내레이션 없이 영상과 현장음만으로 리포트를 전달하는 방식이었는데 시청자의 공감 측면에서 다소 아쉬움이 있었어요. 형식에 얽매이기보단 시청자들의 이해도를 높이는 형식으로 개선하자는 팀장님의 제안에 십분 공감이 갔죠.

❶ 후킹과 여운

박 ▶ TV 뉴스의 모든 부분이 중요하겠지만 매력적인 리포트를 만들기 위해서는 도입부와 정리부가 특히 중요해. 도입부는 시청자의 흥미를 유발하는 '후킹'이 있어야 하고, 정리부에선 주제에 대한 여운을 길게 남길 수 있어야겠지. 논리적인 면에서도 마찬가지야. 제작자 본인 스스로 출발지와 목적지를 확신해야만 뉴스에서 시종일관 설득력을 유지할 수 있지. 그런 면에서 이 아이템의 시작과 끝은 나름 성공적이었어.

김 ▶ 안 그래도 이번 〈현장 36.5〉를 어떻게 시작해야 하는지가 큰 고민이었는데 부장님께서 MBC 드라마 〈제5공화국〉의 일부 장면을 차용하자는 아이디어를 주셨죠. 방송사에서는 드라마타이즈*라고도 불리는 제작 기법이에요. 김오랑 중령은 영화 〈서울의 봄〉에서 정해인 배우가 배역을 맡으면서 많이 알려졌어요. 하지만 〈현장 36.5〉 방송 당시에는 저조차도 잘 모르는 역사적 사실을 보도해야 한다는 부담이 있었죠. 그래서 드라마 속 김오랑 중령이 총탄을 맞고 사망하는 장면('사진 1')으로 뉴스를 시작해서 시청자들의 이해를 돕고자 했어요. 바로 뒤에는 쿠데타 성공 후 자축연을 여는 전두환 일당의 기록 영상('사진 2')을 편집하면서 12·12 당일 첨예하게 맞섰던 양측의 결과를 대조적으로 보여주려고 했죠.

박 ▶ 이런 시도는 방송 뉴스에서 흔히 말하는 '모자 씌우기'와 비슷해. 예

---

* '극화하다'라는 뜻이 있는 dramatize. 프로그램에서 재연 등을 짧은 드라마 형식으로 만들어 삽입하는 것을 뜻한다.

사진 1과 사진 2. MBC 아카이브 시스템에서 찾은 드라마와 보도 영상 자료 화면을 활용하여 시청자의 이해를 도모했다.

를 들어 정부 기관이 제공한 정책이나 수치처럼 딱딱한 내용을 도입부부터 보여주기보다는 사례와 현장을 먼저 보여주는 뉴스 구성이지. 생활 속 이야기로 괴리감은 줄이고 흥미는 더하는 효과가 있어. 개인적으로 뉴스의 정리부에 나온 인터뷰 구성이 가장 눈에 띄었어.

김 ▶ "눈물이 아니고 피라, 이거는"이라는 김오랑 중령의 형님(고故 김태랑 씨) 인터뷰죠. 실제로 현장에서 인터뷰 중에 저 말씀을 듣는 순간, '이거다!'라는 느낌을 받았어요. 내레이션으로 "김오랑 중령의 명예가 회복되어야 한다" "그의 죽음을 기억해야 한다"라고 직접적으로 말하면서 아이템을 마무리할 수도 있었죠. 하지만 당신 눈에서 떨어지던 눈물을 가리키며 말씀하시던 김태랑 씨의 사운드바이트*가 훨씬 소구력 있다고 생각했어요.

결과적으로 상징적이고 함축적인 인터뷰로 진한 여운을 남길 수 있었던 것 같아요. 방송 후 전화로만 감사 인사를 전해드렸죠. 그래서 영화 〈서울의 봄〉 개봉 직후 김해에서 열릴 예정이던 김오랑 중령 추도식에 취재차 방문한 김에 인사를 드리려고 했어요. 그런데 안타깝게도 김오랑 중령의 형님께서 이미 돌아가셨다는 소식을 듣고 마음이 정말 먹먹했었죠.

---

* soundbite. 방송 뉴스에서 취재원의 발언 일부를 짧게 따서 쓰는 것을 일컫는 용어.

❷ 그래픽 매치의 활용

박 ▶ 이번에는 영상편집 기법 중 도드라진 부분에 대해 한번 이야기를 나눠볼까? '사진 3~5'에서 김오랑 중령의 육군사관학교 졸업식 사진 속 젊은 형의 모습과 노년이 된 현재의 모습을 오버랩한 편집이 인상적이었어. 비슷한 형태의 피사체를 찍은 두 화면을 겹치게 이어붙였다고 해서 그래픽 매치*라고 부르지. 또 두 장면이 동시에 재현되면서 한 장면에서 다른 장면으로 서서히 전환된다는 점에서 크로스 페이드(cross fade) 또는 크로스 디졸브(cross dissolve)라고도 말할 수 있어.

영화에선 흔히 사용되는 기법이지만 뉴스에서는 흔치 않지. 영상 내러티브를 살리는 측면에서 가끔 이런 표현적 시도도 필요하다고 생각해. 시청자들이 집중력을 잃어가거나 시각적으로 무료해질 때쯤 일종의 청량제 같은 기능을 할 수 있기 때문이야. 물론 이 기법의 핵심은 은유적인 영상 스토리텔링이라고 할 수 있지. 이를테면 시청자들에게 "화학적으로 결합하는 것처럼 보이는 이 두 화면 사이의 서사적 관계는 무엇일까요?" 같은 질문을 던지는 것과 흡사해.

---

* graphic match. 피사체의 형태나 동작이 유사한 두 장면을 이어붙이는 편집. 두 장면 사이의 인과관계가 있다면 더 효과적이다.

사진 3~5.

김 ▶ 제가 호흡이 다소 긴 이 크로스 페이드라는 기법으로 보여주고 싶었던 서사는 오랜 기간 김오랑 중령의 가족들에게 가해졌던 공권력의 폭력이었어요. 가족의 비참함이죠. 저는 이 비참함이 형님의 얼굴에 고스란히 녹아 있다고 생각했어요. 현재 형님의 얼굴은 그 대척점에 있는 과거 이미지를 통해 더 강조될 수 있고요. 그래서 나온 표현적 해결책이 육사를 졸업한 엘리트 동생 옆에 서 있는 형님의 행복한 얼굴이 이중 노출(double exposure)을 거치면서 현재의 얼굴로 변하게 되는 크로스 페이드인 거죠. 물론 방송 뉴스가 가진 시간의 제약 탓에 이런 함의를 충분히 곱씹을 만큼의 시간이 할애되었는지는 의문이네요.

박 ▶ 충분히 이해할 수 있는 수준이었어. 컷 편집이 속도감 있게 시간을 뛰어넘는 반면, 크로스 페이드는 아주 천천히 점진적으로 다른 화면으로 넘어가면서 시간의 흐름을 느끼게 만들잖아? 40여 년이라는 긴 시간의 흐름을 효과적으로 암시할 수 있는 기술이야. 앞에서도 말한 것처럼 크로스 페이드 기법이 더 효과적으로 작용했던 요인에는 두 화면 사이의 시각적 유사성이 있어. 형님의 머리 스타일과 가르마 방향까지 예전 그대로잖아? 이런 형태나 크기 등의 유사점들이 겹친 두 화면에서 일종의 연속성을 느낄 수 있는 거지. 반면 머리카락은 하얗게 세어버려서 더욱 극적인 대비를 보여줬어.

김 ▶ 운이 좋았어요. 사실 편집 과정에서 우연히 이런 시각적 유사성에 대한 아이디어를 떠올렸죠. 운이 좋게 그래픽 매치를 위한 여러 조건이 맞아떨어졌고요. 다행이었죠. 예를 들어 만약 제가 사진 속 형님의 얼굴을 너무 작게 촬영해왔다면 편집 과정에서 사진을 확대하더라도 해상도가 낮아지는 바람에 제작 완성도가 많이 떨어졌을 거예요. 인터뷰 구도도 마찬가지죠. 너무 측면에서 인터뷰 숏을 찍었다면 지금처럼 이렇게 두 화면 속에서 유사성과 연속성이 발생하지 않았을 거예요.

❸ 사전 취재의 중요성

박 ▶ 그래서 내가 늘 사전 취재와 촬영 계획이 중요하다고 말하잖아? 포스트프로덕션 때 어떤 편집 기법을 활용하겠다는 것조차 촬영 전에 미리 계획할 수 있다면 뉴스의 제작 수준을 한 단계 올릴 수 있겠지? 앨프리드 히치콕 감독은 "나는 머릿속으로 영화를 미리 완성한다"고 말했을 정도로 철저한 계획으로 영화를 제작했다고 해.* 히치콕에게 촬영은 단순히 '이미 머릿속에 존재하는 비전'을 재현하는 과정의 일부였던 거지. 공교롭게도 히치콕 감독의 대표작인 〈싸이

---

* 마이클 온다치, 『월터 머치와의 대화』, 이태선 옮김, 비즈앤비즈, 2013, 240쪽 참조.

2024년 12월 12일 뉴스데스크에 방송된
영상뉴스인「그들만의 "구국의 결단"」에서도
그래픽 매치 기법이 활용되었다.
시청자들은 이런 영상 서사를 통해
전직 대통령들 사이의 공통분모가
계엄과 쿠데타라는 것을 유추할 수 있다.

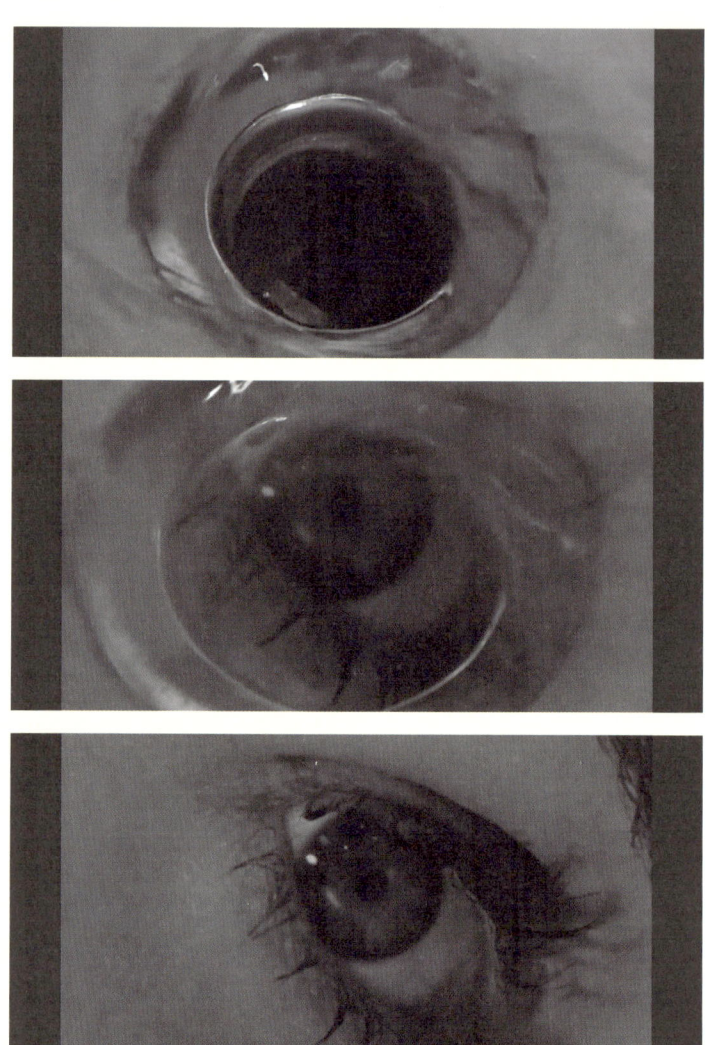

앨프리드 히치콕의 영화 〈싸이코〉. ⓒUniversal Pictures

코〉에도 그래픽 매치와 크로스 페이드 기법이 등장해. 영화 속 샤워 신에서 비슷한 형태를 띤 하수구와 눈동자 사이에 긴 디졸브 효과를 넣어서 보여준 거지. 시간의 흐름을 표현하는 건 물론이고 하수구로 빨려 들어가는 핏물과 배우의 눈물이 교차하면서 공포와 허무함 같은 감정도 느끼게 했어.

물론 촬영에 대한 이런 식의 치밀한 계획은 피처스토리*, 즉 기획성 아이템에 국한해서 생각할 필요가 있어. 일반 뉴스를 제작하면서 너무 많은 것을 사전에 확정하고 들어가게 되면 오히려 독이 될 때도 있기 때문이야. 예를 들어 사전에 취득한 정보들이 취재현장에서 선입견으로 작용할 가능성이 있어. 더 나아가 실제 촬영 과정이 사전에 짜놓은 구성에서 벗어나게 되면, 일종의 방어기제 같은 게 작동하면서 진실을 외면하거나 왜곡하는 경우 역시 발생하게 되지.

반면 피처스토리를 제작할 때는 정반대의 접근방식이 필요해. 인물 중심의 내러티브를 만들고 창의적인 영상 표현 기법으로 스토리텔링까지 하려면 사전 준비가 필수지. 예를 들어 촬영에 들어가기에 앞서 어느 정도의 구체성을 가진 예비 구성안을 가지고 있어야 촬영의 포커스를 어디에 둘지 결정하기가 수월하지. 구성안이 없으면 주

---

* feature story. 일반 뉴스보다 사안을 더 자세히 다룬다. 소재의 발생 시점(시의성)에 구애받지 않고 다양한 형식과 표현 기법을 활용한 재미 요소를 가지고 있다.

제가 뚜렷하지 않은 밋밋한 영상만 찍게 되고, 시간도 늘어져서 비효율적인 촬영이 되는 경우가 많아. 사전에 특정 표현 기법을 염두에 둬야 이를 위한 장비들을 현장에 챙겨갈 수 있겠지? 요약하자면 기획뉴스 촬영은 현장에서 새로 마주치게 되는 예기치 못한 상황들을 적극적으로 수용하면서 기존 계획을 수정해가는 일종의 타협 과정이라고 말할 수 있어.

2장

'평화의 소녀상'을 만드는 사람들

2023년 8월 13일, **손지윤 영상기자**

1

기자 생활은 사회부에서 시작된다. 수습기자는 출근하는 곳이 정해져 있다. 사건 사고 현장, 경찰서, 기자회견, 집회 현장. 영상기자의 수습생활도 사회부 아이템과 함께한다. 그 생활은 숨가쁘다. 예측 불가한 상황 속에서 쫑긋 세운 귀. 쉴 새 없이 움직이는 발. 왼손에는 사다리, 오른손에는 ENG 카메라. 거칠고 속도감 넘치는 사회부 현장 속에서 기민히 대처하며 수습은 성장한다. 수습은 땅바닥에서 구르고 부딪히며 기사의 야마(주제) 찾기, 기사의 근거로 쓸 영상을 순서대로 확보하기, 취재 윤리 등을 몸으로 직접 부딪히며 배워나간다. 수습은 그렇게 영상기자가 된다.

"뉴스에 나오든 안 나오든 너는 수요집회 챙겨."

수습이었던 나는 카메라 녹화 버튼만 누를 줄 알았다. 아무것도 몰랐다. 그러나 팀장의 지시로 반강제로 수요집회를 맡게 되었다. 매주 수요일 10시, 알람처럼 회사에서 종로로 출발했다. 12시가 되기 전 일본 대사관 근처에서 점심밥을 허겁지겁 욱여넣었다. 노래 〈바위처럼〉이 스피커에서 흘러나올 때쯤 사다리를 슬그머니 한쪽 팔에 걸치고는 관중석 뒤에 자리를 잡곤 했다. 비가 오나 눈이 오나 항상 내가 있을 곳은 매주 똑같았다. 수요일에는 소녀상 앞에서 카메라를 들고 서 있었다. 그렇게 수요집회는 나의 기자 생활의 루틴

이 되었다.

    사계절이 지나고서야 부서에 후배가 들어왔다. 후배가 부르는 '선배'라는 호칭에 익숙해질 무렵 나는 더이상 종로에 가지 않게 되었다. 1년 동안 배운 것을 토대로 나는 리포트와 기획물 제작에 투입되기 시작했다. 자연스레 각종 기자회견과 집회를 챙기는 것은 부서의 신입 몫이 되었다. 종로에 발이 뜸해지면서 취재원에게 나는 혼자만의 남모를 부채감과 미안함을 마음 한구석에 남겨두었다. 그러나 정신없는 일상에 그 감정들은 어느새 형체를 잃어버렸다.

    소녀상과 다시 만나게 된 것은 2020년이었다. 정의기억연대 사태였다. 이용수 할머니가 기자회견을 하던 그 시각, 나는 사무실에서 실시간으로 모니터를 지켜보고 있었다. 기자회견이 끝나고 온도가 달라졌다. 이전부터 소녀상과 위안부 문제를 취재하기 위해 도와주셨던 분들이 있었다. 그러나 그 취재원들과 기자의 관계는 사뭇 달라졌다. 취재원끼리의 관계조차도 이전과 달라졌다. 소녀상을 둘러싼 사람들의 관계가 변했고 이를 바라보는 시민의 눈도 달라졌다. 특정 단체들의 기습적인 공격과 비난은 더욱 노골적으로 변했다.

    진실을 세우기 위해 세워진 소녀상은 오히려 그 진실성을 꾸준히 의심받게 되었다. 소녀상이 공격받자 위안부의 역사마저도 공격받기 시작했다. 위안부 문제에 대한 언론사들의 보도조차 눈에 띄게 줄었다. 워낙 복잡하고 몇 년이 지난 문제라 다루기도 어려웠을 테지만 시민운동이 타격받은 것은 자명했다. 수요집회 현장도 달라졌다. 평화의 소녀상 주변에는 경찰 철제 펜스가 생겼다. 이제 집회 장소는 더이상 소녀상 옆이 아니었다. 좀더 떨어진 도로변으로 바뀌었다. 집회 무대 위 의자는 위안부 생존 피해자들이 아닌 영정사진으로 채워졌다. 위안부 생존 피해자는 열 명도 남지 않았다.

어떻게 해야 할까. 하지만 고민할 시간보다도 당장 해야 할 일들이 있었다. 이 비극의 역사에서 열 명도 남지 않은 생존자를 기억하고 기록해야 하는 것이었다. 정치의 격랑에서도 살아남은 피해자는 사료의 가치도 지닌다. 그들의 삶과 기억은 바로 역사의 일부다. 인간은 수단으로 존재하지 않으며 어떤 정치권력이라도 수단으로 인간의 역사를 이용할 수 없다. 그 역사를 지키는 것은 특정 집단도 아니며 우리 주변의 평범한 시민이다. 시민이 주인이다. 그 민주주의 원칙을 상기하고 싶었다. 그 원칙을 지키기 위해 내가 할 수 있는 것은 카메라로 기사를 쓰는 것이었다.

텍스트는 비언어적 요소의 영향을 많이 받는다. 같은 말이어도 표정, 문맥, 상황에 따라 다른 의미를 지닐 때가 많다. 그러나 기록 수단으로서의 비디오는 상대적으로 텍스트보다 객관성을 유지할 수 있다. 물론 비디오가 왜곡이 없다는 말은 아니다. 왜곡 속에서 진실을 가려내는 일 역시 영상기자의 몫이다. 기자는 기사로 말한다.

영상기자도 영상으로 말한다. 어려워도 해야 하는 말을 하는 것이 우리의 의무이자 책임이다. 역사의 원칙과 저널리즘의 원칙을 다시 깨닫고 나서야 수습 시절 한구석에 묻어놨던 부채감이 고개를 들었다. 형체를 잃어버린 그 더미를 헤집고 나서야 뉴스가 보였다. 그렇게 소녀상 기사는 〈현장 36.5〉라는 타이틀을 달고 세상에 나왔다.

2

단발머리에 쌍꺼풀 없는 눈, 오동통한 볼, 앳된 얼굴이지만 한복을 입고 주먹을 쥐고 앉아 앞을 응시하는 소녀. 이 소녀가 우리가 가장 잘 아는 원작 '평화의 소녀상'이다. 하지만 「'평화의 소녀상'을 만드는 사람들」 편에서는 다양한 소녀상을 보여주는 것이 목표였다. 원작자 외에도 또다른 조각가, 일반 시민 등 다양한 사람이 다양한 '평화의 소녀상'을 만들고 있다는 걸 알리고 싶었다. 그래서 원작자인 김서경, 김운성 작가 부부 외에도 부천 소녀상의 한정무, 김창섭 작가, 성동구 소녀상 제작 참여자 최문성 연세대 재학생을 섭외했다. 제작자는 달라도 역사를 잊지 않겠다는 모든 시민의 바람은 동일하다는 것을 뉴스에 담아내는 게 중요했다.

"작가님 연락처 저한테 있어요, 연결해드릴까요?"

섭외가 기사의 반이다. 하지만 쉽지 않다. 연락처를 알아도, 흔쾌히 승낙하는 취재원이 있는가 하면 대뜸 해당 언론사와는 인터뷰하지 않겠다며 불쾌해하는 취재원도 있다. 섭외가 되지 않으면, 기획했던 기사는 한 글자도 쓰이지 못하고 노트북 안에서 사장된다. 다행히도 작가 부부의 연락처는 '성동 평화의 소녀상 기념사업회' 남기창 회장과의 통화로 알 수 있었다. 취재하면서 알게 된 내용이지만 원작자, 부천 소녀상 작가, 성동구 소녀상 제작팀은 놀랍게도 모두 서로의 존재를 이미 알고 있었다. 아니 정확히 말하자면 작가들은 다른 작가들이 만든 소녀상들의 존재를 이미 알고 있었다.

"아, 알고 있죠. 앞이 거울로 된 소녀상 아닌가요? 보고 아이디어가 너무 좋다고 생각했어요."

부천 소녀상을 아느냐고 묻자 김서경 작가는 이미 알고 있다며 반색했다. 부부는 원작과 다른 모습이어도 다양한 소녀상이 나오는 것은, 확장되는 기분이라며 긍정적으로 여기고 있었다. 에어컨도 없는 폭염 속의 작업실이었지만 화기애애한 분위기에서 인터뷰는 다음과 같이 진행됐다.

김서경, 김운성 작가 부부 인터뷰 질문지

❶ 소녀상을 제작하게 된 이유

— 소녀상을 왜 제작하게 되셨는지

— 소녀상의 모습으로 제작한 이유

— 제작된 소녀상 의미, 해석

❷ 소녀상과 위안부 피해 문제

— 소녀상이 위안부 피해 문제 해결의 상징이 되었는데 어떠신지

— 시민들이 소녀상을 챙겨줄 때 어떠신지(목도리, 장갑, 목걸이 등)

❸ 소녀상과 다른 작가들

— 국내 곳곳에 다른 모습의 소녀상이 세워졌고 세워지고 있는데
  어떠신지

— 다른 작가들의 작품을 보면서 느끼시는 점

— 다른 작가들 작품 중에 인상 깊은 작품이 있었다면

❹ 소녀상의 현재

— 소녀상 테러도 일어나고 있고 철거를 요구하는 사람들도 있는

데 어떻게 생각하시는지

— 작가님들에게 소녀상은 어떤 의미인지

— 소녀상이 어떤 역할을 했으면 좋겠는지

— 시민들에게 바라는 점

    작가 부부 외에도 작가들이 만든 소녀는 다양했다. 앉아 있기도 하고 서 있기도 하고 다른 소녀들과 함께 모여 놀기도 했다. 표정도 달랐다. 무표정하기도, 위를 바라보며 결연한 의지를 보이기도 했다. 때론 앞면에 거울이 달려 내 얼굴을 비추는 소녀도 있었다. 창작자가 각자 다른 만큼 생김새도 달랐고 위치도 달랐다.* 서울 시내에서조차 자치구마다 다양한 소녀상이 존재한다. 그렇기에 더 많은 소녀상을 렌즈에 담아왔지만 방송에는 세 개의 소녀상만 나왔다.

    소녀상을 만들고 관리하는 개인과 단체는 다양하다. 대부분 설립은 민간단체가 건의하고 주관하며 지역 자치 단체와 협의하여 해당 지역에 세워진다. 관리와 운영은 지자체가 담당하는 경우가 일반적이다.** 작가 부부의 소녀상이 주를 이루지만 또다른 소녀상들

---

*   KBS데이터저널리즘팀, 「전국소녀상지도」, 2019.
** 여성가족부, 국정감사 자료, 2024.

도 존재하기에 취재 당시 총 몇 개인지는 정확하게 파악하기 어려웠다.* 하지만 글을 쓰는 현재 국내에 설치된 소녀상은 154개** 존재하는 것으로 파악됐다. 이는 소녀상에 대한 테러와 위협이 계속 이어지자 정부에서 2024년에 들어서야 처음으로 전국 소녀상의 개수를 파악한 것이었다. 2024년 10월, 여성가족부 국정감사에서는 소녀상과 위안부 피해자 모욕과 테러 행위에 대한 전수조사가 거론됐고 여성가족부는 지속적인 모니터링을 약속하기도 했다.

   한여름이었다. 살인적인 더위에 세 작가를 만났다. 조각가의 작업실에는 공통점이 하나 있었다. 에어컨이 없었다. 컨테이너로 만들어진 작업실에서 일하는가 하면 비닐하우스에서 일하는 작가도 있었다. 화면에는 보이지 않았지만 인터뷰 내내 작가들의 얼굴에는 송골송골 땀이 맺히고 있었다.

   "여기서 어떻게 작업하세요?"

   "사실 요즘 같은 날씨는 휴식기예요. 작업을 많이 안 해요."

   한정무 작가가 웃으며 말했다. 당시 한 작가는 전주에서 생활하고 있었다. 방송에 나온 부천의 작업실은 조각가 선배이자 동료인 김창섭 작가와 함께 일하던 곳이었다. 혹시 옛 작업실로 와주실 수

---

*   146개로 추정. 정의기억연대, 2022.
** 여성가족부, 국정감사 자료, 2024.

있겠느냐는 부탁에 그는 흔쾌히 전주에서 부천까지 올라왔다. 몇 년이 지났지만 그는 당시 상황을 기억하고 있었다.

"여기가 소녀상 작업을 했던 공간이고요."

한 작가와 김 작가가 만든 소녀상은 부천의 안중근공원에 있다. '우리는 어디로 가고 있는가'라는 비석 옆에는 소녀들의 뒷모습이 조각되어 있다. 두 작가는 '우리는 어디로 가고 있는가'라는 문구는 최인선 작가의 작품에서 모티브를 따왔다고 말했다. 해당 작품은 2014년 프랑스 앙굴렘 국제만화제에서 전시되어 국내외적으로 큰 반향을 일으킨 바 있다.

거울로 되어 있어서 얼굴이 없는 소녀다. 아니, 얼굴이 변하는 소녀다. 소녀의 얼굴에는 거울을 바라보는 사람의 얼굴이 보인다. 보는 사람은 깨닫는다. 내가 소녀다. 소녀는 나다. 그렇게 생각해주면 창작자의 의도가 잘 전달된 것 같다며 웃는 노신사의 얼굴에서는 한 소녀가 웃고 있었다.

시간이 흘러도 이 땅에 태어난 우리 모두의 얼굴에는 '소녀'가 남아 있다. 무언가를 직접 빼앗겨본 사람도, 빼앗김을 기억하는 사람도 언제든지 소녀가 될 수 있다. 공동의 기억은 비극의 역사로 기록된다. 하지만 비극조차도 역사다. 다만 그 상처를 치유하고 문제를 해결하려면 모두의 노력이 필요하다. 이야기에 귀를 기울이려는 노력, 기어하려는 누력, 기록하려는 노력. 다행히도 다양한 시민이

각자의 일상에서 그 상처를 담담히 기억하고 기록하고 있다. 일상을 이어나간다면 우리가 만든 그 시절의 그 소녀는 영원히 기억될 것이다.

기자들의 대화
뉴스 영상의 특성과 영상 서사

박 팀장(이하 박)
손 기자(이하 손)

박 ▶ 문화방송 민주언론실천위원회에서 '2023년 3분기 좋은 보도상'으로 선정한 자랑스러운 뉴스야!

손 ▶ '좋은 보도상'은 보도본부에서 같이 일하고 있는 민실위원 기자들이 토론을 거쳐 선정하는 거라 큰 영광이라고 생각해요.

박 ▶ 2024년 7월 방통위원장 후보자 인사청문회에서 이진숙 후보자는 "위안부는 강제 동원인가?"라는 청문위원의 질문에 "논쟁적 사안이라 답변하지 않겠다"라고 말했지. 이런 정치적 물줄기가 꺾이는 일에 따라 사회적 분위기도 분명히 영향을 받을 테고. 그래서 이 뉴스가 더 주목받았던 것 같아.

손 ▶ 사회 정책을 결정하거나 역사적 사실의 의미를 규정하는 위원회의 장관급 위원장들 입에서 우리 공동체의 보편적인 생각과는 전혀 다른 말이 나오고 있죠. 그런 말은 누군가를 머릿속에 박혀 일본군 위안부 역사와 소녀상에 대한 폭력으로 표출되기도 하고요. 안타까운 현실이죠. 하지만 이런 비정상 속에서 오히려 우리 주변의 평범한 시민들은 더 품격 있는 방식으로 역사를 바로 세워가고 있어요. 학생들은 바자회로 기금을 모으고 조각가들은 재능을 기부하고. 어쩌면 이 뉴스는 현재 우리 사회에서 하나의 역사를 바라보는 서로 다른 태도의 단면을 상징직으로 보여주는 것 같네요.

박▶ 이 아이템의 첫 부분을 채워주신 김서경, 김운성 조각가 부부는 우리 영상기자들에게 특별한 의미가 있지? '힌츠페터 국제보도상'의 트로피를 제작해주신 분들이기도 하기 때문이야. 이 상은 5·18 민주화운동을 세계에 알린 독일인 영상기자 힌츠페터처럼 세계 각지에서 전쟁이나 민주화운동을 취재하는 영상기자들에게 수여되지. 위험을 무릅쓰고 취재한 뉴스 영상에 평가의 주안점을 둔다는 점에서 다른 국제 언론상과는 차별성이 있어.

자, 그럼 이제 뉴스 영상은 다른 분야의 영상들과 어떤 차이가 있고 또 뉴스 영상을 평가하는 기준에는 뭐가 있는지 이야기해보는 시간을 가져볼까?

❶ 뉴스 영상의 사실성과 투명성

손▶ 우선 일반적인 영상을 대표하는 것에는 아마 영화가 있을 거예요. 영화 영상은 주로 인물의 대화나 행동을 사실적으로 재현하는 것에 중점을 두고 있죠. 반면 뉴스 영상은 현상을 있는 그대로 보여주는 데 최선을 다해요. 영화에서는 영상이 언어 메시지의 주축인 대화를 주로 보여주는 역할을 하면서 언어와 영상이 일원화된 경향을 보여주죠. 한편 뉴스에서는 영상과 언어가 따로 제 역할을 하는 경우가 흔하죠. 언어는 기사로 논리적 메시지를 전달하고 영상은 이미지의 구성으로 영상의 의미를 전달해요.

박 ▶ 그런 경향이 있지. 두 매체의 영상이 가진 공통점도 있어. 모두 사실성, 즉 리얼리즘을 추구하는 거야. 물론 각 분야에서 말하는 리얼리즘의 뉘앙스는 다르지. 영화에서 영상의 사실성은 관객들이 봤을 때 진짜처럼 느끼게 만드는 제작상의 완성도, 즉 형식적이고 미학적인 사실성에 그 방점을 두지. 하지만 뉴스는 이런 조형적인 사실성을 넘어 '현상을 (현장에 없었던) 보편적인 사람들의 이해를 돕는 방식으로 포착했나?' '취재 과정에서 기자의 편견, 오해 혹은 다른 의도 등에 의한 왜곡은 없었나?' 같은 방법적, 내용적 사실성에 더 많은 무게를 두지.

손 ▶ 방송 뉴스의 품질을 평가할 때 영상의 사실성과 투명성은 양대 축이라고 할 수 있어요. 많은 언론학자가 말하듯 뉴스의 생명은 사실성에 있고 사실성을 살리려면 영상이 현상을 꾸미지 않고 투명하게 있는 그대로 보여줘야 해요. 그런 투명성을 위해서 취재 단계에서부터 카메라의 움직임을 최소화하고 때로는 렌즈를 고정해서 초점의 변화까지 제한하곤 하죠. 기자의 의도에 따른 인위적 개입은 어떻게든 영상에 반영되어 시청자의 판단에 영향을 미치기 때문이에요. 카메라와 렌즈의 조작으로 조성된 긴박감과 은밀함의 배가 역시 뉴스의 선정성 논란으로도 이어지기에 원론적으로 지양해야 하죠.*

박 ▶ 편집 단계에서도 마찬가지잖아? 최대한 고정숏(static shot)을 선택하려고 애쓰고, 초상권 같은 프라이버시나 간접광고 등 심의 기준을 위해 블러를 넣을 때조차 고민하고 자제하려는 것도 이런 이유 때문이지. 원론적으로 말하자면, 같은 장면을 반복적으로 사용하는 것, 특정 영상 위에 그래픽으로 표시해서 시청자에게 중요성을 강요하는 것 역시 뉴스 영상에서는 평가 절하 요소가 될 수 있어. 중요한 피사체라라서 지나친 클로즈업으로 부각하는 인서트**나 컷의 길이를 과도하게 짧게 해서 리듬감을 살리는 것도 지적될 수 있는 부분이야.

---

* 박재영 외 6인, 『텔레비전 뉴스의 품질』, 이화여자대학교출판문화원, 2020, 152~175쪽 참조.
** insert. 화면 속 중요한 의미를 지닌 디테일을 강조하기 위해 주로 클로즈업으로 촬영해서 삽입하는 장면을 말한다.

❷ 영상뉴스와 일반 뉴스의 차이

손 ▶ 하지만 이런 것들은 일반적인 TV 뉴스를 대상으로 학술적으로 혹은 이론적으로 평가하는 기준이라는 측면이 강해요. 〈현장 36.5〉 같은 영상뉴스, 기획성과 제작성이 강한 뉴스 속의 영상에 대해서는 조금은 다른 평가 요소가 적용되어야 하죠. 예를 들어 스트레이트뉴스*에서 뉴스 영상은 기사의 배경 혹은 그림 자료 정도로만 활용되어, 언어의 보조적 역할을 하는 경우가 많아요. 좀더 역할을 하더라도 기사와 영상이 짝을 이뤄서 뉴스가 사실임을 증명해주는 증거로 활용되는 정도죠. 하지만 피처스토리나 영상뉴스에서는 많은 부분이 달라져요. 일종의 주도권에서의 변화도 생기고요.

박 ▶ 일반 TV 뉴스에서 영상은 다의적으로 해석될 수 있는 불안정한 요소로 여겨져왔어. 이런 불완전한 특성은 언어로 보완해줘야 한다고 오랫동안 생각되어왔지. 이미지 관련 강의에서 자주 등장하게 되는 정박이론**이나 이중부호화***도 그런 개념을 포함하잖아? 하지만

---

* straight news. 육하원칙에 따라 전달할 내용의 핵심만을 짚어내서 중요한 순서부터 역피라미드형으로 쓴다.

** anchorage. 기호학자 롤랑 바르트가 창안했는데 배처럼 떠다니는 이미지의 의미를 언어가 닻을 내리듯 고정한다는 개념이다.

*** dual coding theory. 언어와 시각 정보는 서로 다른 방식으로 인지되지만 상호작용한다. 두 정보를 잘 조합하며 인지나 기억이 향상된다는 개념이다.

〈현장 36.5〉 같은 뉴스 포맷에서 영상은 언어에 대한 의존도를 다소 벗어나기도 하고 때론 주체적인 역할도 해. 일단 단순히 보더라도 일반 뉴스에서 주로 메시지 전달을 담당하는 기사의 비중이 〈현장 36.5〉에서는 현저히 낮잖아? 영상이 언어의 배경 이미지로 소비되는 것이 아니라 영화처럼 서로 조합되면서 의미를 쌓아가는 경향도 크지.

손 ▶ 영상뉴스의 가장 큰 특징은 우리가 〈현장 36.5〉에서 내레이션이라고도 부르는 기사의 최소화예요. 내레이션 사용은 '영상만으로 내용 전달이 되지 않을 때' '뉴스에 들어가면서 시청자에게 배경을 설명할 때' 혹은 '뉴스 중간에 급변하는 상황을 보충할 때' 정도죠. 나머지 경우는 일종의 추임새 정도로 봐도 무방해요. 그 대신 보통의 TV 뉴스에서 기사로 단순히 설명되던 내용들이, 인터뷰나 인물들 사이의 대화 등에서 추출된 사운드바이트로 대체되는 경향이 크죠. 인터뷰의 경우도 달라요. 기자가 질문을 던지면 이에 대해 응답하는 정식 인터뷰보다는, 인물의 행동이나 처한 상황을 보여주며 자연스레 말하는 형식이 많죠. 이는 영상뉴스의 메시지가 좀더 간접적이라고 느껴지는 이유이기도 해요.

박 ▶ 상대적으로 영상뉴스에서는 영상과 언어가 각자의 역할에 좀더 집중하는 경향이 있지. 이는 기사의 내용에서도 잘 드러나. 예를 들어 일반 뉴스에서 사건 사고처럼 영상이 상당한 정보와 힘을 지니는 경우 기사는 영상에 보이는 것을 있는 그대로 해설할 때가 많지. 근데 영상뉴스에서 기사는 더 적극적인 방식으로 영상의 이면, 의미, 인물의 심리처럼 보이지 않는 것까지 언급할 때도 많아. 기사는 기사대로 독립적으로 할말을 하고 영상은 영상대로 보여주고 싶은 걸 보여주는 거지.

손 ▶ 언제나 그런 건 아니지만 그런 경향이 있죠. 영상을 지나치게 규정해서 시청자들이 판단할 기회를 뺏으면 안 된다는 서구 학계의 입장에서 보면 긍정적인 부분인 것도 같아요. 이 아이템을 예로 들어볼까요? '사진 1'의 "첫 '평화의 소녀상'은 한 작가 부부의 손에서 태어났습니다", '사진 2'의 "나이 차이가 제법 나지만, 한마음, 한뜻인 두 사람", '사진 3'의 "원래 이곳 광장을 지키던 '작가 부부의 소녀상'. 그 옆에 학생 네 명이 함께 만든 소녀상들이 합류했습니다". 기사는 이렇게 총 세 줄뿐이에요. 마지막 기사를 제외하면 영상과는 별개의 사실이나 심리를 말하는 내용이고 비교적 짧게 쓴 것들이죠.

❸ 영상 서사

박 ▶ 〈현장 36.5〉 같은 포맷의 영상과 일반 뉴스 영상 사이의 차이는 영상 서사 측면에서도 드러나. 영상 서사란 화면들을 특정한 순서대

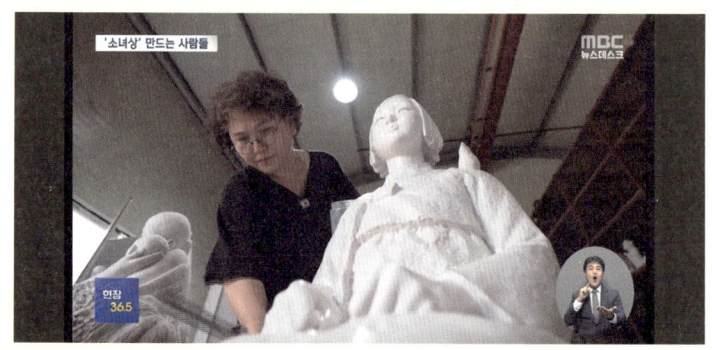

사진 1~3.

로 병치해서 의미를 생성하거나 뭔가 새로운 상징을 창출하는 걸 의미해. 화면 자체가 생성해내는 영상 스토리텔링이라고도 말할 수 있고 요즘 자주 언급되는 영상 내러티브라고도 할 수 있어. 물론 거창하게 몽타주*라는 개념으로도 이야기할 수 있겠지. 영상뉴스에서는 이런 화면, 즉 숏들의 연속성에서 만들어지는 영상 서사가 두드러진 편이야. 반면 일반 뉴스에서의 숏들은 상대적으로 파편화된 상태에서 기사라는 언어 메시지를 보조하는 역할을 하는 경우가 많지. 우리는 태어난 이후 줄곧 영상미디어에 노출된 채로 살아가잖아? 그래서 따로 배우지 않아도 모국어를 하듯이 영상문법 역시 자연스레 머릿속에 장착하고 있어. 언제든 영상 서사를 해석할 수 있는 준비를 갖추고 있다는 거지. 이 아이템에서 그런 영상 서사를 한번 찾아볼까?

예를 들어 부천 소녀상을 만든 조각가가 자신이 만든 조각상에 비친 본인의 모습을 바라보는 부분이 있지. 숏 1에서 '우린 어디로 가고 있는가?'라고 써진 벽 앞에 서 있는 거울 소녀상, 숏 2에서 거울 소녀상 앞에 서 있는 작가, 숏 3에서 소녀상에 비친 본인의 모습을 바라보는 작가의 순으로 영상은 배열되었어. 이 영상 서사 속에서 개

* montage. 프랑스어로 '조립하다'라는 의미. 숏들을 연결해 스토리를 쌓아가거나 새로운 이미를 만들기도 한다.

별 숏들은 단어나 문장처럼 독립된 의미 역시 가지지. 하지만 숏들이 합쳐지면 더 구체적인 의미를 만들거나 새로운 메시지를 창출하기도 한다는 거야. 이 화면의 배열을 보면서 떠올리는 시청자들의 해석은 저마다 다르겠지. 하지만 꽤 많은 사람은 손 기자가 말하려 했던, 무관심에 대한 반성, 역사를 바로 세우지 못해 분열된 사회에 대한 부끄러움 같은 보편적인 영상 서사를 느끼지 않았을까?

손 ▸ 여러 화면의 조합으로 서사가 만들어지는 경우가 대부분이겠지만 한 컷으로도 상징적인 의미를 충분히 발산할 수 있어요. 경찰이 설치한 철제 펜스에 둘러싸인 채로 일본대사관을 바라보는 소녀상 부분이 그런 예가 되죠. 다른 컷들보다 좀더 길게 편집해서 충분히 영상의 의미를 음미할 수 있도록 한 부분이에요. 이 영상 서사에서 의도한 시청자들의 보편적 해석은 일본 정부의 태도에 대한 비판, 역사에 대한 사죄 촉구, 소녀상에 테러를 가하는 이들에 대한 비난 등이 될 수 있겠죠.

박 ▸ 지금까지 뉴스 영상의 특성에 대해서 여러 방면으로 대화를 나눠봤어. 뉴스 영상과 다른 영상과의 차이점, 뉴스 영상에 대한 이론적인 평가 기준, 피처스토리 혹은 영상뉴스 속의 영상이 다른 일반 뉴스의 영상과 어떤 차이가 있는지 등에 대해 알아봤어. 물론 학계, 언론계, 시청자 등 본인이 서 있는 위치에 따라 뉴스 영상에 대한 생각과 평가는 다를 거야. 하지만 뉴스 영상이 더 큰 가치를 인정받기 위해

숏 1~3.

한 컷으로 메시지를 전달하려면 여러 컷을 편집할 때보다
상대적으로 긴 호흡으로 편집해야 한다.

서는 단지 보이는 현상을 비추는 것에 안주하지 않고 의미나 원인처럼 그 현상의 이면을 드러내려고 노력해야 한다는 것에는 이견이 없을 것 같아.

3장

스페인 신부의 파란 눈은?… '사랑의 색'

2023년 6월 18일, **허원철 영상기자**

섬, 그곳은 외딴섬 같았다. 경상남도 산청군 남강을 따라 내려오면 통영대전고속도로 옆에 성심교가 있다. 다리의 이름이 주는 따뜻한 느낌과는 다르게 현장의 첫인상은 을씨년스러웠다. 성심교 건너편에는 오로지 성심원만 존재했고 다른 마을 사람이나 군락은 전혀 찾아볼 수 없었다. 성심원 뒤쪽은 우뚝 솟은 산이, 성심원 앞은 남강이 존재해 전통적인 배산임수의 모습이었음에도 그곳은 고독이 사무치는 것처럼 보였다.

성심원의 특별한 신부님을 만나기 전, 취재 차량에서 내려 ENG 카메라를 세우고 성심원의 모습을 렌즈에 담았다. 다리를 앞에 걸고 성심원을 담기도 하고, 드론으로 성심교에서 성심원으로 이어지는 모습을 촬영했다. 통영대전고속도로, 성심교, 성심원순의 이미지였고 모두 성심원이 이전부터 고립됐음을 보여주기 위한 장치였다. 카메라의 녹화 버튼을 누를 때마다, 한센병을 앓았던 사람들의 고통을 만지는 듯 손끝이 아려왔다.

"에이, 이거 못 쓰겠다." 신부님을 만나기 위해 성심원 내부를 구경하던 중 던진 혼잣말. 불이 꺼진 대낮의 본당 내부는 스테인드글라스를 통해 들어온 빛이 산란하면서 형형색색의 따뜻함으로 가득했다. 본당 입구의 매점에는 한센병 환자들과 중증장애인분들이 삼삼오오 모여 이야기하고 있었고 원래 기대했던 외로움과 고독보단 웃음만이 가득했다. 성심원 외경을 고립의 장치로 구성했지만 수포가 된 순간이었다. 성심원도 여느 곳과 다름없이 사람 사는 곳이었다.

고대하던 신부님과의 만남도 다르지 않았다. 조각 같은 외모에 파란 눈. '누가 봐도 이 사람은 외국인'이었던 유의배(루이스 마리아 우리베) 신부님은 매점에서 마주쳤던 똑같은 눈웃음을 하고 취재진을 반겼다. 신부님은 거친 두 손으로 취재진의 손을 감싸며 "어서 와요"를 반복했다. 그러고는 자기 가족을 소개하겠다며 신부님의 집무실로 우리를 이끌었다. 우리가 마주한 신부님의 첫 가족은 이 세상이 아닌, 신부님의 앨범 속에 고이 간직된 이들이었다.

가족 중 어떤 이들은 이름은 없고 세례명만 있었고 어떤 이들은 생년월일이 없었다. 신부님이 앨범을 손으로 하나하나 짚으며 설명해준 이들의 삶은 '완전'하지 못했다. 한센병과 편견으로 누군가는 부모가, 누군가는 신체 일부분이 없었다. 그 고통에 공감하는지, 잠시 카메라를 내려놓고 신부님의 가족을 보는 내 눈시울은 붉어졌고 미간은 찌그러졌다. 하지만 신부님은 시종일관 미소를 잃지 않았다. 엄숙한 분위기에서도 그의 표정에는 행복만이 남아 있었다. 나는 그가 어떻게 웃을 수 있는지 궁금해졌다.

유의배 신부님이 미소를 잃지 않는 이유는 중증장애인을 만나는 모습에서 찾아볼 수 있었다. 신부님은 종종 '어, 저건 중증장애인 분들에게 무리가 아닌가?' 싶을 정도의 장난을 쳤는데 그럼에도 중

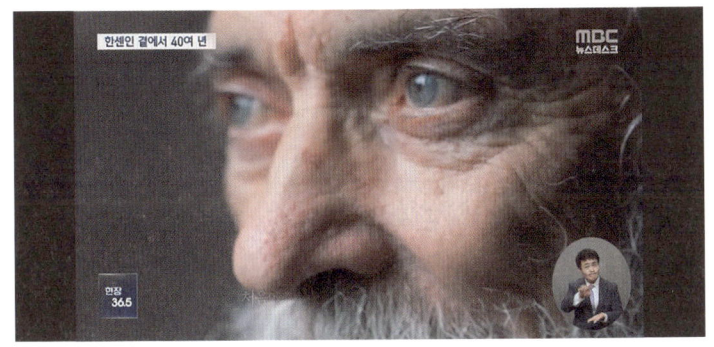

증장애인들은 미소를 잃지 않았다. 오히려 더 밝고 힘차게 웃었다. 중증장애인을 향한 신부님의 행동은 친구와 가족이 할 수 있는 일상적인 행동이었다. 그들에게 연민과 동정보다는 스스로 행복해질 수 있는 힘을 부여한 것이다. 순간 머리가 띵해졌다. 나는 중증장애인을 나와 동등한 존재로 보고 있었는가 하는 의문이 생겼다.

모든 사람을 사랑하는 신부님에게도 특별한 사람은 있었다. 취재진과의 첫 만남 장소인 집무실에서도, 신부님의 청빈한 삶의 흔적이 서린 방에도 있는 사진의 주인공, 현인 씨다. 중증장애인인 현인 씨는 신부님과 사랑하는 사이였다. 지금은 치료를 위해 성심원 밖 병원에 있지만 신부님이 현인 씨를 보기 위해 병원을 자주 방문할 정도로 각별한 관계였다. 누군가에게 현인 씨의 이야기를 할 때면 그리움 가득한 눈동자와 함께 미소로 입을 열었다.

"처음에 내가 아니고 누가 물어봤어요. '현인아~ 신부님 (눈동자) 색 무슨 색깔이에요?' '사랑의 색깔이에요'라고 썼어요."

신부님이 현인 씨를 처음 만났을 때, 주변에 있는 누군가가 현인 씨에게 신부님을 소개하기 위해 눈동자 색을 물어봤는데 현인 씨가 종이 위에 '사랑의 색'이라고 쓴 내용의 이야기다. 신부님은 사람을 외형으로 판단하지 않고 사랑의 본질이 무엇인지 아는 순수한 현인 씨가 너무나도 고맙고 사랑스럽다고 말했다. 파란색이 아닌 사랑의 색, 그건 무엇일까. 뷰파인더에는 잡히지 않는 그 무언가가 이번 취재의 핵심이라는 생각이 들었다.

마중지봉(麻中之蓬)이라 하였는가. 구부러진 쑥도 삼밭에선 곧게 자라듯이 누군가 선한 사람과 사귀면 자연히 자기도 선해진다는 뜻이다. 중증장애인을 만나는 시간이 지나고 내게도 변화가 생겼다. 취재 차량에서 내린 첫날 이후 편견에 갇혀 기사를 구성하던 모습은 온데간데없고 내 얼굴에도 미소가 생기기 시작했다. 천진난만한 한센인과 중증장애인의 얼굴을 보며 아무 생각하지 않고 웃을 수 있게 됐다. 조금이나마 신부님의 삶을 이해할 수 있는 순간이었다. 기사의 주제를 '약자에 헌신하는 외국인 신부님'에서 '편견 없는 사랑'으로 변경했다.

사실 취재 전 기사의 구성 단계에서 기사의 제목을 '검은 사제'로 하고 싶었다. 아직 어둠이 가시지 않을 때 일어나 어둠이 찾아온 뒤 잠을 청하는 신부님의 모습이 검은 사제처럼 보였기 때문이다. 부지런하고 청빈한 삶에 가난도 두려워하지 않는 모습, 게다가 이런 상황에서 자신보다 더 힘든 사람들을 위해 헌신하는 모습을 조명하고 싶었다. 하지만 취재를 하면서 계속해서 진정한 사랑에 대해 배워나갔고 검은 사제의 모습은 겉으로 보이는 모습일 뿐, 신부님이 세상에 외치고 싶은 말은 아니라는 생각이 들었다.

"청빈한 삶이 힘들진 않으셨어요?"

"힘들지 않아요. 나 고기(살) 많아요."

신부님은 인터뷰 내내 본인이 특별하지 않다고 말했다. 청빈한 삶이 힘들진 않았느냐는 질문에는 본인의 배를 만지며 "살이 많이 찐 것은 본인이 청빈하지 않았기 때문이다"라고 말했다. 한국에 와서 유의배라는 이름으로 한센인, 중증장애인 들과 "그냥 사는 것"이라 말했다. 다만 두 눈이 아닌 심장으로 세상을 본다고 말했다. 질문에 대한 신부님의 말 한 마디 한 마디에 온몸의 털이 곤두섰고 심장이 쿵쾅거렸다.

뉴스데스크 〈현장 36.5〉의 키워드는 '소외' '약자' '마이너'이다. 그들의 목소리를 좀더 크게 대변하고 알리는 것이 이 코너의 주된 목적이었다. 효율성을 위해 현장취재 전 기사를 구성할 때까지만 해도 이 목적은 유효했다. '소외된 한센인과 이를 돕는 외국인 신부님'보다 더 잘 맞는 주제도 없었다. 하지만 취재가 끝난 후 배운 것이 너무 많았다. 더이상 성심원의 한센인, 중증장애인, 유의배 신부님은 나에게 마이너가 아니었다. 그저 내가 같이 이틀 동안 생활했던 이웃이었다.

그렇게 기사의 제목은 '검은 사제'에서 '사랑의 색'으로 바뀌었다. 신부님의 삶을 그리고 현인 씨의 삶을 이보다 더 잘 표현할 수 없었다. 영상을 편집하는 과정에서도 큰 변화가 있었다. 청빈의 삶에 매몰된 시선을 최소화하고 "그냥 사는" 모습을 보여주려고 노력했다. 한센인과 중증장애인 그리고 신부님의 웃음을 보여주는 것이 핵심이었다. 신부님의 진심은 명암 대비를 통해 표현했다. 가장 어두운 곳에서 가장 밝게 빛나는 모습을 강조해 시청자의 이목을 모으고 신부님의 말씀에 집중할 수 있도록 의도했다.

산청 성심원에서 신부님이 떠나보낸 이들은 620명이 넘는다. 그 많던 한센인이 더 좋은 곳으로 가고 그 자리를 중증장애인들이 대신하고 있다. 세상은 좋아지고 있다. 한센병은 완치 가능해졌고 성심원 사람들은 더이상 성심호를 타지 않고 성심교를 건널 수 있다. 성심원과 세상의 거리는 아무래도 조금 좁혀진 모양이다. 하지만 아직도 성심원은 외부 사람들에게 외딴섬처럼 느껴진다. 세상을 객관적으로 바라보고 기록하는 영상기자도 예외는 아니었다. 영상기자들은 현장의 최전선에 서 있다. 그렇기에 우리가 더 현장을 누벼야 한다. 직접 들어가 보지 않고서, 그곳에서 직접 살아보지 않고

서 현장을 객관적으로 기록한다는 것은 오만이다. 그냥 현장에 가 보는 것. 성심원에 온 영상기자에게 유의배 신부님이 전하고 싶었던 말이 아닐까?

기자들의 대화

인서트와 컷어웨이

박 팀장(이하 박)
허 기자(이하 허)

박 ▶ 2015년 이탈리아 아시시를 여행한 적이 있어. 당시는 지금은 선종하신 프란치스코 교황님이 즉위하고 얼마 지나지 않은 때였어. 그래서 많은 순례자가 그곳에 있는 프란치스코 수도원을 찾고 있었지. 우리 사회의 배금주의가 심각해질수록 청빈과 봉사를 모토로 삼는 프란치스코 수도회에 대한 관심도 따라서 높아지는 것 같아.

허 ▶ 그런 것 같아요. 청년세대인 저도 친구들과 만나면 '어떻게 하면 돈을 빨리 모아 아파트를 살 수 있을까?' 같은 이야기를 주로 하거든요. 삶이 팍팍하다는 생각도 가끔 하고요. 근데 유의배 신부님은 1976년 고향 스페인을 떠나 지금껏 종교적 가르침을 몸소 실천하고 계시잖아요? 이번 취재 과정에서 제 삶도 한번 돌아볼 수 있었어요.

❶ 인물 섭외의 중요성

박 ▶ 〈현장 36.5〉를 뉴스 형식으로 구분하자면 피처스토리의 하위 장르인 휴먼스토리*에 가깝다고 할 수 있잖아? 뉴스의 주제를 한 사람의 삶을 통해서 전달하는 포맷이지. 어떤 취재원을 섭외하느냐가 정말 중요해. 캐스팅이 흥행의 절반을 좌우한다고 영화계에서 말하는 것과 비슷하지. 우리 방송이 나가고 6개월 후쯤일 거야. 유의배 신부님이 인기 예능프로그램인 〈유 퀴즈 온 더 블럭〉에 출연하셨더라고. 우리가 휴먼스토리에 적절한 분을 선정하긴 했구나 하는 생각이 들더군. 우리가 〈현장 36.5〉를 통해 만났던 세월호 생존 학생, 목포의 청년 이장, 소아외과 할머니 의사 선생님 등도 모두 장르적 특성에 정확하게 부합하는 분들이지.

허 ▶ 캐릭터로서 신부님은 상당히 매력적인 분이에요. 휴먼스토리를 본다는 건 한 인물의 삶에서 동시대를 살아가는 우리가 공유해야 할 가치나 문제 같은 사회적 메시지를 발견하는 거잖아요? 그런데 문제는 이런 메시지가 일반 뉴스처럼 기사를 통해 직접적이고 명료히 전달되는 게 아니라는 거죠. 보통 뉴스 속 인물의 행동이나 인터뷰

---

* human-interest story. 취재원의 관심, 업적 등의 개인사를 감성적인 방식으로 제작하여 시청자의 흥미나 공감 등의 반응을 유도하는 연성뉴스(soft news)를 말한다.

에 자연스럽게 녹아 있는 경우가 많아요. 그런 이유로 시청자들이 자칫 인물에 대한 흥미를 잃고 몰입에서 벗어나게 되면 뉴스의 흐름이나 메시지를 놓치는 경우도 발생하곤 하죠. 어쩌면 휴먼스토리는 의사소통에 실패하기 쉬운 형식이라고도 볼 수 있어요. 그런 맥락에서 인물 자체가 가진 흡입력은 휴먼스토리의 성패에 결정적이죠. 물론 한국어를 유창하게 말하는 푸른 눈의 스페인 할아버지가 지닌 낯섦은 그런 주목도 측면에서 아주 훌륭했다고 생각해요.

❷ 인서트숏의 활용

박 ▶ 영상 이야기로 좀 넘어가볼까? 난 개인적으로 신부님의 작은 방 안에 놓인 칫솔 인서트숏이 너무 좋았어. 속세를 떠나 종교적 가르침을 실천하고 계신 신부님의 소박한 생활을 한 번에 보여주는 훌륭한 숏이었다고 생각해. 인서트숏은 주로 시청자가 알아야 할 정보를 아주 분명하게 보여주는 목적으로 사용되지. 뉴스는 2분이라는 짧은 시간에 메시지를 정확히 전달해야 하잖아? 그런 면에서 인서트숏은 아주 유용한 도구라고 할 수 있어. 인서트숏의 역할은 메시지를 명확하게 만드는 데만 그치는 게 아니야. 표현적이고 상징적인 새로운 메시지를 창조하기도 하고, 뉴스의 속도감을 조절하기도 하지. 이 아이템에는 인서트숏이 어떤 식으로 활용되었는지 한번 알아볼까?

허 ▶ 우선 단순히 의미를 명확히 했던 경우가 있어요. 롱숏(long shot)으로 촬영해서 피사체의 위치, 관계 등 여러 정보가 한눈에 들어오도록 촬영한 것이 마스터숏*이죠. 시청자에게 기본적인 상황 인식을 심어준다는 의미에서 설정숏**이라고 불러도 무방해요. 인서트숏은 이런 여러 정보를 담은 와이드숏의 의미를 더 명확히 하려는 목적으로 클로즈업을 추가하는 기법이죠. 이번 아이템에서 예시를 찾아볼까요?

우선 '사진 1'에서 신부님이 앨범을 보시는 마스터숏이 있어요. 기사는 "고국을 떠난 지 43년. 신부님의 가족이 되어준 건 한센인들이었다고 합니다"라고 말해요. 다음 컷에서 앨범을 보여줄 거란 예상이 충분히 가능해요. 인서트숏으로 굳이 보여주지 않아도 앨범 내용은 한센인에 관한 것이겠죠. 하지만 '사진 2'에서 젊은 시절 신부님이 한센인 가족들과 찍은 사진들을 보여주면서 상황을 더욱 구체화했어요.

---

*   master shot. 신 전체를 롱숏으로 연속해서 촬영하는 것으로 편집 과정에서 설정숏으로 유용하게 활용할 수 있다.

** establishing shot. 신의 도입부에서 와이드숏으로 피사체가 속한 장소 등의 정보를 보여줘서 전체 신에 대한 맥락의 이해를 돕는 숏을 말한다.

사진 1과 사진 2. 인서트숏은 와이드 앵글에서 보기 힘든 작은 부분을 확대해서 구체적으로 보여주는 역할을 한다.

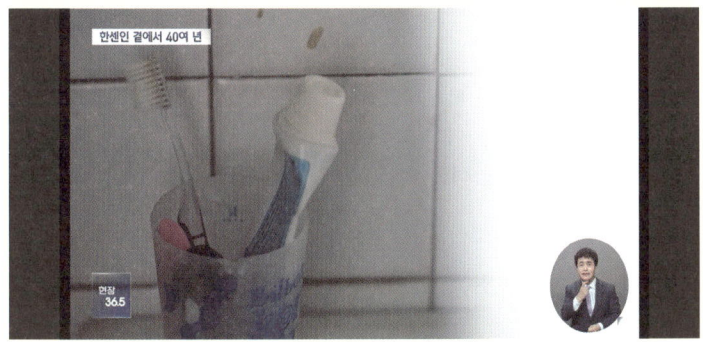

사진 3과 사진 4. 상징적이고 함축적인 의미를 담고 있는 인서트숏들은 뉴스의 깊이와 품격을 더해준다.

한편 팀장님이 얘기하신 '사진 4'의 칫솔 인서트숏은 성격이 좀 달라요. '사진 3'은 남루한 방에 앉아 묵주기도를 하고 계신 신부님의 설정숏입니다. 그다음 화면으로 세면대 위에 놓인 컵 속의 칫솔이 따라 나오리란 건 예측하기 쉽지 않죠. 사실 와이드숏에서는 보이지도 않는 크기이기 때문이에요. 그래서 묵주, 지그시 감은 눈, 기도문을 웅얼거리는 입 등을 인서트숏으로 예상하는 게 상식적이겠죠. 그런 면에서 칫솔 인서트는 상황의 의미를 명확히 했다기보다는 메시지를 새롭게 창조했다고 볼 수 있어요. 클로즈업 자체가 무소유, 청빈이라는 보편적인 상징성을 내포하기에 이런 새로운 의미를 쌓을 수 있는 거죠. 독창적인 인서트숏을 통해 아주 짧은 영상 내러티브를 구성했다고도 볼 수 있겠죠?

박 ▶ 창의적이고 독창적인 시각이 참신한 이야기의 흐름을 만들어낸 거지. 단 한 장면인 인서트숏으로 이런 서사나 감동을 만들어내는 건 쉬운 일은 아니야. 뉴스의 주제에 대한 깊은 고찰이 선행되어야 하고 현장의 피사체들도 유심히 살펴서 주제와의 연관성을 분석해야 하지. 자신이 만든 뉴스가 뻔한 흐름이라고 느껴진다면 먼저 인서트숏을 고민해보는 것도 좋은 해결책이 될 수 있어. 2024년 5월 17일에 방송된 채 해병 사망 사건과 수사 외압 관련 뉴스를 한번 볼까? 인서트숏을 활용한 영상 스토리텔링이 아주 창의적이었어.

임성근 사단장이 경북경찰청에 출석한 모습은 어느 방송사나 비슷하게 편집했어. 주요 사안이라 영상기자들이 공동취재단인 풀(pool) 단을 구성했기에 촬영 원본도 똑같았지. 방송사 대부분은 임 사단장이 걸어오는 모습과 인터뷰하는 모습 그리고 기자들의 리액션이라는 순서로 뉴스 영상을 구성했어. 단순히 현장 상황을 전달하는 데 그친 거지. 하지만 MBC는 같은 원본으로도 임성근 사단장의 빨간 해병대 명찰을 찾아내 인서트로 넣었어. 빨간 명찰은 일반적으로 해병대의 명예를 상징하잖아? 그래서 임 사단장의 모습과 이 명찰을 결합해서 타사와 차별되는 영상 서사를 만들려고 시도한 거지. 아마 시청자들은 지금 임 사단장의 태도는 해병대의 명예와는 거리가 있다는 메시지를 전달받을 수 있었겠지?

2024년 5월 17일 뉴스데스크
「이종섭 전 장관 증인 채택… 대통령실 개입 밝히나?」.

2013년 3월 24일 뉴스데스크
「한국의 프란치스코들… "낮은 곳에서 가난의 길"」.

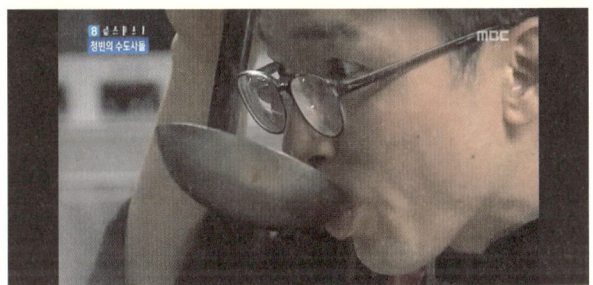

한편 10여 년 전인 2013년 3월 24일 뉴스데스크에서도 허 기자처럼 프란치스코 수도회를 다룬 뉴스가 나갔지. 서두범 영상기자가 영상취재와 편집을 담당한 이 뉴스 속에서도 독창적인 인서트 컷들을 찾을 수 있어. 우선 수사님들이 노숙자들을 위해 큰 솥에다 국을 끓이는 와이드숏이 보이고 다음 컷으로 국물의 간을 보는 수사님의 클로즈업이 나오지. 여기까지는 흔한 영상 서사로 숏 사이즈를 좁혀가며 상황을 설명하는 전형적인 전개라고 할 수 있어. 하지만 그다음으로 나오는 십자가, 그 위의 예수 그리스도, 음식에서 피어오르는 김을 한 번에 포착한 인서트는 좀 다르다고 생각해. 함축적인 메시지를 담은 화면이지. 해석하자면, 자신의 목숨까지 내어준 예수님의 가난한 삶을 따르기 위해 수사님들은 빈민 사목을 하고 있다는 것이겠지?

허 ▶ 의미도 있지만 영상표현 기법으로도 상당히 품위 있고 세련됐어요. 하지만 모든 영상 내러티브의 전개는 시청자의 이해를 기반으로 해야 하잖아요? 인서트숏도 마찬가지예요. 우리가 아무리 대단한 상징적 의미를 인서트숏에 담아서 전달한다고 하더라도 시청자가 그렇게 생각하지 않으면 안 하느니만 못한 시도가 되는 거죠. 그런 의미에서 주제와의 연관성을 쉽게 상상할 수 있는 클로즈업을 인서트숏으로 활용하는 게 필요해요. 편집을 할 때도 인서트 컷의 의미를 충분히 음미할 수 있는 속도를 유지하는 게 중요한 것 같아요.

❸ 컷어웨이숏의 활용

박 ▶ 이 아이템 속에서는 컷어웨이숏(cutaway shot)도 눈에 띄었어. 특히 시간이나 공간이 바뀌는 시점, 즉 신(scene)을 전환할 때 컷어웨이숏을 활용해서 아주 부드러운 편집을 한 것 같아. 뉴스에서 화면이 바뀔 때 어색한 느낌이 들면 그림이 튄다고 말하잖아? 그런 느낌이 전혀 없었어. 컷어웨이는 기존 화면의 흐름에서 다소 벗어나는 영상을 이어붙이는 기법이지. 주로 클로즈업이 활용되는데, 큰 줄기나 동작의 연속성과 크게 상관없는 숏을 붙여서 기존의 영상 흐름에서 벗어나는 방식이야. 쉽게 말하자면 기존 프레임에서 볼 수 없는 피사체로 화면을 전환하는 거지.

2024년 11월 7일에 있었던 윤석열 전 대통령의 대국민담화는 컷어웨이숏을 이해하는 데 도움이 돼. 뉴스에서는 '사진 5'처럼 용산 대통령실에서 진행되는 대국민담화를 보여주면서, '사진 6'처럼 동 시간대 서울역에서 이 담화를 시청하는 시민들의 모습을 리액션 컷으로 편집했어. 단순히 동작의 연속성에 집중하는 의도라면 대통령의 모습을 다양한 각도에서 보여준 뒤 참모나 기자들의 반응을 보여주면 되지. 하지만 같은 공간이 아닌 서울역에 있는 시민들의 반응을 컷어웨이숏으로 편집하면서 뉴스는 사안을 훨씬 입체적으로 설명했어. 물론 기존 상황이나 장소에서 완전히 벗어나는 영상을 이어붙이는 만큼, 시청자가 이해하기 힘든 장면이나 담화와 전혀 상관없는 영상을 컷어웨이로 활용해서는 안 되겠지? 이치에도 맞지 않을뿐더러 전형적으로 영상 메시지의 왜곡이나 조작 논란에 휩싸일 수 있는 경우이기 때문이야.

허 ▶ 그렇죠. 컷어웨이숏은 기본적으로 현재 이어지는 영상의 흐름을 단절하는 역할을 해요. 흐름을 잠시 멈추면서 새로운 시공간으로 넘어갈 수도 있고, 다른 주제로 넘어갈 수도 있죠. 영상의 리듬이나 힘 같은 것도 만들어내고요. 하지만 이런 다재다능한 기법의 활용은 편집기 앞에서 뚝딱하고 이뤄지는 건 아니에요. 창의적인 발상을 기반으로 취재 단계 때부터 계획적으로 컷어웨이숏을 확보해야 가능하죠. 같은 공간, 같은 프레임에 존재하지는 않지만 그렇다고 완전히 무관한 것도 아닌 피사체를 선택하기란 쉬운 일은 아니에요.

앞에서 얘기하신 대로 이번 아이템에서는 신(scene)이 변하는 첫머리에 컷어웨이숏을 주로 배치했어요. 첫번째 신에서 신부님은 기도실에 계시죠. 두번째 신에서는 사무실에서 앨범을 보고 계시고요. 이 두 시공간을 이어주는 컷어웨이숏이 앨범을 넘기는 신부님의 주름진 손이에요. 익스트림클로즈업이죠. 그리고 신부님의 침실로 공간이 변하는 순간에도 컷어웨이가 활용되었는데 이 역시 세번째 신에서 묵주알을 넘기는 신부님의 손을 클로즈업으로 포착한 거예요. 신의 변환을 넓은 설정숏으로 하면 신을 해석할 수 있는 영상 정보

사진 5와 사진 6.
컷어웨이는 기존 화면에서 볼 수 없었던 피사체를 편집하는 것이어서,
영상 서사의 논리와 시청자의 이해도를 고려하는 것이 중요하다.

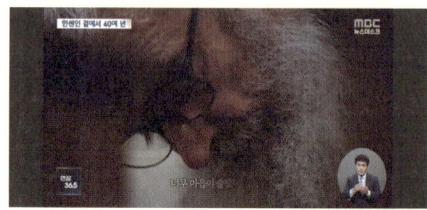

첫번째 신.

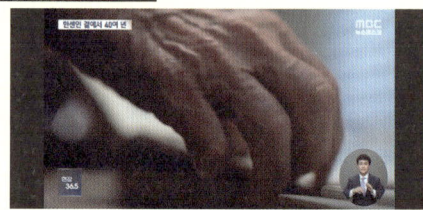

두번째 신.

세번째 신.

가 많아지기에 시청자의 인지 측면에서 유리하죠. 반면 클로즈업인 컷어웨이숏으로 신을 변환하면 배경 등의 정보를 모두 보여주지 않으면서 시청자의 호기심을 유발할 수 있어요. 또 피사체의 거대한 크기가 주는 시각적 충격으로 뉴스의 리듬을 조성하는 효과도 만들 수 있죠.

박 ▶ 컷어웨이로 신을 시작하면 시청자들의 주의를 환기할 수 있지. 다만 이해를 돕는다는 측면에서는 친절한 방법은 아니야. 그래서 이런 클로즈업을 통한 신의 전환 다음에도 반드시 와이드숏을 충분히 배치해야 해. 현상이 일어나는 곳이나 상황에 대한 정보를 제공하려는 목적이지. 그래야 시청자가 일련의 배경지식을 가지고 다음 이야기의 흐름을 따라갈 수 있어. 결국 선택의 문제야. 시청자의 몰입을 높이기 위해 리듬감과 호기심을 살리는 게 우선인지, 일반적인 시각 정보를 많이 제공해서 시청자의 이해를 도모하는 게 우선인지 선택해야 해.

컷어웨이숏으로 신을 전환한 사례들을 좀더 살펴볼까? 앞에서도 잠시 언급했던, 한국의 프란치스코들을 다룬 뉴스데스크 꼭지에서 뽑아봤어. 첫번째 사례는 수사님의 방에서 공동묘지까지 공간이 이동하는 과정이야. 두번째 신에서 매화에 앉은 벌이라는 기존 영상의 흐름과는 전혀 상관없는 컷어웨이숏으로 신이 전환됐지. 그리고 산청 성심원의 전경을 보여주며 새로운 영상의 흐름을 이어갔어. 처음부터 성심원 전경을 보여주면서 신을 시작해도 큰 무리는 없겠지. 하지만 클로즈업 컷어웨이로 기존의 흐름을 잠시 단절하는 것이 전체 뉴스의 속도 측면에서 나은 선택이었어. 공동묘지가 나오는 세번째 신에서도 한센인들과 성직자들의 풀숏을 보여주기 전에, 한센인의 오그라든 손을 먼저 보여줬지. 이 경우는 속도 측면보다는 시청자의 몰입을 유도하려는 의도가 강했어. 처음부터 모든 정보가 화면에 드러나면 아무래도 다음 영상에 대한 호기심이 줄어들기 마련이잖아?

두번째 사례도 비슷한 영상 내러티브 전개 방식을 보여주고 있어. 산청 성심원에서 서울 프란치스코의집까지 시공간이 이동하는 과정이지. 산청에서 진행한 수사님의 인터뷰가 끝나고, 빌딩 위로 떠오르는 태양을 컷어웨이숏으로 보여주면서 신을 전환했어. 이 컷어웨이의 피사체는 이 아이템이나 영상의 큰 흐름과는 연관성은 없어. 하지만 신과 신 사이에서 시간을 압축하고 공간을 뛰어넘는 역할을 확실히 수행하지. 한편 식당 신으로 넘어갈 때는 무를 써는 바쁜 손놀림을 찍은 클로즈업을 컷어웨이로 활용했어. 실외에서 실내로 이동하는 시점에서 장면을 매끄럽게 연결했다고 생각해. 현업에서는 컷 변화의 충격을 줄여준다는 의미에서 쿠션이라고 부르기도 하지. 경쾌한 소리와 빠른 속도의 피사체를 아주 짧게 보여주면서 활기찬 분위기를 조성했어.

첫번째 신.

두번째 신.

세번째 신.

한 번 더 강조하지만, 강한 전달력이 있는 인서트나 컷어웨이는 그냥 확보되는 게 아니야. 사전 취재 단계에서부터 주제를 깊이 고민해야 하고 또 현장취재에서도 피사체를 면밀히 관찰해야 활용할 수 있지. 눈에 보이는 것들만이 아니야. 상징적이고 함축적인 메시지를 내포한 피사체들은 발견하기 어려워. 한 발짝 물러서서 현장을 바라볼 때 비로소 보이는 경우가 많지. 편집 과정도 중요하지. 인서트와 컷어웨이가 자신만 이해할 수 있는 메시지인지 혹은 시청자들도 공감할 수 있는 건지 냉정히 판단해볼 필요가 있어. 형식과 테크닉에 매몰되어 정작 뉴스의 가장 중요한 가치를 간과해서는 안 되니까.

첫번째 신.

두번째 신.

세번째 신.

4장

우린 작업복만 빨아요… 1000원 공공 빨래방

2024년 7월 7일, 장영근 영상기자

경기도 안산의 한 영세 사업장. 지잉지잉, 그라인더가 앞뒤로 움직이며 연신 쇠를 간다. 거친 파열음이 작업장을 가득 메운다. 용접기는 푸른 불꽃을 내뿜는다. 치지직 소리와 함께 빨갛게 달아오른 쇳가루들이 공중에 흩날린다. 뜨거운 5월의 어느 날, 작업자 구영우 팀장을 포함한 세 명의 노동자들은 이곳에서 무거운 쇳덩이들과 매일같이 씨름중이다.

구 씨는 이곳에서 공압 기계 부품을 만든다. 쇠를 만지기에 용접과 연마는 필수다. 뜨거운 불티가 사방팔방으로 튄다. 날카로운 쇳조각도 언제 갑자기 쪼개져 날아올지 알 수 없다. 이 때문에 전신을 가리는 작업복은 필수다. 추운 겨울이면 차라리 낫다. 따뜻하기라도 하지. 그러나 여름은 이야기가 좀 다르다. 안전상의 이유라지만 작업복 안은 너무 덥다. 비지땀과 먼지가 뒤엉켜 온몸을 감싼다. 잠깐이라도 일을 진행하면 작업복은 금세 더러워진다.

구 씨는 고민이 많았다. 세탁 때문이다. 쇳가루가 작업복에 구멍을 내기 일쑤다. 비지땀은 물론이고 먼지도 쉬이 옷에 달라붙는다. 누런 기름을 만지는 날엔 작업복 이곳저곳에 얼룩이 묻는다. 처음엔 아내에게 빨래를 부탁했다. 그러나 그것도 하루이틀이어야지 매번 가져다주기 미안했다. 두 아들의 건강도 염려됐다. 같이 빨다가 의도하지 않았는데 작업장의 유해물질이 자식들에게 해를 끼칠까 불안했다. 그렇게 세탁기 하나 없는 작업장 화장실 한편에서 손

빨래를 하곤 했다. 일만으로도 힘들었는데 세탁은 더 힘들었다.

구 씨뿐이 아니다. 그가 일하는 안산의 반월국가산업단지만 해도 전체 사업장 중 95퍼센트 이상이 50인 미만 영세 사업장이다. 이곳에서 일하는 노동자 중 대개는 일터에 별도의 세탁 시설이 없어 스스로 해결해야 한다. 가정에 있는 세탁기를 이용하자니 이물질 때문에 잔고장이 잦다. 손빨래를 하자니 기름 등 유해물질은 잘 지워지지도 않는다. 일터 주변의 민영 세탁소를 이용하자니 작업복 세탁은 적잖은 비용이 든다. 이에 노동자들은 세탁 횟수를 줄여가며 이물질을 묻힌 채 작업을 이어간다. 노동자의 씁쓸함이 겹겹이 쌓여간다.

블루밍세탁소는 이런 이유로 작년 여름에서야 생겨났다. 이곳은 영세 사업장에서 일하는 노동자들의 작업복만을 세탁한다. 흰 트럭 하나가 안산의 공단 일대를 돈다. 사업장 하나하나 찾아다니며, 오염된 세탁물을 수거하고 뽀송한 작업복을 돌려준다. 두꺼운 동복은 1000원, 춘추복과 하복은 겨우 500원이다. 경기도와 안산시의 협약으로 이 같은 가격이 가능했다. 노동자들이 보다 쾌적한 환경에서 일할 수 있게끔 보조받는 성격이다. 개업 초반엔 세탁물을 받은 사업장의 수가 열 곳도 안 됐는데 1년 사이 150곳 이상으로 늘었다.

세탁물을 맡기는 영세 사업장의 수가 이토록 늘어나는 이유는 역시 세탁을 잘하기 때문이지 않을까? 블루밍세탁소는 여섯 명의 직원이 꾸려간다. 이들 중 세탁 전담 직원은 심순옥 씨와 김정례 씨 두 명이다. 지금은 합이 잘 맞아 비교적 수월하게 일한다. 그러나 처음부터 그렇지는 않았다. 특히 가정에서 일반 세탁물만을 빨던 두 중년의 여성에게 작업복 세탁은 결코 쉬운 일이 아니었다.

"처음에는 그 쉰내라고 해야 하나? 기름내랑 땀내 짬뽕된 냄새 있잖아요. 그런 냄새가 제일 힘들었죠." 심순옥 씨가 말했다.

"저희 신랑이 사무 업무를 하다 보니까 지저분한 작업복은 여기 와서 처음 봤어요. 처음에는 조금 만지기 그랬어요, 처음에는." 김정례 씨가 말했다.

그럼에도 두 사람이 금세 이 일에 매진할 수밖에 없었던 이유는 바로 노동자의 작업복 그 자체였다. 오염된 세탁물로 들어온 작업복 하나하나에는 노동자들의 노고가 고스란히 담겨 있었다. 구멍이 유달리 많은 작업복은 뜨거운 불꽃을 다루는 일터를 연상하게 한다. 사타구니가 자주 닳는 작업복은 쪼그려앉아 일하는 환경을, 배에 기름이 많이 묻은 모습은 정면에서 기름이 튀는 작업환경을 떠오르게 한다. 이들이 현장에서 고생하고 있을 걸 생각하니, 좀더 쾌적한 옷을 입고 일할 수 있도록 두 사람은 더 노력한다.

노동자의 비지땀과 얼룩만이 노고를 드러내는 건 아니다. 지퍼를 열고 주머니를 뒤집으면 그 안에도 노동의 숭고함이 담겨 있다.

드라이버, 나사, 못도 물론이다. 쇳가루를 가득 머금은 마스크, 꼬깃꼬깃한 소음 방지용 이어플러그, 졸음 방지용 껌과 사탕, 혈압약을 포함한 각종 상비약, 잠깐의 행복을 주었을 낙첨된 로또 종이까지. 일상의 세탁물에서도 쉽게 찾아볼 수 있겠지만 유달리 노동자의 작업복에 몰려서 발견되는 건 왜일까. 열악한 환경에서 일하는 사람들이 적잖은 걸 알기에 두 사람은 결코 대충 일할 수 없다.

"열악하다고, 지저분한 곳에서 일한다고 해서 무조건 작업복이 지저분해야 하는 건 아니잖아요. 이왕이면 깨끗하게. 깨끗한 작업복 입고 기분 좋게 일하실 수 있기를 바라는 마음으로 저희는 세탁하고 있어요." 김정례 씨가 말했다.

이들의 손을 거쳐 깨끗이 세탁된 작업복을 받은 노동자들은 어떤 기분일까. 누군가는 구멍난 옷감이 멀끔히 메워졌을 때 감사를 느꼈을지 모른다. 다른 누군가는 더이상 가족들의 손에 유해물질을 묻히지 않아서 안도감을 느낄지 모른다. 무엇보다 1000원 공공 빨래방이 일터 주변에 생긴 뒤로 본인들의 노동 그 자체에 더 집중할 수 있게 되진 않았을까? 작업복만을 세탁하는 공공 세탁소의 수가 전국 각지로 확산할 때 좀더 많은 노동자가 쾌적한 환경에서 비지땀을 흘릴 수 있지 않을까 싶다.

기자들의 대화

영상뉴스의 구성과 화제 전환 기법, 연역적 및 귀납적 영상 접근법

박 팀장(이하 박)
장 기자(이하 장)

박 ▶ 블루밍세탁소. 노동자를 뜻하는 블루(blue)와 꽃이 활짝 핀다는 의미의 블루밍(blooming), 두 가지 뜻을 담은 세탁소야. 노동 현장의 땀내가 물씬 느껴지는, 한여름에 어울리는 뉴스였어. 소재 선택, 촬영, 구성, 오디오와 영상의 편집까지 모든 면에서 흠잡을 데가 없는 제작이었어. 그래서 뉴스 영상에 관심이 많은 학생이라면 참고 자료 삼아 꼼꼼히 분석해보는 것도 의미 있겠다고 생각했어. 다른 언론에서도 이 뉴스를 잘 봤는지, 경향신문은 칼럼을 통해 소개하기도 했지.

칼럼을 읽다가 흐뭇한 미소를 짓게 된 대목이 있었어. '칼럼의 필자도 이 뉴스를 보면서 나랑 비슷한 지점에서 감동했구나'라는 생각이 들어서지. 출판사 궁리 이갑수 대표는 칼럼에서 "'하루에도 수백 벌씩 작업복을 세탁하다보면 옷의 더러움보다, 그 속에 배인 고된 노동의 흔적이 눈에 밟힙니다.' 화면은 작업복을 수선하고 호주머니에서 소지품을 꺼내는 장면으로 이어진다. 물건들은 다양하다. 휴지,

사탕 그리고 처방약. 그것은 감기약 혹은 당뇨약일까"*라고 쓰고 있었어.

나도 이 뉴스의 바로 이 순간에 깊이 감동했거든. 백 마디 말보다 이 뉴스의 주제를 더욱 잘 부각하는 영상이었다고 생각해. 이런 세탁소의 필요성 같은 이성적인 생각은 물론 노동의 숭고함, 가장으로서의 책임감, 연민 등 짧은 장면을 보면서 다양한 감정이 머릿속을 스쳐 지나갔어. 한마디로 가슴이 좀 찡했어. 이 영상이 상징하는 바가 정해진 건 아니지. 보는 사람마다 자신 경험에 따라 각자 다른 생각을 했을 거야.

물론 제작진도 기사를 통해 이 장면의 의미를 명확하게 할 수도 있었겠지. 하지만 시청자에게 특정 정보나 정서를 주입하는 듯한 인상을 주는 것보다 이렇게 사고의 틀을 열어놓는 방식이 오히려 쿨하게 느껴졌어. 제작 방식은 물론 시청자와의 소통 측면에서도 세련돼 보였다는 이야기지. 마셜 매클루언**은 TV를 '쿨 미디어'라고 설명했잖아? 그의 이론에 빗대어 보면, 자세한 설명을 덜어낸 이 장면의 낮은 메시지 밀도로 인해 시청자가 상상력을 동원하게 되면서 시청

---

* 이갑수, 「[이갑수의 일생의 일상]MBC의 뽀송뽀송한 뉴스 하나」, 〈경향신문〉, 2024.07.18.
** 캐나다의 미디어 커뮤니케이션 이론가. '매체가 곧 메시지다(The medium is the message)'라는 말로 유명하다.

참여도가 높아졌다고도 해석할 수 있어.

❶ 사전 취재와 답사의 중요성

장 ▶ 타 언론사들이 우리 〈현장 36.5〉를 주목한다고 생각하니 괜히 어깨가 무거워지는 것도 사실이에요. 아이템의 선정이나 말 한마디, 그림 한 컷을 붙이더라도 더욱 신중해야 하겠다는 생각도 들고요. 사실 사전 취재를 하는 동안에는, '노동자들을 위한 세탁소가 뭐 그렇게 특별할 게 있을까?'라는 생각도 했었죠. 세탁소의 어떤 부분을 강조해야 할까, 사회적 기업 정도로 세탁소 소개에 그치는 아이템이 되어서는 안 될 텐데, 하는 마음으로 현장 답사에 나섰죠.

하지만 막상 안산 반월공단의 한 영세 공장에 들어서는 순간 생각이 달라졌어요. 더운 여름날 열기로 가득 찬 공장, 그라인더의 굉음, 이리저리 튀는 불티, 용접봉과 노동자의 얼굴에 맺힌 쇳물과 땀방울. '무슨 취재를 하느라고 이곳에 이렇게 늦게 왔나?'라는 생각에 전의가 불타올랐죠. 세탁원 아주머니들이 노동자들의 주머니에서 이런저런 물건을 빼내시는 걸 보고, 이 뉴스의 핵심 영상이 될 것 같다는 확신에 속으로 쾌재까지 불렀던 생각이 나네요. 이런 사전 답사 덕분에 본 촬영에 나설 땐 노동자와 세탁원을 둘러싼 환경 그리고 제가 주목한 피사체들과 구성안을 잘 표현할 수 있는 촬영 장비들을 챙길 수 있었죠.

박▶ 이 뉴스 여러 부분에서 사전 답사의 흔적을 유독 많이 느낄 수 있었어. 렌즈나 장비를 미리 준비해서 주제를 강조할 수 있는 피사체를 찍고, 카메라의 움직임을 계획한 티가 났다고나 할까? 예를 들어 '사진 1'에 있는 프로브 렌즈*와 전동 슬라이더를 이용해서, 세탁원 아주머니들이 노동자들의 주머니에서 발견한 소지품들을 찍은 장면이 대표적이지. 이런 인상적인 영상까지 동반한 뉴스였기에 타 언론사의 이목도 끌 수 있었다고 생각해.

영상뉴스의 장르적 특성상, 시각적 몰입감을 주는 순간을 뉴스 곳곳에 배치하는 게 중요하지. 시청자가 뉴스를 보는 동안 집중도를 잃지 않도록 한 번씩 옆구리를 툭 찔러주는 넛지**의 순간을 만들어야 한다는 이야기야. 일반 뉴스처럼 기사로 일일이 피사체나 상황을 설명할 수 없는 이유가 가장 크겠지? 이런 효과를 만들기 위해서는 취재 단계 때부터 영상 자체가 주목도를 가질 수 있도록 촬영하는 게

---

* LAOWA 24mm Probe Lens. 피사체에 아주 가깝게 접근해도 초점이 맞는, 내시경을 닮은 접사렌즈. 렌즈 앞에 LED 조명이 내장되어 어두운 환경에서도 촬영이 가능하다.

** nudge. '옆구리를 슬쩍 찌르다' '주의를 환기하다'라는 뜻. 강요가 아닌 자연스러운 자극으로 올바른 선택을 유도하는 것. 2017 노벨경제학상을 수상한 시카고대 교수이자 행동경제학자 리처드 탈러, 법학자이자 버락 오바마 백악관 참모인 캐스 선스타인의 공동 저서 제목이기도 하다.

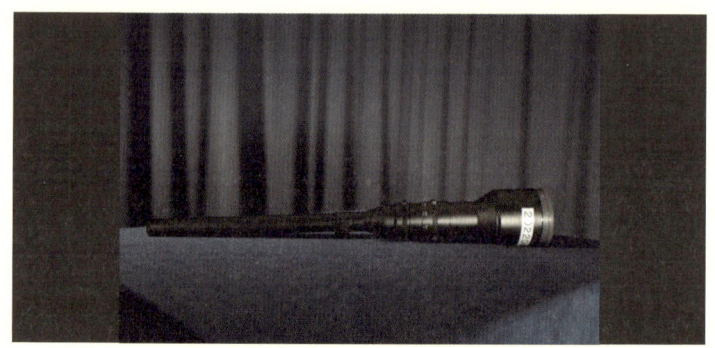

사진 1. 고화질 디지털카메라가 보편화되면서
프로브 렌즈 같은 가격 경쟁력 있는 대안들이 나오고 있다.

필수지. 편집 단계에서 만들 수 있는 영상 서사의 힘만으로는 시청자가 영상을 자발적으로 이해하도록 유도하는 데 한계가 있기 때문이야.

세탁원 아주머니들의 인터뷰 역시 마음에 와닿았어. 같은 노동자로서의 연민과 연대의 마음이 느껴졌어. 땀내 등 힘든 시기도 있었지만 용접 노동자가 혹시나 화상이라도 입을까봐 구멍난 바지의 구멍을 재봉틀로 막아주시는 장면이 그런 대목이었어. 뉴스에서는 감동을 막을까봐 일부러 내용을 포함하지는 않았지만 사실 이 세탁소는 안산시의 공적 지원을 받아 운영되고 있지. 이렇게 우리가 낸 세금을 지자체가 의미 있게 쓰고 있다는 사실을 알리는 것 역시 우리 〈현장 36.5〉가 해야 할 일이라고 생각해. 시청자들이 많이 보고 칭찬하면 다른 지자체에서도 이런 정책을 벤치마킹할 테고 그렇게 되면 더 많은 노동자가 이런 혜택을 받을 수 있게 되겠지?

❷ 영상뉴스 구성의 틀

박 ▶ 이 아이템 속에는 영상뉴스의 제작에 관해 이야기할 만한 소재가 너무 많지. 그중에서도 눈에 띄는 것은 아이템의 구성인데 언뜻 봐도 전형적인 기승전결의 이야기 구조야. 영상뉴스의 내러티브적 특징을 생각하면 현명한 전략이야. 영상뉴스와 일반 뉴스는 이야기의 흐름을 전개하는 방식에서 아무래도 차이가 있잖아?

예를 들어 일반 뉴스는 정보들을 인과관계에 맞춰 논리적으로 나열하면서 시청자의 이해를 도모하는 것에 초점을 맞추는 경우가 많지. 반면 영상뉴스는 여기에 더해 시청자의 마음을 움직일 수 있는 전개에도 많은 신경을 써야 해. 사건이나 문제점 같은 것보다 주로 인물을 중심으로 이야기를 풀어나가야 하는 장르적 특성이 반영된 결과지. 이를 염두에 두고 영상뉴스를 구성하다보니 자연스레 문학적 스토리텔링 구조를 자주 빌리게 돼. 시청자의 감정에 소구할 수 있는 검증된 틀에 취재 사실들을 대입하는 거라고 볼 수 있겠지?

장 ▶ 영상뉴스를 구성하다보면 의도적으로 꼭 그렇게 하지 않더라도 자

기	승	전	결
32초	45초	58초	20초
영세 공장, 노동 현장	작업복 수거, 분류, 세탁	작업복 수선, 소지품	세탁한 작업복 배달
배경 설명	내용 전개	주제 전달	주제 정리
노동 현장의 고단함, 세탁소의 필요성	세탁소 운영 개요, 세탁 노동자의 애로	세탁 노동자의 연대, 노동의 절실함	세탁소의 효용

표 1.

연스레 문학적 스타일의 틀을 갖추게 돼요. 어쩌면 시청자의 감정을 쌓아가며 특정 순간에 감동을 끌어내거나 폭발시킬 수 있는 이야기의 구조가 어느 정도 정해져 있는지도 모르죠.

이번 〈현장 36.5〉 아이템을 '표 1' 기승전결의 구성으로 나눠서 볼까요? 우선 '기'에 해당하는 도입부는 시청자에게 배경 정보를 제공하는 부분이죠. 호기심 같은 시청 동기까지 유발하면 더 좋고요. 이번 제작에서는 '노동자들에게 이런 세탁소가 왜 필요한가?'를 이야기하는 데 도입부 대부분을 할애했어요. '집에서 세탁기를 돌리면

되지, 왜 이런 공공 세탁소를 이용해야 하는 거지?'라는 의문을 저조차도 생각하고 있었거든요. 그래서 그라인더와 용접 작업으로 인해 일어나는 불똥과 쇳가루 등이 사방팔방으로 튀는 영상을 먼저 보여준 다음, 쇳가루 같은 게 가족에게 피해를 줄 수 있어서 이런 공공 세탁소가 꼭 필요하다는 인터뷰를 배치했죠. 시청자들도 이 도입부를 통해 아마도 공공 세탁소의 필요성을 잘 인지했겠죠?

'승'에 해당하는 부분은 내용의 전개를 본격화하는 지점이죠. 세탁물이 수거되는 과정과 세탁소 이용 가격 등 간단한 개요를 알려주는 걸로 시작하는데 이 세탁소가 영리를 위해 운영되는 게 아니라는 인식을 확실히 심어주고 시작하려는 의도였어요. 세탁원 아주머니들의 애로 사항을 잠시 듣는 부분도 넣었어요. 같은 노동자로서 겪는 애환을 보여줌으로써, 조금 있다가 등장할 핵심 인터뷰와 영상을 더 진정성 있게 보이도록 하려는 의도죠. 성장을 돕고자, 곡식을 심기 전에 밭을 가는 것처럼 일종의 '정지' 작업을 한 거죠.

'전'에 해당하는 부분은 전달하려는 주제가 내용으로나 감정적으로나 최고조에 달하는 단계죠. 여기에 약간의 반전을 포함할 수 있다면 뉴스에 묘미를 줄 수도 있고요. 결말을 간접적이고 상징적인 방식으로 보여주는 힌트 같은 것도 제공할 수도 있죠. 구성상 가장 많은 시간을 할애한 이 파트는 "하루에도 수백 벌씩 작업복을 세탁하다보면 옷의 더러움보다, 그 속에 밴 고된 노동의 흔적이 눈에 밟힙니다"라는 내레이션으로 시작했어요. 그리고 주제를 드러내는 핵심적인 인터뷰와 영상 들이 줄을 잇죠.

"노동자의 산업재해를 막기 위해 세탁뿐 아니라 수선까지 해준다"는 세탁소 아주머니들의 따뜻한 연대 의식을 보여주는 인터뷰, 그런 연대 의식 또는 이심전심이 나온 이유를 상징적으로 보여주는 피사체들인 남루한 작업복, 사탕, 휴지, 약 봉투 등을 차례로 보여줬죠. 허기를 달래고 더위를 참고 또 아픔을 이겨내면서까지 일해야 하는 노동자들의 애달픔을 상징하는 피사체인 동시에 노동에 임하는 저마다의 절실함을 보여주는 물품이라는 생각에서 성의 있게 촬영하고 편집한 부분이에요. 노동자와 세탁원 들의 삶을 보여주는 것만으로도 이 세탁소의 필요성은 충분히 드러났을 거예요. 하지만 '결' 부분에서 다시 한번 노동 현장으로 돌아가서 노동자가 직접 말하는 공공 세탁소의 효용을 강조하며 뉴스를 끝맺음 했죠.

박 ▶ 기승전결 각 구성 단계의 목적이 분명해서, 뒤따르는 내용이 더욱 잘 이해되었어. 파편적으로 느껴지는 게 아니라, 각 구성의 단계가 유기적으로 연결된 느낌이었다는 거지. 바로 전 단계와 현 단계의 내용과 생각이 서로 꼬리에 꼬리를 무는 식으로 서로의 의미를 명확하게 해줬다고도 말할 수 있어.

이런 기승전결 각 단계의 분기점에서 또는 뉴스에서 시공간이 변하는 시점에서 화면을 세련되게 넘어간 것도 주목할 부분이었어. 새로운 맥락으로 이야기를 전환하면서, 시청자들의 인식을 재설정 혹은 '리셋' 하는 기법을 잘 구사했다는 얘기지. 이 뉴스에서 그런 역할을 한 영상 기법은 총 세 가지 정도로 압축할 수 있지. 먼저 신(scene)과 신을 연결하면서도 편집점을 인식할 수 없도록 화면을 전환했던 제로컷(zero cut) 기법이 눈에 띄었어. 다음으로는 소리를 이용해 다가올 내용을 살짝 먼저 노출했던 사운드브릿지(sound bridge)도 인상적이었는데 영상편집 기법 중 제이컷(J-cut)과도 유사한 기술이지. 마지막으로 드론으로 찍은, 세탁소 차량이 이동하는 모습을 보여주면서 신을 변경한 것 역시 인상적이었어. 세 가지 기법 모두 시청자의 주의를 환기하면서 새로운 정보를 받아들일 수 있는 짧은 여유를 제공했어.

❸ 제로컷을 통한 화제 전환

박 ▶ 그럼 먼저 제로컷을 활용해서 새로운 이야기로 넘어간 것에 대해 이야기해볼까? 슬라이더 위의 카메라가 왼쪽에서 오른쪽으로 이동하면서, 실내에서 실외로 빠져나가는 것처럼 보이는 효과를 만들었지. 미리 현장 답사를 통해 지형지물을 확인했던 덕분에 이런 아이디어를 얻었을 거야.

장 ▶ 구성상 '전'에서 '결'로 넘어가는 전환점이자, 세탁소가 위치한 빌딩 안 이야기가 모두 끝나고, 다시 공장으로 장소를 이동하는 부분이기도 하죠. 뉴스를 마무리하는 단계로 넘어가는 곳이라 감정을 추스르고 분위기를 전환하기 위해 잠시 휴지(休止)를 두고 싶었어요. 여기서부터 다른 이야기예요, 하고 말해주는 이정표 비슷한 걸 세우고 싶은 생각도 있었고요. 그래서 논리니어 편집기에서 고를 수 있는 일반적인 화면전환 효과보다는 시각적으로 독특함을 줄 수 있는 선택을 해야겠다는 생각에 제로컷을 활용했죠. 사전 답사를 가보니 마침 카메라가 움직일 수 있는 조건을 충족하는 곳이 있어서 비교적 쉽게 촬영할 수 있었어요.

자세히 설명하자면, 카메라가 좌에서 우로 움직이면서 세탁소에서 공단으로 자연스럽게 공간을 이동하는 거예요. 세탁소 안에서 찍은 화면과 공단 도로에서 찍은 화면을 횡으로 이어붙이는 건데, 세탁소와 공단 사이에는 벽이 존재하기에 당연히 편집점이 있어야 하잖아요? 실제로도 디졸브*로 연결된 화면들이고요. 하지만 연결이 이뤄지는 순간에 두 컷이 지닌 시각적 유사성 때문에 마치 중단 없이 한 번에 찍은 영상처럼 느껴지게 하는, 일종의 눈속임이 완성되죠. 이런 테크닉에서 두 화면 사이의 시각적 유사성이란 주로 흰색이나 검

* dissolve. 앞의 장면이 사라지고 있는 동안 새 장면이 시작하는 것.

은색으로 화면이 온통 덮이는 순간이 대표적이에요.

이 뉴스에서 보자면, '표 2' 첫 화면의 마지막에서 세탁기 때문에 시야가 잠시 가려져 하얗게 변하는 순간, 다음 화면의 시작 부분에서 흰색 트럭에 의해 카메라가 가려져 온통 하얗게 보이는 순간이죠. 이 두 화면이 겹치는 순간이 모두 흰색이라는 공통점 이외에도 두 화면의 초점 또한 많이 흐려지기에 더욱 유사해 보이죠. 슬라이더 위에서 카메라를 안정적으로 움직임으로써 더 차분히 다음 신으로 넘어가는 효과도 거둘 수 있었어요.

박 ▶ 호흡을 한번 가다듬고 다음 이야기를 기다릴 수 있도록 만들어준 접속부사 같은 영상 언어였어. '그리고' 또는 '한편' 정도로 해석할 수 있겠지? 원래 '사진 2~4'처럼 영화나 드라마에 이런 화면전환 효과가 자주 등장하지. 앨프리드 히치콕 감독의 1948년 작품인 〈로프〉가 이런 테크닉을 활용한 원조인 것 같아. 이 영화는 전체를 한 번의

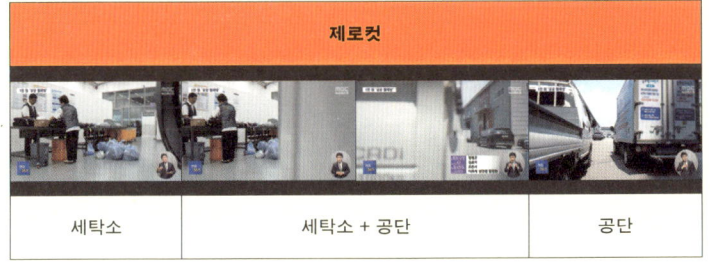

표 2.

테이크로 촬영한 것처럼 보이지만 사실은 열 번 정도로 나눠서 찍었을 거야. 당시 필름 한 통의 길이가 10분 남짓인 걸 생각하면 당연한 건데 히치콕의 실험적인 시도로 편집점이 감춰지면서 한 번에 쭉 찍은 영화로 보이는 거지.

샘 멘데스 감독이 연출하고 로저 디킨스 촬영감독이 영상을 기획해서 미국 아카데미 촬영상까지 받은 〈1917〉 역시 처음부터 끝까지 하나의 숏처럼 보이는 대표적인 영화야. 아무래도 숏의 편집을 통해 의미를 쌓아가는 몽타주보다는 사실적이고 객관적인 분위기를 조성하는 데 유리하니까 이렇게 촬영하겠지? 물론 이런 기법은 원컨티뉴어스숏*이라고 해서, 제로컷과는 엄밀히 말해 차이가 있어. 하지만 숏들 사이의 연결을 모르게 한다는 공통점은 있지.

잘 활용하면 '미학적 만족감'과 '극적 구성의 완성도'까지 높일 수 있지만 조금이라도 어설퍼 보이면 작위적인 느낌을 줄 수도 있어. 까다로운 카메라의 움직임으로 발생하는 일들을 단 한 번에 제대로 포착하기란 쉽지 않지. 시청자들도 기자가 이런 기법을 구사하기 위해 상황에 개입했을지도 모른다고 생각할 수 있어. 이런 생각이 드는 순간, 시청자는 뉴스에 대한 의구심을 가지게 되기 마련이고 이

---

* one continuous shot. 한 번의 촬영으로 전체 영화를 완성하는 '원 신 원 테이크(one scene, one take)처럼 보이도록, 여러 롱테이크의 편집점을 인식할 수 없도록 편집한 것. 사실성을 강조하는 것이 주된 목적이다.

사진 2~4. ⓒBBC One
드라마 〈셜록〉에서 말줴한 **제로컷**.
사무실과 레스토랑에서 찍은 두 화면을 편집점이 인식되지 않도록 붙였다.

는 곧 사실성 의심으로 이어질 수 있지. 안 하느니만 못한 시도가 될 수도 있다는 말이야.

뉴스는 사실성이 기본인데 표현 기법에 힘을 주느라 가장 중요한 부분을 잃어서는 안 되겠지? 드라마나 영화야 허구라는 걸 감안해서 본다지만, 뉴스 영상을 바라보는 시청자의 마음은 그렇지 않지. 이 때문에 저널리즘 측면에서 보면, 부정적인 시선으로 바라볼 수도 있는 표현 기법이야. 즉 영상미와 사실성을 잘 안배해서 제작에 신중히 활용해야 한다는 의미가 되겠지. 자, 다음으로는 소리를 이용해 이야기 흐름의 전환을 느끼도록 만든 부분에 대해 이야기해볼까?

❹ 사운드브릿지를 통한 화제 전환

장 ▶ 사운드브릿지라고 불리는 테크닉이죠. 영상편집 용어로 말하자면 제이컷이라고도 부를 수 있어요. 새로운 공간이나 상황으로 이동할 때, 뒤따르는 영상에 포함된 오디오를 화면이 바뀌기 전부터 들려주는 거죠. 예를 들어 '사진 5'처럼 이 뉴스의 첫 컷은 드론으로 경기도 안산시 반월공단의 전경을 보여주는 거예요. 하지만 드론 영상과 함께 나오는 오디오는 다음 컷에 있는 그라인더로 쇠를 깎는 소리죠. 잠시 뒤, 소음이 가득한 장소로 이동할 거라는, 일종의 예령 같은 역할을 하는 거죠.

'사진 6'처럼 세탁소 배달 차량이 작업복을 수거하러 공장에 도착하는 영상에도 오디오는 다음 컷의 "세탁물 가지러 왔습니다"라는 목소리 이펙트를 먼저 넣었어요. 공장 내부의 상황을 미리 예고해주면서 뉴스의 리듬을 빠르게 유지해주는 역할까지 했죠.

'사진 7'을 보면, 세탁 차량이 도착한 빌딩 하역장에서 세탁소 안으로 이동하는 컷들 사이도 제이컷을 활용했어요. 이런 오디오 편집 테크닉은 아주 짧은 몇 초의 시간 동안 유지되지만 시청자에게 뭔가 다른 상황이 생길 거란 인상을 심어주기엔 충분하죠. 그 다른 상황이 무엇이든, 다가올 상황과 관련된 소리로 일종의 예방주사를 맞는 것 같아요. 컷 변화의 단절감을 줄여주는 역할을 하는 측면도 있고요.

박 ▶ 제이컷은 다음 장면에서 나올 소리, 즉 오프스크린 사운드(off-screen sound)를 먼저 들려줌으로써 시청자의 호기심과 몰입을 유도하지. 반면 엘컷(L-cut)은 뒤따르는 상황의 영상을 미리 노출하는 기법이야. 기사에 이어서 유명 인사의 사운드바이트를 편집한다고 가정해볼까? 기사 도중, 다음 장면에 나올 발언자의 얼굴을 먼저 보여주면 사운드바이트에 대한 시청자의 기대감을 증폭할 수 있어. 뉴스 대담을 편집할 때도 아주 유용해. 상대방의 말에 대한 반응을 표정으로 먼저 보여준 뒤 발언을 들을 수 있어서 유기적인 분위기를

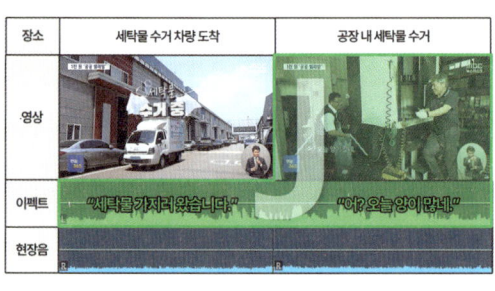

사진 5~7.

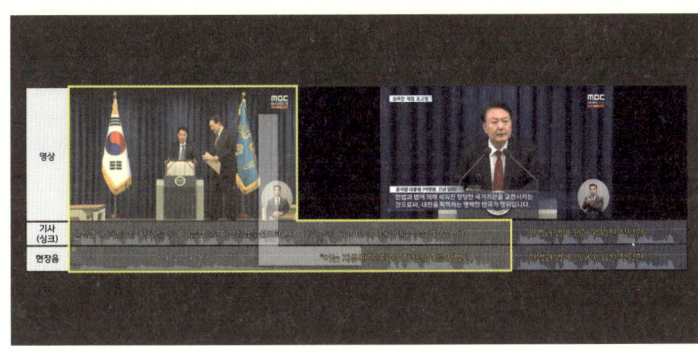

사진 8. 2024년 12월 4일 뉴스데스크
「국회는 '범죄자소굴'·'반국가세력'… "정치·언론·집회 모두 통제" 시도」.
제이컷과 엘컷은 논리니어(non-linear) 편집 프로그램의
타임라인 모양에서 유래된 표현이다.

조성할 수 있지.

'사진 8'은 12·3 내란 당시, 윤석열의 '긴급 대국민 특별 담화'를 편집한 거야. 이 원본 영상은 원래 한 컷으로 촬영된 것이어서 무리하게 컷을 나누면 점프컷을 남발할 수 있지. 그래서 엘컷으로 원본을 최대한 있는 그대로 활용할 수 있도록 편집했지. 이렇게 영상 소스가 부족할 경우에도 엘컷은 괜찮은 기술적 대안이 될 수 있어. 디졸브(dissolve)나 와이프(wipe)처럼 다소 촌스러운 화면전환 효과(transition)보다 뉴스를 훨씬 세련돼 보이게 하기도 하지.

TV 뉴스 역시 영상매체의 한 분야야. 그래서 몰입도 높은 스토리텔링을 이어가기 위해서는 비디오와 오디오가 밀어주고 당겨주면서

서로 모티브를 제공해야 해. 다만 학계 등 일각에서는 조작 논란 등의 이유로 영상과 소리가 완전히 동기화되어야 한다는 주장도 있어. 그런 이유로, 소리를 과도하게 가공하는 것은 TV 뉴스에서 조심해야 해.

❺ 이동하는 피사체를 통한 화제 전환

박 ▶ 드론을 활용해서 새로운 시공간으로 넘어갔던 방식을 볼까? 영상 스토리텔링의 정공법에 가까운 전략일 수 있지. 신의 도입을 와이드숏으로 하면, 시청자가 직접적인 시각 정보를 통해 새로운 환경에 쉽게 적응한다는 장점이 있어. 숏 사이즈가 클수록 주 피사체가 속한 환경 정보를 더 많이 담기 때문이지. 그래서 뉴스에서는 시공간이 바뀔 때마다 보통 설정숏 혹은 마스터숏이라고도 부르는 롱숏이나 풀숏을 먼저 보여주는 게 관습처럼 굳어졌지.

하지만 이 아이템에서의 와이드숏은 약간 성격이 달라. 설정숏처럼 앞으로 설명하게 될 주 피사체에 대한 배경지식을 전달하는 기능보다는, 새로운 상황으로 시청자를 인도하는 성격이 크지. 특히 세탁소 차량을 상징적인 매개체로 삼은 게 인상적이었어. 드론으로 세탁차의 움직임을 따라가면서 자연스레 시공간의 변화를 보여준 거지.

예를 들어, 작업복을 집에서 세탁할 수 없다는 노동자의 인터뷰가 끝나고, 공공 세탁소에 대한 이야기가 본격적으로 시작되는 부분의 첫 컷이 여기에 해당해. 세탁소 차량이 빨래를 수거하려고 공단 골목을 가로지르는 모습을 드론을 이용해 수직으로 보이도록 포착했지. '사진 9' 앵글로 보자면 직부감(overhead shot)이라고 부를 수 있고, 버즈 아이 뷰(bird's eye view) 혹은 갓즈 아이 뷰(God's eye view)라고도 말할 수 있어. 전지적이고 비현실적인 느낌을 주는 앵글이지. 공공 세탁소가 위치한 건물로 뉴스의 공간이 변하는 시점에서도 이런 방식을 사용했어. '사진 10'처럼 드론으로 세탁소 차량이 건물로 들어서는 모습을 따라가면서 다음 이야기의 배경이 그곳임을 암시하는 거지.

이렇게 세탁소 트럭처럼 뉴스에서 특정 대상을 통해 시공간의 이동을 표현하는 시도는 뉴스의 이해는 물론 표현의 독창성과 편집의 리듬 측면에서도 효과적이야. 그래서 개인적으로는 특히 르포* 아이템을 데스킹할 때 가장 눈여겨보는 부분이기도 해. 르포「몸에 박힌 '유독 가스' 흔적… "4년간 최소 열한 명 더 죽었다"」에서는 세탁소 트럭 같은 대상이 취재기자로 바뀌지. 또 주로 핸드헬드(handheld)

---

* 프랑스어인 르포르타주(reportage)를 르포(repo)로 줄여 쓴 것. 현장에 직접 가서 기자의 시점으로 심층취재한 후 이야기를 종합적으로 풀어내는 뉴스를 말한다.

사진 9와 사진 10. 특정한 피사체를 따라가면서, 자연스레 다음 신이 시작되는 공간으로 이동할 수 있다.

기법으로 장소를 이동하는 취재기자의 뒷모습을 포착하는 경우가 많아. 신이 변하는 순간만이 아니야. 르포 아이템 곳곳에 이런 숏들을 배치하도록 적극적으로 권장되고 있어. 현장성을 배가하려는 노력도 있겠지만 시청자를 취재기자의 시점으로 끌어들이려는 의도도 있지. 감정의 이입을 통해 몰입도를 높이려는 시도라고 말할 수 있어. 물론 취재진이 현장을 샅샅이 훑고 다녔다는 진정성 같은 것도 뉴스에 녹여낼 수 있으니 뉴스 영상을 제작할 때 활용하면 좋아.

❻ 연역적 영상 접근법

박 ▶ 이 뉴스에서 영상 내러티브를 구성하려면 어떤 식으로 숏들을 나열했는지 알아볼까? 연역적 혹은 귀납적 영상 접근법의 틀에서 이해하면 편할 것 같아. 먼저 이야기를 구성할 때, 일반적인 원리나 법칙을 먼저 제시하고 개별적인 사실들을 설명하는 방식을 연역적 접근이라고 하지. 연역적 영상 접근법으로 내러티브를 구성할 때도 마찬가지야. 피사체가 속한 배경, 다른 대상과의 관계 등 일반적인 정보를 포함한 숏을 먼저 제시한 뒤 피사체의 구체성을 설명할 수 있는 숏들을 나열하지.

일반적인 정보는 롱숏 같은 와이드숏에서, 구체적인 정보는 클로즈

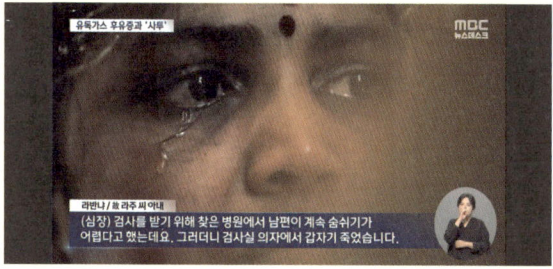

2024년 5월 30일 뉴스데스크에서 차현진 기자가 보도한
「몸에 박힌 '유독 가스' 흔적… "4년간 최소 열한 명 더 죽었다"」.
르포 영상 스토리텔링의 예로, 김승우 영상기자가 영상취재와 편집을 모두 담당했다.

업 같은 숏들의 병치를 통해 드러나기에 보통 숏 사이즈를 좁혀가는 방식으로 영상 스토리텔링을 하게 돼. 이런 연역적 영상 접근법은 언어적 논리나 우리 사고의 흐름과 크게 다르지 않다는 점에서 뉴스 이해도를 높이는 데 유리해. 처음부터 구체적인 정보를 내놓지 않기에 상대적으로 시각적 모호성이 없다는 장점도 있지. 하지만 너무 틀에 박힌, 예측 가능한 이야기의 전개로 지루함을 유발할 수 있다는 단점 역시 있어.

장▶ 와이드한 설정숏이나 마스터숏을 먼저 보여주고, 디테일을 보여주는 커버리지숏*들을 나열하는 방식이 전형적인 연역적 영상 접근법이죠. 이 뉴스에서는 주로 시공간이 변하는 신의 첫머리를 일반적인 상황을 볼 수 있는 설정숏으로 시작했어요. 설정숏 없이도 내용을 이해하는 데 큰 어려움은 없겠죠. 하지만 상황이 바뀌는 국면에서 앞으로 나올 장면에 대한 보편적인 정보를 먼저 보여주는 것이 좀더 친절한 제작 방식인 동시에, 이해도 측면에서도 나은 결과를 낳을 수 있다고 생각했어요.

'표 3'을 보면, 본격적으로 세탁기를 돌리는 시점에서 세탁원의 동작과 공간 등을 한눈에 볼 수 있는 설정숏을 먼저 보여준 뒤, 세탁 과

---

* coverage shot. 마스터숏을 보완하기 위해 피사체를 다른 앵글로 좀더 크게 촬영한 개별 숏들을 말한다.

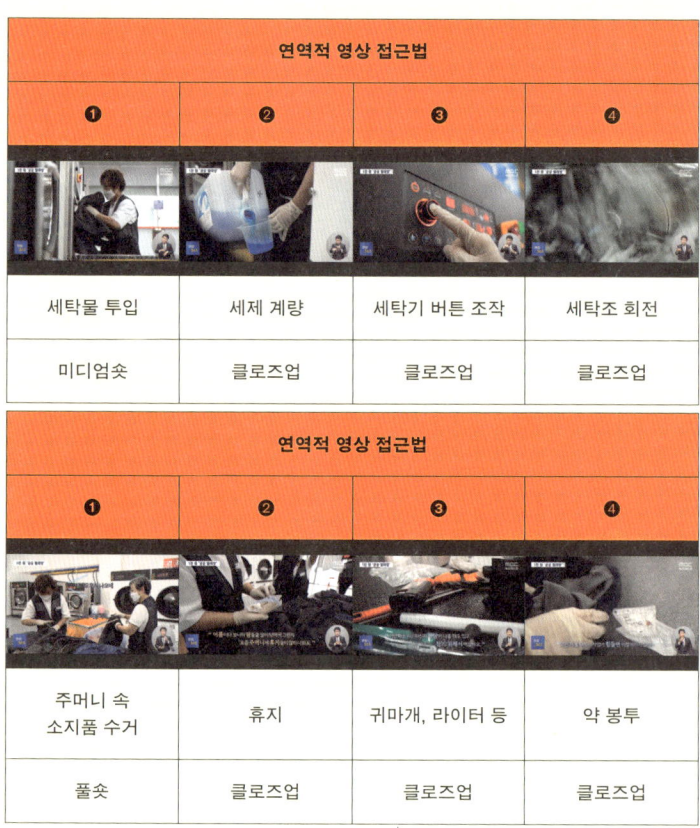

표 3과 표 4.

정을 보여주는 클로즈업들을 나열했어요. 다음으로는 칼럼에서도 언급된 장면이죠. '표 4'처럼, 풀숏을 통해 세탁원들이 주머니를 뒤지는 장면을 먼저 보여준 뒤, 발견된 약 봉투 등 노동자들의 소지품들을 클로즈업으로 보여줬죠.

박 ▶ 두 예시를 들었는데, 둘 다 연역적 접근은 맞지만 서로 좀 다른 성격도 지닌 것 같아. 첫번째 예시는 세제를 붓고 세탁기 버튼을 누르고 세탁조가 돌아가는 각 과정이 클로즈업으로 구성됐지. 세탁 과정의 구체적이고 독립적인 이미지를 순서대로 병렬해서 시간을 압축하는 방식인데, 몽타주 기법을 활용했다고도 말할 수 있어. 특히 빠른 리듬과 클로즈업을 통해 의미를 쌓아간 것이 몽타주의 특징을 잘 보여줬어. 감각적으로 이해되는 영상 구성이지.

반면 두번째 예시는 설정숏에서 보였던 디테일들을 클로즈업으로 다시 포착해가는, 전형적인 형태의 연역적 영상 접근법이야. 풀숏을 통해 세탁원 아주머니들의 일반적인 행동을 보여준 뒤, 그 행동의 결과로 나온 소지품들을 구체적으로 다시 보여준다는 특징이 있지. 이는 동작의 연속성과 인과관계를 잘 드러내는 방식으로, 이성적인 이해를 도모하기 쉽다는 장점도 있어.

❼ 귀납적 영상 접근법

박 ▶ 장 기자가 말한 대로 이 뉴스에서는 주로 시공간이 변할 때를 기점으로 연역적 영상 접근법이 활용된 경우가 많았지. 반면 그런 경우가 아닌 영상 스토리텔링에서는 귀납적 영상 접근법을 자주 활용한 걸 볼 수 있었어. 귀납적 접근이란 구체적이고 개별적인 사실들을 먼저 제시하고 그후 보편적인 이론이나 법칙 등을 알려주는 방식을 말하지. 영상에서는 주로 구체성을 띤 클로즈업들을 먼저 나열한 뒤, 일반적인 상황을 한눈에 보여주는 롱숏이나 풀숏을 편집하는 패턴이 대표적이야.

클로즈업 이미지들이 가지는 일련의 의미나 상징 혹은 행위들의 공통점을 분석하면서 전체적인 맥락을 유추하는 방식이지. 물론 마지막에 제시된 와이드숏을 통해 자신의 생각이 맞는지 확인하는 과정을 거치기에 시청자들의 집중이 유지된다는 장점이 있어. 이는 연역적 영상 접근처럼 전체 내용을 알 수 있는 설정숏을 먼저 보여주지 않음으로써 가능해지는 거지. 전체 결과를 알 수 없기에 시청자는 호기심을 유지할 수 있다는 얘기야.

장 ▶ 그렇죠. 귀납적 구성에서는, 병치된 클로즈업들을 시청자들이 보면서 예측하고 추론하는 과정으로 몰입을 유지할 수 있는 장점이 있죠. 막판에 클로즈업의 의미가 명쾌히 해소되는 쾌감도 주는 스토리텔링 방식이기도 하고요. 저의 경우에는 다른 목적도 있었어요. 화면의 전환을 롱숏이 아닌 클로즈업으로 만들어내는, 변환의 힘찬 느낌과 리듬이 바로 그것이죠.

이 아이템에서 활용된 귀납적 영상 접근법의 예를 한번 볼까요? 먼

귀납적 영상 접근법			
❶	❷	❸	❹
이리저리 튀는 불꽃	그라인더 작업	용접 작업 하는 노동자	잠시 휴식하는 노동자 얼굴
클로즈업	클로즈업	풀숏	클로즈업

표 5.

저 '표 5'입니다. 뉴스 도입부에서 용접 등 열악한 영세 공장의 작업환경으로 인해 노동자의 작업복이 쉽게 더러워진다는 걸 보여주는 장면이 있죠. 이리저리 날리는 불티와 쇳가루 등 디테일을 먼저 보여주고, 점차 노동자의 모습과 노동환경이 노출되는 풀숏을 배치했어요. 그런 뒤, 힘겨워하는 노동자의 반응이 담긴 클로즈업을 넣었죠.

세탁뿐 아니라 작업복 수선까지 한다는 세탁소 노동자들의 따뜻한 연대 의식이 드러난 '표 6'도 마찬가지예요. 재봉틀을 이용해서 수선 작업을 하는 아주머니의 전체 모습은 처음부터 드러내지 않았죠. 시작은 수선을 하는 세탁원 아주머니의 선한 얼굴만 클로즈업으

귀납적 영상 접근법			
❶	❷	❸	❹
작업복 분류하는 세탁원 얼굴	재봉틀 바늘의 움직임	발로 재봉틀 조작	재봉틀로 작업복 수선하는 세탁원
클로즈업	클로즈업	클로즈업	풀숏

표 6.

로 보여줬어요. 다음으로 재봉틀 바늘이 작업복 위를 분주하게 달리는 모습을 클로즈업으로 담았고 그 바늘의 속도를 조절하느라 바쁜 아주머니의 발놀림을 다음 컷으로 배치했죠. 마지막에 나오는 풀숏에는 환한 창을 배경으로 재봉틀과 세탁원 아주머니가 같이 포착되어 있어요. 전체적인 상황을 파악할 수 있죠. 앞에 나열된 클로즈업들이 상대적으로 어두운 톤을 띠고 있어서, 풀숏에서 역광으로 찍힌 수선 장면이 (실제로도 그렇지만) 숭고한 일처럼 보이는 효과도 덤으로 얻을 수 있었죠.

박 ▶ 앞에서 언급한 것처럼 와이드숏은 전체적인 맥락을 보여주는 역할도 하지만, 시각적인 안정감을 주는 역할도 하지. 반면 클로즈업끼리 편집되면서 발생하는 경쾌한 리듬이 효과적일 때도 있지만 작은 숏들이 계속 배열되면서 답답한 느낌을 만들 때도 있어. 그런 경우에는 넓은 사이즈의 숏을 클로즈업들 사이에 삽입해서 그런 감정을 해소해줄 필요가 있지.

지금까지 영상 내러티브 구성을 위한 숏 배열 방식을 이야기해봤어. 영상 스토리텔링 과정에서 약 봉투처럼 주제를 부각하는 클로즈업을 어느 시점에 보여주느냐는 뉴스의 성패를 좌우할 만큼 중요한 결정이지. 보편적인 정보를 바탕으로, 구체적인 사안을 보는 것과 그 반대의 경우에 시청자의 인지 과정은 달라지기 때문이야. 정해진 답이 있는 건 아니지. 뉴스가 다루는 소재 혹은 뉴스 장르에 따라, 시청자의 흥미와 이해의 정도를 고려해서 결정하면 된다고 생각해. 예를 들어 경제 이슈를 다루느냐, 이목을 사로잡는 사건 사고를 다루느냐 또는 일반 뉴스냐 영상뉴스냐에 따라 관여도 같은 시청자의 미디어 소비 행태는 달라지지. 이에 따라 시청자의 흥미나 이해도 또한 차이가 나는 것은 당연한 이치야. 그렇기에 이런 차이를 고려해서 연역적 혹은 귀납적 영상 접근법을 결정해야 한다는 얘기야.

만약 이런 식의 영상 접근법 또한 효과적이지 않다고 생각될 경우도 있겠지? 그렇다면 숏 사이즈의 변화 없이, 와이드한 숏만으로 영상을 구성하는 관조적인 방식을 택할 수도 있어. 시청자가 프레임 속을 오래 관찰하며 내용을 주체적으로 파악하도록 두는 거지. 뉴스를 제작하다보면, 클로즈업 인서트로 피사체의 중요성을 일일이 설명하는 것이 오히려 유치해 보이고 뉴스의 격을 떨어뜨릴 때가 있어. 뉴스의 분위기를 차분히 유지하는 게 맞는다고 생각될 시점에는 숏의 변화를 줄이는 것도 대안이 될 수 있지.

2

장애, 함께 사는 세상

5장

'썰매 타고 골을 향해'… 얼음 위에서 하나 된 도전

2022년 1월 23일, **허원철 영상기자**

학창 시절 우리의 스포츠는 기구와 형식에 얽매이지 않는 자유로운 형태였다. 중학교 체육 교과 시간에 배구를 배우면서도 배구공으로 족구를 하거나 피구를 했다. 그때의 우리에게 '축구는 축구공으로 해야 한다, 야구는 야구공으로 해야 한다'는 규칙은 중요하지 않았다. 넓게 뛰어놀 운동장, 재질과 상관없이 공만 있으면 축구도 야구도 가능했다. 즐기고 상호 협력을 통해 사회성을 기르는 것이 스포츠였고 스포츠를 즐길 때 우리는 행복했다.

스포츠를 통한 행복에 초점을 맞췄다. 다만 우리가 어렸을 적 스포츠를 통해 느꼈던 감정을 시청자에게 다시 한번 전달하고 싶었다. 그러려면 취재 대상인 스포츠 자체에 편견이 없어야 했다. 누구나 즐길 수 있고 경쟁할 수 있는 스포츠가 필요했다. 쉽지는 않았다. 애초에 스포츠의 꽃이라 불리는 올림픽조차 장애인과 비장애인을 나눠 경기를 진행하고, 종목별 규칙이 확실하게 자리매김한 상태였기 때문이다.

근래에 진행됐던 올림픽 경기를 뒤져보기 시작했다. 그러던 와중 눈에 띄는 한 종목을 찾을 수 있었다. 격렬하고 빠르고 박진감 넘치는, 듣기만 해도 도파민이 분출되는 종목이지만 패럴림픽 종목인 파라 아이스하키였다. 편견을 부술 수 있는 완벽한 종목이었다. 더군다나 우리나라 파라 아이스하키 국가대표팀이 2018년 평창 패럴림픽에서 동메달을 획득했기에 주목도도 있었다. 여세를 몰아 각종 정보와 연락처를 수집하기 시작했다.

비장애인 학생들로 구성된 신생팀, 파라스타즈

파라 아이스하키에는 어떤 팀이 있는지 확인하기 위해 대한장애인아이스하키협회 사이트에 접속한 후, 낯선 팀 이름을 발견했다. 파라스타즈. 다른 팀들이 지역명과 대학 이름을 따온 반면에 이 팀의 이름은 뭔가 달랐다. 이름에 걸맞게 파라스타즈는 비장애인 대학생들로 구성된 신생팀이었다. "비장애인?" 눈을 비비고 다시 봐도 확실했다. 장애인 스포츠에서 비장애인들로 구성된 팀이 있었다. 곧장 휴대폰을 꺼내 협회에 연락했고 파라스타즈 단장님의 연락처를 받았다.

파라스타즈의 단장은 전 국가대표이자 현 국가대표 감독인 한민수 감독님이었다. 한 감독님은 장애인과 비장애인의 교류 혹은 파라 아이스하키의 홍보를 위해 직접 대학과 연계해 비장애인 대학생들로 팀을 만들었다고 했다. 2021년 처음 만들어진 팀이고, 전통 강호인 연세이글스의 주장 홍제화 코치와 같이 훈련을 진행한다고 했다. 때마침 주말에 경기가 있으니 관람해도 된다는 이야기도 들을 수 있었다. 가슴이 뛰었다. 한 방에 섭외가 된 탓일까? 전 국가대표의 경기를 볼 수 있다는 점일까? 에라 모르겠다. 일단 두 눈으로 확인해보기로 했다.

"고! 고! 고!"

"헤이!"

"뒤에! 뒤에! 뒤에! 뒤에!"

"아니지!"

스포츠로 기획 기사를 만든다는 건 어쩌면 1년 차 영상기자에게 무리일 수도 있었다. 특히 아이스하키라는 종목 자체가 격렬하고 빠른 템포의 스포츠였기에 더욱더 그랬다. 파라 아이스하키는 하반신 장애가 있는 선수가 스케이트 대신 썰매를 타는 아이스하키였는데, 썰매라고 해서 속도가 느린 것도 아닐뿐더러 스틱을 휘둘러 날리는 퍽의 속도도 일반 아이스하키와 다를 게 없이 엄청났다. 하얀 빙판에서 선수들의 표정과 퍽에 초점을 맞추고 노출을 잡는 것은 결코 쉽지 않았다. 결국 다수의 액션캠을 사용했고 열여섯 개라는 〈현장 36.5〉 사상 최다 영상 원본을 기록할 수 있었다.

경기 당일 파라스타즈의 연습경기 상대는 전통 강호 연세이글스였다. 파라 아이스하키 국가대표 선수들을 다수 낳은, '고수'들이 즐비한 클럽이었다. 파라스타즈는 '초보' 대학생 선수들로 구성된 팀이었기에, 베테랑 한민수 감독이 직접 파라스타즈의 선수로 뛰었다. 파라 아이스하키의 경기규칙은 경기시간을 제외하면 대부분 비장애인 아이스하키의 규칙과 비슷했다. 그래서일까? 격렬함과 열기도 여느 하키와 다를 게 없었다. 선수 대기실에서 포착했던 화기애애함은 빙판에서 식어버렸는지 긴장감만 가득했다.

"오즈모 좀 연결해줘, 나 들어갔다 올게."

휘슬이 울리고 경기가 시작됐다. 선수들이 퍽을 따라다니며 몸싸움을 할 때마다 충격으로 경기장 벽이 울렸다. 벽이 울릴 때마다 '아차!' 싶은 기분이 들었다. 아이스하키의 빠른 모션을 포착하기 위해서 가장 익숙하고 숙련도가 높은 ENG 카메라를 선택했는데 선수들이 카메라가 있는 벽에서 몸싸움을 시작하면 촬영이 불가능했다. 아이스하키의 특성상 퍽이 관중석으로 날아가는 것을 막기 위해 경기장 벽이 높았기 때문이다. 벽이 높으면 넘어가버리면 그만. 미리 빌려놓은 스케이트를 신고 액션캠인 DJI 오즈모 포켓과 함께 경기장으로 들어갔다.

자신만만히 스케이트를 신고 빙상에 올라왔지만 할 수 있는 게 많지 않았다. 경기장 안쪽 벽에 붙어 ENG 카메라로 클로즈업을 확보하는 것과 오즈모 포켓으로 경기장 내 풀숏을 확보하는 게 전부였다. 다만 의미가 없지는 않았다. 경기장 밖에서 촬영한 미디엄숏과 클로즈업이 대부분 획획 지나가는 빠른 모션이었기에 풀숏 또한 생동감 있게 전달할 필요가 있었다. 이를 스케이트로 해결했다. 득

점이 발생하면 공수가 바뀌고 하프라인을 통해 우르르 넘어가는 모습을 따라가며 촬영했다. 이어지는 상황에서는 골대를 중심으로 돌면서 촬영했다. 덕분에 연세이글스와 파라스타즈 양 팀의 공격과 수비를 보여줄 때 이 풀숏을 트랜지션으로 잘 활용할 수 있었다.

경기는 연세이글스의 4대 2 승리로 끝났다. 썰매에 오르는 순간 장애인과 비장애인의 벽은 사라졌고 오히려 썰매에 익숙한 연세이글스가 파라스타즈를 압도했다. 파라스타즈의 비장애인 대학생들은 경기장 밖으로 나오는 연세이글스 선수들을 도와주면서도 존경의 눈빛을 잊지 않았다. '신생팀'에 '처음 해보는 스포츠'라는 인식도 그들이 선후배가 되는 것을 막지 못했다. 차갑던 경기장은 이내 훈훈한 따뜻함으로 가득해졌고 특히 경기 내내 바닥을 청소하듯 넘어진 파라스타즈 공격수 임다빈 씨의 미소가 빛났다. 다빈 씨를 웃게 만든 건 무엇일까?

같이 할 수 있는, 내가 즐기는 스포츠

다빈 씨의 경기 모습은 처절했고 간절했다. 연세이글스의 썰매를 견디지 못하고 중심을 잃고 옆으로 넘어져도 스틱을 놓지 않았다. 그런 다빈 씨를 아무도 봐주지 않았다. 파라스타즈의 편에서 경기를 진두지휘하던 한민수 감독은 다빈 씨가 넘어질 때마다 "다빈이 일어나"를 반복적으로 외쳤다. 그때마다 다빈 씨는 팔이 부들거려도 일어나는 것을 주저하지 않았다. 그는 경기에 진심이었다. 그래서일까, 경기 직후 인터뷰에서도 그의 진심을 다시 한번 볼 수 있었다.

"그냥 같이할 수 있는 스포츠여서 이게 꼭 장애인 스포츠라고 저는 생각 안 하고 그냥 제가 즐기는 스포츠 중 하나, 이렇게 생각하고 있습니다." "왜 파라 아이스하키가 좋아요?"라는 질문에 다빈 씨가 답했다. 질문에 대한 답변은 뇌를 거칠 시간도 없이 가슴에서 나온 것 같았다. 함께하는 것이 좋고, 즐길 수 있다는 것이 그가 파라 아이스하키를 하는 이유였다. 경기를 할 수 있는 수단이 스케이트인지 썰매인지는 전혀 중요하지 않다고 했다. 그는 진정으로 스포츠가 무엇인지 아는 눈치였다.

하반신마비(paraplegia)에서 함께(para)로

1960년 이탈리아 로마에서 열린 제1회 하계 패럴림픽부터 1972년 독일에서 개최한 제4회 하이델베르크 대회까지 당시 패럴림픽은 하반신마비(paraplegia)를 겪고 있는 척수장애인만 참여할

수 있었다. 당연하게도 이때까지 패럴림픽(paralympic)은 마비가 있는 사람들의 올림픽이라는 뜻을 갖고 있었다. 그러다가 캐나다 토론토에서 열린 제5회 하계 패럴림픽대회 때부터 척수장애인뿐 아니라 모든 장애인으로 참가 범위가 확장됐고 패럴림픽의 마비를 뜻하는 'para'도 그리스어의 전치사 '함께(para)'로 변경됐다. 마비뿐 아니라 장애가 있는 누구든 참여할 수 있는 '함께하는 올림픽'으로 바뀐 것이다.

이렇듯 개최 국가도 장소도 시간도 달랐던 패럴림픽은 이제 올림픽과 동등한 위치에서 개최된다. 장애를 향한 인식의 변화가 시작됐고 사회가 장애를 바라보는 시선 또한 달라졌기 때문이다. 장애는 소외와 차별을 넘어 이제는 어엿이 우리 사회의 한 부분으로 자라나고 있다. 물론 아직 완벽한 거목으로 성장하진 못했다. 파라 아이스하키라는 종목을 처음 듣고, 마비가 있는 사람들의 하키로 이해한 나 자신이 이를 증명하기도 한다. 아직 갈 길이 멀다. 인식의 변화는 한순간에 생기지 않는다.

앞으로 우리가 맞이할 불확실성에서 그나마 확실한 건 스포츠가 우리에게 즐거움과 행복을 가져다준다는 것이다. 이를 적극적으로 활용할 필요가 있다. 장애와 비장애를 넘어 함께할 수 있는 스포츠가 있다면, 이보다 더 좋은 인식의 성장호르몬은 없을 것이다. 함께하는 것이 즐겁다는 것을 경험하는 순간, 함께하는 것에 대한 두려움도 사라질 게 분명하다. 하반신마비를 겪는 장애인들이 참여하는 스포츠인 파라 아이스하키가, 장애인과 비장애인이 함께하는 파라 아이스하키가 된 것처럼 말이다.

기자들의 대화

뉴스의 리듬

박 팀장(이하 박)
허 기자(이하 허)

❶ 편집 속도의 중요성

박 ▶ 허 기자가 이 소재를 선택한다고 보고했을 때 바로 떠오른 생각이 있어. '아, 편집이 쉽지 않을 텐데…'라는 거야. 나도 5년 차 때 처음으로 스포츠 영상취재부로 발령받았는데 편집에 애를 많이 먹었거든. 당시에는 영상취재는 물론 야근을 하면서 프로야구 하이라이트와 해외파 선수들의 야구, 축구, 골프 등 스포츠뉴스를 몇 개씩 편집했었지. 스포츠 현장에서 영상취재를 할 때 경기를 보면 정말 박진감 넘치잖아? 근데 문제는 편집기 앞에만 앉으면, 야구, 배구, 골프 등 그 스포츠만이 가진 현장감을 살리는 게 쉽지 않은 거야. 지금 돌이켜 생각해보면, 속도감 또는 리듬을 제어하는 방법을 몰랐던 게 컸어.

허 ▶ 맞아요. 당시 1년 차 기자로서 처음으로 〈현장 36.5〉를 제작하면서 스포츠를 소재로 삼는다고 얘기하니 팀장님이 걱정하셨던 기억이 나요. 실제로 편집에 큰 어려움을 겪었어요. 구성하거나 기사를 쓰는 것보다 훨씬 지난한 시간을 편집기 앞에서 보냈죠. 첫 제작인지라 사전 취재와 구성에는 공을 많이 쏟아서 영상취재는 그리 어렵지 않았어요. ENG 카메라로 기본적인 영상 스케치를 하고, 보디캠으로 선수들 입장에서 바라보는 시점숏인 POV를 확보했죠. 또 미러리스 카메라*를 이용해서 화면의 깊이감을 보강했고요. 근데 편집기 앞에 앉으니 막막했어요. 장애인과 비장애인이 같은 조건에서 격렬하게 부딪히는 박진감을 보여주는 게 이번 뉴스 영상의 주제인데, 얘기하신 것처럼 리듬을 살리는 게 쉽지 않았어요.

박 ▶ 속도감의 조절은 뉴스의 주제를 효과적으로 전달하는 데 아주 중요한 역할을 하지. 물론 뉴스를 보는 시청자의 흥미를 유지하는 결정적 요소이기도 하고. 그래서 뉴스 한 꼭지 전체를 구성할 때도 시종일관 같은 속도로 달리진 않지. 이 아이템에서도 전반부에서는 빠른 리듬으로 경기의 박진감을 살리고, 후반부에는 느린 리듬으로 장애인과 비장애인 선수들 사이의 공감대를 보여주잖아? 모두 주제 전달의 효율성을 고려한 판단이지. 이런 속도감 조성은 주로 편집 과정에서 컷의 변환을 통해 컷 길이를 얼마나 길고 짧게 가져가느냐에

---

* DSLR 카메라와 달리 반사거울이 없어 크기가 작지만 렌즈를 교환할 수 있어 휴대성과 활용도가 높다.

따라 달라지지. 동작의 연속성을 유지하기 위해 컷을 변환하는 것은 지극히 기본적인 것이고, 속도감을 조절하기 위해서도 컷을 변환하는 경우가 있다는 이야기야. 그렇다면 리듬감을 좌우하는 컷의 길이를 조절할 때는 어떤 것들을 고려해야 할까?

❷ 컷 길이의 결정

박 ▶ 우선 첫번째로 인간의 인지능력에 대한 고려가 필요해. "언어는 존재의 집이다"라는 마르틴 하이데거의 유명한 말이 있잖아? 아마 인간은 언어로 인식하고 생각한다는 뜻일 거야. 많은 기호학자 역시 사람들은 이미지를 보더라도 언어를 통해 해석한다고 말해왔지. 그래서 컷의 길이를 결정할 때, 시청자들이 이 이미지를 언어로 인지할 수 있는 충분한 시간이 있는지 우선 생각해야 해. 두번째로는 그 영상이 지닌 이미지 정보량을 고려해야겠지. 예를 들어 같은 롱숏이라도 프레임 안에 많은 정보가 포함되어서 이해에 오랜 시간이 필요한 경우도 있고, 단순히 쿠션*으로 활용되는 경우도 있지. 두 경우 컷의 길이는 달라야 하겠지?

* 큰 의미 없이 컷과 컷이 원활히 붙을 수 있는 역할을 하는 짧은 영상을 말한다.

세번째로 영상이 가진 중요도에 대한 가치판단도 있어. 정보의 양과 복잡성이 상대적으로 적은 단순한 클로즈업숏이라 할지라도 주제를 전달하는 데 중요한 역할을 한다는 기자의 가치판단에 따라 길이는 연장될 수 있지.* 네번째로 운율도 고려해야 해. 스포츠뉴스처럼 운동성 강조가 필요할 때는 컷을 상대적으로 빠르게 변화시켜야 하고 추모 관련 뉴스에서는 차분한 운율을 자아내기 위해 컷의 길이를 늘려야겠지. 분위기 조성에 대한 고려라고 해도 무방할 거야.

허 ▶ 또 하나가 있다면 팀장님이 앞서 언급하신 것처럼 기사의 전체적인 구조와 관련된 것 같아요. 보통 하나의 영상뉴스는 어느 정도 독립된 이야기의 시작과 끝이 있는 시퀀스 두세 개로 구성되잖아요? 이 아이템의 경우에도 격렬한 시합 부분과 선수들끼리 장비를 수리하고 친교를 쌓는 부분으로 확실하게 구분되죠. 이 두 시퀀스 사이의 주제가 다른 만큼, 주제 전달에 적합한 리듬감도 달라야 하고 이를 위해 두 시퀀스의 컷 길이도 확실히 달라져야겠죠. 이렇게 속도감 측면에서 큰 차이가 있는 시퀀스들 사이에는 '사진 1'처럼 시청자들이 잠시라도 숨을 돌릴 수 있는 공간을 반드시 제공해야 해요. 그래서 저는 기획 단계부터 이런 숨쉴 공간 역할을 할 전환 효과를 찍어

---

* 채 해병 사망 관련 임성근 사단장이 언론에 처음으로 얼굴을 드러냈을 때 클로즈업숏이지만 컷의 길이를 아주 오래 보여주었다.

사진 1. 슬라이더를 활용해 좌우로 움직이는 전환숏을 기점으로 뉴스의 분위기는 정적으로 바뀐다.

야겠다는 생각으로 현장에 슬라이더*를 가져갔죠.

박 ▶ 현명한 판단이었어. 한편 이 아이템의 리듬감을 창출하는 데 가장 기여했던 것은 운율적 고려였어. 스포츠 아이템에선 필수지. '사진 2'처럼 선수들의 몸에 장착한 액션캠**으로 찍은 영상들을 아주 짧은 컷들로 구성한 게 대표적이라고 할 수 있어. 이런 경우 영상이 가진 서사는 거의 없다고 봐야겠지? 단지 짧은 컷들 사이에서 발생하는 시각적 충격과 화면의 흔들림이 주는 불안정한 느낌 자체가 장애

---

* 카메라가 레일 위에서 안정적으로 움직이도록 해주는 장비로 영화 같은 느낌을 조성하는 역할도 한다.

** 광각렌즈가 장착된 작은 크기의 캠코더. 한때 고프로라는 회사가 시장을 장악해서 고프로라고도 불린다. 헬멧 등에 장착이 용이해서 시점숏인 POV를 확보하기 편리하다.

사진 2. 시청자는 장애인 선수들의 시선인 보디캠 영상을 통해
경기의 박진감을 체감할 수 있다.

인 아이스하키의 격렬함이라는 주제를 살리죠.

허▶ 일반 뉴스를 만들 때 이런 식으로 영상을 편집을 했다면 아마 데스크에게 혼났을지도 모르죠. 하지만 스포츠 아이템에서는 이런 영상으로, 이런 방식으로 편집하는 게 더 세련돼 보이죠. 일종의 고전적 편집 이론 파괴라고 할까요? 그런 예는 또 있어요. "노련한 연세 이글스의 공격이 쉴 새 없이 이어지는데요"라는 기사가 나오는 부분이죠. 슛을 날리는 네 개의 컷을 짧게, 연속으로 붙였어요. 어떻게 보면 영상이론에 위배되는 점프컷*처럼 보일 수도 있죠. 하지만 점

---

* 영상문법을 벗어난 화면전환으로 동작의 연속성을 깨뜨리는 편집. 동작의 연속성을 유지하여 숏의 변환을 의식하지 못하도록 하는 비가시 편집(invisible cutting)이나 매치컷과 반대 개념이다.

프컷이 발생시키는 리듬과 시각적 충격이 오히려 이 아이템의 주제에 부합되기에 수용 가능한 부분이라 생각해요.

박 ▶ 운율을 고려한 짧은 리듬에 대해 알아봤는데 긴 호흡의 편집을 시도한 부분도 많잖아? 우선 데스킹 과정에서 "파라스타즈도 이대로 무너질 순 없죠. 반격에 나서는 파라스타즈!"라는 내레이션이 나오는 부분의 컷 길이를 많이 늘렸지?

허 ▶ 맞아요. 그 부분은 공수가 전환되는 부분이에요. 파라스타즈가 모처럼 반격에 나서는 순간이죠. 그런데 문제는 이전까지 운동성을 지나치게 강조하다보니 180도 법칙*을 무시하고 편집을 한 거죠. 어떤 팀이 어떤 방향으로 공격하는지 도무지 알 수 없는 혼돈의 상황이 된 거예요. 그렇다고 뉴스 영상에서 축구 중계처럼 위에서 바라보는 롱숏만 계속 보여줄 수도 없는 노릇이고요. 그래서 파라스타즈가 반격에 나서는 순간만이라도 시청자들의 인지를 돕기 위해 컷의 길이를 늘려야겠다고 생각했어요. 파라스타즈가 입고 있는 유니폼이 노출된 '사진 3' POV와 와이드숏을 길게 편집해서 시청자들이 공수의 전환을 인식할 수 있도록 의도한 거죠.

---

* 인물 두 명 이상을 촬영할 때 둘 사이를 연결하는 가상의 선을 긋고 어느 한쪽 편에서만 촬영함으로써 방향과 위치의 혼동을 방지해야 한다는 이론.

사진 3. 스포츠 아이템처럼 빠른 편집 속도가 필요한 경우에도
한 번씩은 리듬을 늦춰서 이해를 도와야 한다.

박 ▶ 장애인 선수와 비장애인 선수가 서로 농담을 나누는 상황에서 포착한 '사진 4', 웃는 얼굴의 클로즈업숏을 길게 편집한 부분도 인상적이었어.

허 ▶ 장애인과 비장애인이 동일한 조건으로 경기를 하며 서로를 이해하는 현장을 보여주는 게 이번 영상뉴스의 주제죠. 밝게 웃은 얼굴은 그런 주제 의식을 상징적으로 보여주는 좋은 숏일 테고요. 앞에서도 언급한 것처럼 숏이 가진 정보량이 많지 않더라도 주제를 돋보이게 하는 영상이라는 가치판단으로 리듬을 길게 가지고 간 경우라고 할 수 있죠. 그런데 문제는 웃는 모습을 어렵게 포착한 영상의 길이가 생각보다 짧았어요. 그래서 영상을 확장해서라도 그 부분이 지닌 주제 의식을 보여주고자 했어요. 슬로모션(slow motion) 효과를 활용

사진 4. 뉴스의 주제를 부각할 수 있는 순간이라면
영상을 확장해서라도 해당 부분을 좀더 오래 보여줄 필요가 있다.

했죠. 개인적으로는 웃는 순간을 더 세밀히 보여주는 계기가 되었다고 생각하는데 시청자들에게 의도가 잘 전달되었으면 좋겠네요.

6장

멋진 화가의 꿈…
자폐 화가가
그려내는
아름다운 세상

2022년 6월 18일, **이지호 영상기자**

2023년 4월 11일, 강릉에 큰 산불이 났다. 4·11 강릉 산불로 총 120.7헥타르의 산림이 소실되었고 274세대 551명의 이재민과 274억 원의 재산 피해가 발생했다.* 그날의 화마는 강릉 일대의 산림과 주민들의 집만 앗아간 것이 아니었다. 화가 이장우 씨가 오랫동안 혼신의 힘을 쏟은 작품 400여 점과 그의 아버지가 남기고 떠난 작업실까지, 이장우 화가의 시간과 추억을 삼켰다. 재가 돼 스러진 작업실 입구 앞에서 그의 어머니는 충격을 견디지 못하고 쓰러졌다.**

　그로부터 1년여 전, 나는 강릉시 사천면의 바닷가 갤러리 카페에서 이장우 작가를 만났다. 갤러리에는 벽마다 제주의 풍경이 걸려 있었다. 해가 질 무렵 제주 해변, 아름답게 핀 유채꽃밭, 성산일출봉, 바다 너머 산방산…. 모두 이장우 씨가 직접 제주 이곳저곳을 다니며 찍어 온 사진을 바탕으로 작업한 작품들이었다.

　이장우 씨는 네 살 때 자폐증을 진단받은 후 일곱 살 때부터 미술교육을 받았다. 자폐를 겪는 아이가 집에 혼자 있을 때 그림을 그리며 외롭지 않기를 바라는 어머니의 마음이었다. 어머니의 사랑이 전해진 덕이었을까? 이장우 씨는 그림에 흠뻑 빠졌고 그림을 그리

---

*　　이순철, 「4·11 강릉 산불 1년… 135ha 조림·벌채, 산림 복구 구슬땀」, 〈뉴시스〉, 2024.04.08.
**　최영재, 「이장우 자폐화가 가족의 화실 전소」, 〈강원일보〉, 2023.04.13.

는 일은 그에게 있어 세상과의 소통이었다. 직접 발로 찾아가 찍어 온 풍경들을 그만의 화법으로 그려내는 작업 방식은 여전히 유효하다. 말 그대로 세상과 만나는 일에서부터 그의 작업은 시작되는 것이다.

〈현장 36.5〉 취재차 현장에 도착했을 때 그와 온 가족이 모두 나와 계셨다. 그들과 인사를 나누고 차에서 촬영 장비들을 꺼내왔다. 보고, 알아야 찍을 수 있다. 장비들을 내려놓고 갤러리에 전시된 작품들을 모두 둘러봤다. 고백하건대 놀랐다. 물론 사전 취재차 그가 어떤 그림을 그리는지 찾아봤었지만 모니터로 본 그림과 실제로 본 그림의 인상은 사뭇 달랐기 때문이다. 그의 작품들은 멀리서 볼 때와 가까이에서 볼 때 그 느낌이 아주 달랐는데 이는 그가 가진 독특한 화법 때문이다. 그는 붓이 아닌 나이프로 그림을 그린다. 물감을 펴바르지 않고 거칠게 덧댄다. 그 덕에 그림은 입체적이다. 유채꽃은 한 송이 한 송이 휘날리고 바다는 요동친다. 그의 어머니는 "물감값이 말도 아니었어요. 애가 뭐 그런 고려를 하며 그리나요?"라며 웃었다. 여담이지만 정말 구매하고 싶은 작품이 있어 가격을 물었는데 해당 작품은 물론, 걸려 있는 작품 대부분이 이미 팔렸다는 대답이 돌아와 좌절했던 기억이 난다.

영상취재와 관련해서는 작품의 '결'을 담아내는 것이 이번 아이템의 주요한 목표였다. 시청자들이 화면을 통해서나마 그의 작품의 진가를 느낄 수 있기를 바랐다. 반듯이 정면에서 잘 찍어놓은 카탈로그 사진을 보는 것이 아니라, 작품 앞에서 직접 전후좌우로 발을 움직이며 감상하는 듯한 느낌이었으면 좋겠다고 생각했다. 그러려면 실제로 내가 움직여야 했다. 카메라의 방향, 높이, 거리, 구도와 심도를 다양하게 조절했다. 영상기자의 주무기인 ENG 카메라를 내려놓고 미러리스 카메라를 들었다. 두 대의 미러리스와 세 개의 줌렌즈, 한 개의 단렌즈를 가져갔다. 미러리스 카메라는 다양한 렌즈를 사용해 심도를 조절할 수 있고, 간편한 크기 덕에 그림에 더 가까이 붙여 찍을 수 있기 때문이다.

    작품들을 영상으로 스케치한 뒤 이장우 씨를 인터뷰했다. 실제로 그는 그의 작품들만큼이나 순수하고 섬세하고 자유분방한 사람이었다. 작품 사이를 휘저으며 하나하나 설명할 때에는 마치 진짜 제주의 풍경을 바라보듯 눈이 빛났다. 상품이 아닌 작품을 대하는 예술가의 태도.

    예술가로서 그의 진면목은 작업실로 옮겨 더 자세히 느낄 수 있었다. 더 많은 작품과 여전히 작업중인 그림들이 사방팔방 펼쳐져 있었다. 이제는 작업하는 모습을 담을 차례. 그는 왼손에 여러 물감을 한꺼번에 쥐고 오른손에 든 나이프에 직접 물감을 짜 캔버스에 얹는 방식으로 작업을 이어나갔다. 빨간 물감은 그의 나이프를 거쳐 노을이 됐고 파란 물감은 겹겹이 파도가 됐다.

그가 캔버스에 물감을 얹는 손길, 그때의 표정 등을 효과적으로 담아내기 위해 추가적으로 준비해 갔던 것은 투명 아크릴판이다. 신입 영상기자 시절, 경찰의 압수 물품들을 다양하게 스케치해야 하는 경우가 많은데 액체의 경우 카메라를 세워 렌즈 위에 놓은 유리병이나 플라스크에 졸졸 따르며 찍었던 것이 떠올랐다. '어떻게 하면 그가 작업하는 모습을 정면에서 찍을 수 있을까?'라는 고민 끝에 떠올린 준비물이었다. 카메라 렌즈 앞에 투명 아크릴판을 대고, 이장우 씨에게 그 위에 그림을 그려달라고 부탁했다. 화면상으로는 렌즈에 직접 물감을 치대는 듯 보였다. 이장우 씨도 캔버스가 아닌 곳에 그림을 그려보는 것은 처음이라 흥미로워했다. 덕분에 후면이나 측면에서는 제대로 담기 어려웠던 그의 모습을 색다르게 담을 수 있었다.

작업하는 모습을 카메라로 스케치한 후 다시 한번 인터뷰를 하기 위해, 어질러진 이젤들 사이에 그를 앉히고 카메라 세 대를 세팅했다. 던졌던 질문은 많았지만 2년여가 지난 시점에도 나에게 남아 있는 그의 대답은 하나, 그의 작품들에 "특별한 메시지는 없다"라는 메시지였다. 작품을 통해 특별한 메시지를 전달하기보다 그저 자신의 그림을 보는 관객들이 마치 여행을 떠난 기분으로 행복해지기를 바란다고. "모두 다 기분 좋아지게 만들고 싶다"는 말을 할 때 그의 표정은 어느 때보다 진심이었다.

　그의 시간을 앗아간 화마 앞에서도 그는 무너지지 않았다. 아니 오히려 더 멀리 높이 나아갔다. 화재로 그의 작품과 작업실이 전소된 지 며칠이 지나지 않아, 미리 계획되었던 남프랑스 답사를 차질 없이 소화했다. 지중해에서 그의 캔버스로 옮겨질 여러 풍경을 카메라에 담아 온 그는 묵묵히 그리고 진취적으로 그림을 그려나갔고 참사로부터 고작 석 달이 채 지나지 않은 시점에 시작한 전시를 성공적으로 해냈다. 차마 어떤 말을 건네야 할지 몰라, 위로의 연락조차 마음으로 삼켰던 나는 그의 전시가 끝나갈 때쯤 감탄과 축하 인사를 전했다. 어느덧 그때로부터 또 많은 시간이 지났다. 오늘 그의 캔버스와 나이프는 어느 곳을 여행중일까?

기자들의 대화
뉴스 영상의 입체감과 앵글

박 팀장(이하 박)
이 기자(이하 이)

박 ▶ 〈현장 36.5〉가 가장 눈여겨보는 것들 중 하나가 장애인 관련 이슈지. 일각에서는 너무 자주 다루는 게 아니냐는 지적도 있어. 하지만 전체 뉴스데스크에서 차지하는 장애인 관련 뉴스의 비중을 생각하면 꼭 그렇지만은 않아. 더욱이 공영방송의 가장 중요한 책무 중 하나가 '사회적 약자 대변'이란 걸 생각하면 오히려 시간을 더 할애해야 한다는 견해도 많지. 그런 측면에서 이 기자가 장애인 댄스스포츠 등 장애인 관련 아이템을 다양하게 발제한 건 너무 잘한 일이야. 그때도 '장애인이 아닌 춤추는 한 인간에 주목하고 싶다'는 말을 했었던 것 같은데 이번 아이템에서도 마찬가지였지?

이 ▶ 미디어에서 장애인은 늘 동정적 이미지로 고착화돼 있잖아요? 장애인 댄스스포츠 때처럼 이런 스테레오타입을 장우 씨 그림에 덧씌우고 싶지 않았어요. 장우 씨가 자폐 화가로서 상대적으로 그림을 잘 그린다는 게 아니라 그냥 화가로서 뛰어나다는 걸 보여주고 싶었던 거죠.

박 ▶ 일리가 있어. 나도 실제로 장우 씨 그림이 너무 좋아서 한 점 사고 싶다고 생각했었지. 근데 이미 많은 작품이 팔려나가고 없더군. 그 정도로 사람들은 장우 씨 작품을 있는 그대로 인정한다는 거겠지. 이번 대화는 앵글이 만들어내는 영상의 입체감에 관한 이야기가 될 것 같네. 우선 취재기를 읽다보니 '스케치'라는 단어가 자주 눈에 띄었어. 영상기자들이 보통 '뉴스의 밑그림'으로 활용할 영상을 찍을 때, 스케치 영상을 찍는다고 말하잖아? 스케치라는 단어를 보면서 우리가 하는 일은 용어에서부터 그림을 그리는 행위와 아주 많이 닮아 있구나, 하는 묘한 기분이 들었어.

❶ 입체감이 만드는 사실성

이 ▶ 실제로 많은 부분이 맞닿아 있어요. 우선 영상과 관련된 영미권 강의를 듣다보면 르네상스시대의 회화와 현대의 영상을 비교해서 설명하는 경우를 자주 볼 수 있어요. 사실주의라는 공통점 때문일 텐데요. 르네상스시대에는 인본주의 사상이 퍼지고, 이성이 강조되면서 눈에 비친 그대로를 표현하는 사실주의적 회화가 주류를 이루었죠. 그런데 이 사실주의, 즉 리얼리즘은 영상 제작에서도 가장 핵심적인 가치잖아요?

박 ▶ 특히 우리가 만드는 뉴스 영상의 경우 사실을 있는 그대로 투명하게 보여주는 것을 최우선 덕목으로 삼고 있어서, 이 리얼리즘이라는 가치는 훨씬 더 중요하지. 이런 사실주의적 분위기를 만드는 데 중추적인 역할을 하는 건 아마 입체감이 아닐까 생각해. 사실주의가 태동했던 르네상스시대의 입체감은 주로 원근법*과 명암 대비 같은 기법을 통해 조성되었어. 세상을 바라보는 중심으로 나 자신을 설정하고, 보이는 건 보이는 대로, 안 보이는 건 안 보이는 대로 그리는 방식으로 사실성을 강조한 거지. 지금도 이런 기법들은 그림에서는 물론 영상에서도 입체감을 조성하는 데 핵심적인 역할을 하고 있어. 예를 들어 우리가 좋은 구도를 찾기 위해 카메라를 옮기거나, 귀찮지만 조명을 이리저리 조정하는 것도 결국 입체감을 살리기 위한 노력의 일환이라고 할 수 있지.

이 ▶ 그런 셈이죠. 이렇게 그림과 영상이 입체감이라는 부분에서 맞닿아 있는 건, 두 매체가 가진 공통적인 한계 때문이기도 해요. 근본적으로 캔버스나 TV 모두 평평한 2차원 매체잖아요? 하지만 실제로 우리는 입체적인 3차원 세상에 살고 있다보니, 입체감이 부족한 그림이나 영상을 볼 때 사실적인 느낌은 물론 감동까지 받기 어려운 거

---

* 프랑스의 기호학자 롤랑 바르트는 르네상스 시기 원근법의 발견을 역사적 변환점으로 본다. 그 이후에, 보는 것이 본질이 아니라는 사회적 분위기가 변하고 시각이 인간의 감각과 인지의 중심으로 등장했기 때문이다.

죠. 다시 말해서 "와! 그림을 진짜처럼 그렸네" "영상을 실감나게 찍었네"라고 평가받기 위해서는 대상을 입체적으로 재현해서, 보는 이로 하여금 일종의 3차원적 환상(three-dimensional illusion)을 느끼도록 하는 게 필요하죠. 그런 이유로 사실성이 중요한 이미지를 만들 때는 화가든 영상기자든 입체감을 강조하는 데 많은 공을 들이는 거고요.

❷ 질감이 만드는 입체감

박 ▶ 입체감은 이번 〈현장 36.5〉 제작의 핵심 키워드야. 이번 뉴스 안에서도 잠시 언급했지만 장우 씨의 그림이 이토록 사랑받는 이유가 이 독특한 입체감이기 때문이지. 좀더 구체적으로 말하자면, 캔버스 위에 물감을 거칠게 덧대어 만든 결, 즉 질감이 주는 입체감에 관객들은 빠져드는 거지. 연구에 따르면 사람들은 보통 질감이라는 조형요소를 눈을 통해 보지만 동시에 촉감까지 자극받는다고 해. 이런 공감각적 경험을 하는 과정에서 작품에 더욱 몰입하게 된다는 얘기도 있고.* 이런 측면을 고려한다면 장우 씨 그림을 이야기할 때 질감

---

* 마르틴 졸리, 『영상 이미지 읽기』, 김동윤 옮김, 문예출판사, 1999, 156~157쪽 참조.

이란 건 빠뜨릴 수 없는 부분이지.

이 ▶ 맞아요. 그런 맥락에서 '이런 질감을 생생하게 전달하기 위해 어떤 식으로 입체감을 살려야 할까?'라는 고민을 많이 했어요. 그 과정에서 TV라는 매체의 표현적 한계를 절감하기도 했고요. 간단히 말하자면 TV라는 매체가 지닌, 시각 대상과 시청자 사이의 물리적 거리에서 오는 한계를 느낀 거죠. 예를 들어 갤러리에서는 관객들이 비교적 자유로이 위치를 옮겨다닐 수 있어서, 그림의 질감이 제대로 드러나는 시점을 찾아가며 작품을 감상할 수 있어요. 하지만 TV를 통해 뉴스를 보는 사람들은 오직 렌즈와 동일한 시점에서 그림을 봐야 하는 한계 탓에 이런 질감을 느끼기 쉽지 않죠. 꼬리에 꼬리를 무는 이야기 같지만 장우 씨의 그림을 돋보이게 하는 것도 질감이 주는 입체감이고 또 이런 장우 씨 그림을 TV 속에서 사실적으로 보이도록 하는 것 역시 입체감이라서, 이런 TV의 매체적 한계가 고민이었어요.

박 ▶ 어느 때보다 입체감이란 요소가 더 까다롭게 느껴졌을 것 같아. 장우 씨 그림의 입체감과 장우 씨 그림을 보여주게 될 TV의 입체감 사이에는 근본적인 차이가 있기 때문이지. 일반적으로 그림이나 TV 같은 평면 매체가 지니는 입체감이란, 이미지를 보면서 머릿속이나 관념적으로만 느껴지는 3차원적 감흥이야. 원근감 등으로 조성

사진 1. 이장우 작가의 그림은
물감을 거칠게 덧댄 질감에서 나오는 입체감이 특징이다.

되는 일종의 착시현상이라고도 말할 수 있지.* 그런데 장우 씨 그림에는 시지각으로도 인지될 뿐 아니라, 실제로도 존재하는 3차원 요소가 있어. '사진 1'에 보이는, 여러 겹으로 덧대어 쌓아올린 물감층이야.

이 ▶ 그렇죠. 좀 복잡하게 이야기하자면 그림이나 TV는 원래 가로(X)축과 세로(Y)축만이 존재하는 2차원 평면이잖아요. 깊이나 높이를 나타내는 높이(Z)축은 실제로는 존재하지 않고 원근법이나 초점의 차이 등에 의해 머릿속으로 느껴지는 것이고요. 이에 반해 장우 씨 그

---

* 최종한, 「입체영상기술의 활용과 변주를 통한 실험영화미학의 확장 가능성 고찰」, 한양대학교 현대영화연구소, 〈현대영화연구 제14권 제14호〉, 2012, 512쪽 참조.

사진 2. 그림 위에 실제로 존재하는 입체적 요소들을
영상으로 표현하기 위해 노력했다.

림에는 아주 낮긴 하지만 물감으로 쌓아올린, '사진 2'처럼 실제 높이축이 존재하고 있죠. 그런 차원에서 물감으로 빚어낸 실재적(實在的) 입체감을 TV에서 얼마나 사실적으로 보여줄 수 있느냐는 것이 이번 촬영의 관건이었어요.

❸ 입체감을 표현하는 기법

박▶ 자, 그렇다면 이제 입체감을 살리기 위해 이 아이템에서 활용된 촬영 기법을 말해볼까? 우선 입체감이란 영상을 제작하는 과정에서 화면 속 구성적 요소들을 통제하면서 만들어지는 경우가 많지? 예를 들어 가장 쉬이 떠올릴 수 있는 게, 렌즈로 만드는 초점 차이에서 발생하는 원근감을 이용하는 방법이 있겠지. 다음은 시점을 활용하는 건데, 사물의 입체감이 잘 드러나는 곳을 찾아 카메라를 위치시켜서 촬영하는 방법이야. 피사체 혹은 피사체와 배경 사이의 명암을 대조하거나 컬러의 차이를 드러내는 것으로도 입체감을 만들 수 있지. 아니면 좀 단순한 방법이지만 액션캠 같은 걸로 피사체의 외형을 쭉 훑으면서 입체감을 보여줄 수도 있을 거야.

이 ▶ 저는 그중에서도 주로 두 가지에 집중해서 입체감을 조성했어요. 먼저 그림의 질감이 가장 잘 드러나는 시점(camera angle)을 찾으려고 노력했죠. 다음으로는 렌즈를 이용한 포커스의 대조를 활용했고요. 얕은 피사계 심도인 렌즈를 써서 프레임의 특정 부위에만 초점을 맞추는 소위 아웃포커싱*을 활용한 거죠. 방송용 조명은 따로 이용하지 않았어요. 갤러리의 특성상 그림마다 스포트라이트가 설치되어 있어서 물감이 만든 굴곡들 사이로 이미 짙은 그림자가 드리워져 있었기 때문이죠. 하지만 무엇보다도 카메라 앵글을 이곳저곳으로 옮겨가며, 그림 위의 거친 질감이 잘 부각되는 위치를 찾기 위해 신경을 많이 썼어요.

---

* 피사체를 제외한 배경은 흐리게 찍는 기법을 말하는 한국식 표현. 얕은 피사계 심도(shallow depth of field)나 얕은 초점(shallow focus)로 표현할 수 있다.

박▶ 맞아. 구도, 즉 앵글을 어떻게 잡느냐에 따라 피사체의 질감을 보여주는 입체감은 수시로 바뀌지. 방송계에는 '그림은 발로 찍는다'는 유명한 말이 있잖아? 이번 뉴스에 이 격언을 적용하자면, 부지런히 움직여서 좋은 앵글을 잡아야 대상의 본질을 잘 설명하는 입체감을 확보할 수 있다고 해석하면 좋겠네.

이▶ 그렇죠. 장우 씨 그림을 전체적으로 조망하는 앵글을 확보하는 건 그리 어렵지 않죠. 평상시처럼 관객들과 함께 찍거나, 그림만 정면에서 찍으면 되죠. 하지만 물감의 물리적인 질감을 보여주기 위해선 그림 쪽으로, 특히 그림 옆으로 바짝 접근해야 해요. 그런 이유로 취재기에서 말한 대로 그림에 좀더 가까이 붙을 수 있도록 ENG 카메라를 내려놓고, 간편한 미러리스 카메라를 선택하게 된 거죠. 그림의 정면에서 앵글을 잡으면 컬러는 강조되지만, 굉장히 평면적인 느낌이 들어요. 하지만 카메라를 그림이 전시된 벽면으로 가까이 움직일수록, 물감의 질감이 거칠게 솟아올라 마치 산맥처럼 보이는 앵글을 찾을 수 있죠.

❹ 또다른 의미의 앵글

박▶ 그 말은 '서 있는 위치가 달라지면 펼쳐진 풍경도 달라진다'는 말과 일맥상통해. 어떤 앵글로 대상을 촬영하느냐에 따라 그 대상의 형태가 시청자에게 규정된다고도 해석할 수 있지. 한편 TV 뉴스에서 앵글이란 영상에만 국한된 표현이 아니야. 누구의 시선에서 혹은 어떤 관점에서 사안을 취재하느냐는 뜻도 지니고 있어. 이런 의미의 앵글은 뉴스의 전체 방향성이나 톤까지 좌지우지한다는 점에서 시지각적 앵글보다 더 중요할 수도 있겠지? 예를 들어 '사진 3' '사진 4'처럼 정부의 앵글에서 감세의 효과를 바라보는 것, 정책의 영향권에 있는 시민들의 앵글에서 감세를 바라보는 것에는 큰 차이가 있어. 또 '사진 5' '사진 6'처럼 장애인들의 지하철 시위를 장애인의 앵글에서 보도하는 것과 바쁜 출근길 시민들의 앵글에서 보도하는 것에도 관점에서 발생하는 차이가 있을 수밖에 없지.

이 ▶ 그렇죠. 하지만 제 생각으로는, 얘기하신 앵글이나 영상과 관련된 앵글이나 별반 큰 차이가 없는 것 같아요. 왜냐하면 촬영할 때의 앵글 역시 TV 뉴스의 논조에 많은 영향을 미치기 때문이죠. 예를 들어 폭력이 수반된 농민들의 상경 집회를 영상취재한다고 가정해보죠. 먼저 집회를 막는 경찰 쪽에 서서 카메라의 앵글을 잡는다면 농민들의 폭력성이 강조되어 뉴스의 톤은 농민들에게 부정적으로 조성될 가능성이 클 거예요. 농민들의 편에 서서 앵글을 잡으면 반대로 농민들이 경찰에게 억압당하는 이미지가 부각될 가능성이 크죠. 따라서 뉴스의 톤은 농민들에게 동정적으로 변할 테고요. 이상적인 이야

사진 3과 사진 4. '감세'라는 동일한 주제를 다루더라도 어디에 앵글을 두느냐에 따라 전혀 다른 뉴스가 만들어진다.

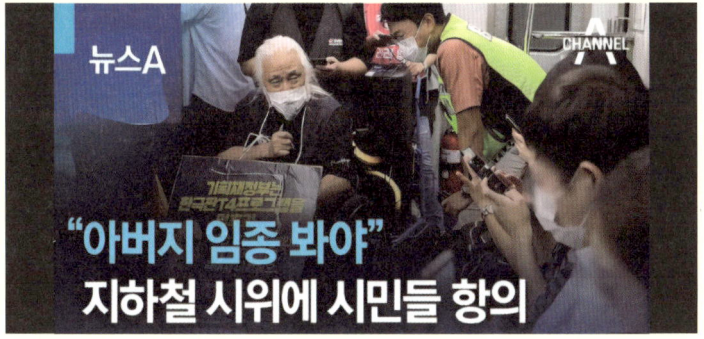

사진 5와 사진 6. 각각 SBS뉴스 유튜브 채널 섬네일과
채널A News 유튜브 채널 섬네일.
같은 상황을 SBS뉴스는 장애인들의 앵글에서,
채널A News는 비장애인들의 앵글에서 바라보았다.

기지만 농민들이 집회에 나설 수밖에 없었던 원인과 집회 자체의 격렬함을 함께 조명한다면 시청자들에게 사안의 본질을 좀더 입체적으로 보여줄 수 있겠죠? 영상의 앵글과 사회를 바라보는 관점에서의 앵글 모두 TV 뉴스의 톤과 질감에 상당한 영향을 미치는 만큼, 적절한 안배가 중요하다고 생각해요.

박▶ 자, 이제 편집 기법 하나만 살펴보고 마무리할까? 개인적으로 인상적이었던 기법은 제주도의 실제 풍경들이 장우 씨의 유화로 바뀌는 거였어. 시각적 유사성을 가진 숏들을 연결하는 그래픽 매치(graphic match)지?

이▶ 단순히 장우 씨의 그림을 보여주기보다는 이렇게 실사와 비교해서 보여주는 데서 오는 감흥이 더 크다고 생각했어요. 우선 뉴스에서 잘 활용하지 않는 편집 기법이라 신선함이 있고, 시청자의 집중력이 서서히 떨어질 무렵인 뉴스 중반부에 분위기를 바꾸는 효과도 있죠. 또 전후 영상이 좌우로 변하는 와이프(wipe) 전환을 활용해서 실제

| 실사 | 실사 + 그림
(wipe 전환 효과) | 그림 |

풍경 위로 장우 씨의 그림이 서서히 노출되는 효과도 줬어요. 앞뒤 숏들의 형태적 유사성을 좀더 도드라지게 하려는 시도였죠.

7장

당신의 미용실, 문턱을 넘어 함께해요

2024년 2월 25일, **김승우 영상기자**

내가 살던 서울시 노원구 상계동 집 앞에는 초등학생 시절부터 오랫동안 자리잡고 있는 옷가게가 있었다. 그곳은 구립도서관 바로 옆에 있어, 공부하러 갈 때 늘 쉽게 내 눈에 띄었다. 변함없는 모습으로 항상 그 자리에 있었기에 나는 매번 별생각 없이 그곳을 지나쳤다. 세월이 흘러도 변하지 않는 그 공간의 존재는 언제나 익숙하게 느껴졌지만 그리 특별하게 생각하지 않았다.

입사 후 어느 날, 주말을 맞아 가족들과 식사를 마치고 저녁에 잠시 운동하려고 밖으로 나섰는데, 오랫동안 자리잡고 있었던 옷가게가 사라지고 미용실이 그 자리에 들어서 있었다. 어떤 곳인지 궁금해 곧바로 검색해보니 놀랍게도 장애인 손님만을 위한 특별한 공간으로 운영되고 있었다. '나중에 머리 자르러 와야지'에서 '아, 이곳은 내가 카메라를 들고 와야 한다'라고 생각하게 된 순간이었다.

머리가 길어져서, 혹은 원하는 스타일로 꾸미고 싶을 때 우리는 자연스럽게 미용실을 방문해 미용사에게 서비스를 제공받는다. 일상생활에서 당연하게 누리는 경험이다. 하지만 여러분은 그동안 미용실을 이용하면서 장애인 손님을 본 기억이 있는가? 살면서 몇 번쯤 마주쳤을 수도 있고, 어쩌면 단 한 번도 마주치지 못했을 수 있다. 여태껏 장애인들은 일부 복지시설에서 간이 시설로 운영하는 작은 공간에서 커트와 샴푸 서비스 외에는 제대로 된 경험을 하지 못했다. 그렇다고 일반 미용실을 가기에는 분명 불편한 점이 있고,

다른 손님들과 업주에게 피해를 줄 수도 있다는 생각에 마음 편히 갈 수 없는 것이 현실이다. 우리가 겪지 못하는 사회적인 차별이 존재하는 것이다.

노원구의 '장애인 친화 미용실'은 이 차별을 극복하기 위해 시작됐다. 출입구부터 이를 고려한 설계가 눈에 띄었다. 손이 아닌 발로도 문을 열 수 있게 버튼이 바닥에 마련된 것은 물론, 문턱이 없어 휠체어나 와상으로 생활하는 장애인들이 무리 없이 출입할 수 있었다. 높낮이와 각도가 조절되는 전동 의자가 설치되어 있어 고객들이 이동하지 않고 앉은 자리에서 커트, 샴푸, 펌 등 모든 서비스를 받을 수 있었다.

"도망 다니지 않아도 되고 고개 숙이지 않아도 돼요."

자폐아를 둔 한 어머님께서 말씀하셨다. 어머님께선 덤덤하게 건넨 말이지만 '도망'과 '고개를 숙인다'는 표현에서 그동안 아드님과 어머님이 겪었을 주변의 시선들과 내적인 부담감을 느낄 수 있었고 마음이 아팠다. 앞서 언급한 바와 같이 장애인들이 기존의 미용실을 방문하지 못했던 이유는 단순히 접근이 어렵기 때문이 아니라, 그 공간에 들어서는 것 자체가 큰 심리적 불편함을 초래하기 때문이다. 그래서 취재하면서도 손님들의 프라이버시를 신경쓰지 않을 수 없었다.

카메라에 찍히는 것을 원치 않는 고객이 서비스를 받을 때는 카메라를 포함한 모든 장비를 보이지 않는 곳에 두어 불편함을 느끼지 않도록 했다. 협조를 구한 분들을 카메라에 담을 때도 각 장애의 특성을 고려해 카메라의 눈높이와 내 동선을 계획했다. 예컨대 자폐가 있는 취재원을 상대할 때는, 정해진 루틴에서 벗어나지 않도록 주의하며 촬영을 진행했다. 약속되지 않은 말과 행동을 했을 땐 굉장히 불편할 수 있기에 조심해야 했다. 기본적으로 이곳의 고객들을 안타까운 시선으로 바라보거나, 동정을 유발하는 질문들을 건네는 것도 완전히 배제했다. 장애인을 무기력하거나 보살핌을 받아야 하는 존재로 묘사하여 동정의 대상으로 낙인찍게 되면 또다른 차별을 불러올 수도 있기 때문이다. 이는 이 미용실이 시작된 취지와도 전혀 맞지 않는 행동이기에 가장 우선적으로 고려한 부분이다.

"우리집만치 편해요."

취재 당일 염색을 하기 위해 미용실을 방문한 이말조 할머님은 이곳이 집처럼 편안하다고 말했다. 나는 온종일 미용실에 머무르며 쉴 새 없이 드나드는 손님들을 관찰했다. 머리를 손질해주는 미용사와 반갑게 인사를 나누며 근황을 묻고, 집에서 챙겨 온 빵을 선물하는 등 훈훈한 이웃의 모습도 볼 수 있었다. 옛날부터 미용실은 동네의 사랑방 역할을 했는데 이곳도 마찬가지인 것 같았다. 방문한 손님들의 장애 유형은 모두 달랐다. 목발을 짚으신 분도 있었고 휠

체어를 타신 분들, 와상으로 매장에 들어온 분들도 있었다. 들어오는 모습은 저마다 달랐지만 서비스를 받으며 웃는 얼굴과 만족하는 표정으로 인사를 건네며 귀가하는 모습은 모두 똑같았다.

따라서 나 역시 이곳 사람들의 밝은 표정을 담는 데 가장 큰 공을 들였다. 특별한 부연 설명이 없어도 고객의 환히 웃는 표정을 잘 전달하는 것만으로도 이들이 얼마나 만족스러운 서비스를 받고 있는지 시청자에게 전달할 수 있었다. 그렇기에 표정을 담을 때는 항상 몇 걸음 물러나 망원렌즈를 사용했다. 아웃포커스를 극대화해 주변의 방해 없이 고객의 얼굴만을 화면에 가득 채워 오롯이 표정에서 우러나오는 감정을 시청자들이 느낄 수 있도록 카메라에 담았다.

정지혜 실장님은 미용사이기 전에 사회복지를 전공하고 사회

복지사 자격증까지 갖추고 있었다. 어떻게 보면 이곳에서 일하는 것이 천직이다 싶을 정도로 딱 들어맞는 경력의 소유자였다. 짧은 시간이지만 온종일 실장님을 지켜본 바로는 역시나 전문가였다. 자폐아의 경우에는 이동식 모니터를 이용해 아이가 좋아하는 애니메이션을 틀어주어 아이의 불안함을 달랬다. 반대로 자폐가 있는 성인 손님의 경우 만에 하나 돌발 상황이 벌어졌을 때 완력을 감당하기 어렵기에, 손님이 불안해하지 않을 수 있도록 움직임을 최소화하고 침묵을 지킨 채 머리를 다듬었다. 와상 환자의 머리를 자를 땐 허리를 숙이고 무릎을 꿇기도 했다. 실장님의 섬세함을 포착하고자 나 역시도 실장님의 태도를 따라 조심스레 카메라에 그 모습을 담았다.

"내 욕심인데, 한 군데 더 생기면 어떨까…."

고객 중 한 분이 인터뷰를 통해 말씀해주신 소망이었다. 이곳 미용실은 오직 노원구에 등록된 장애인들만 이용할 수 있었다. 다른 지역에서도 문의가 많이 오지만, 안타깝게도 이용할 수가 없었다. 그러나 매장이 인근 지역과의 경계에 있는 관계로 문의를 하는 사람들이 많을 수밖에 없었다. 그때마다 직원들은 어쩔 수 없이 안 된다고 말씀드릴 때 큰 안타까움을 느낀다고 입을 모아 말했다.

서울 일부 자치구에서도 노원구의 장애인 이용 미용실을 참고해서 운영을 시작했거나 검토하고 있다고 했다. 그런 의미에서 이번 리포트가 단지 따뜻한 이야기를 전하는 데에 그치지 않았으면 좋겠다. 여러 지자체에서 이 뉴스를 보고 이런 좋은 정책을 벤치마킹하는 계기가 되길 소망해본다.

기자들의 대화

뉴스 영상 속 구도

박 팀장(이하 박)
김 기자(이하 김)

박 ▶ 영상기자를 시작한 지 채 1년이 되지 않은 시점에 만든 뉴스인데 감동적이었어. 내가 자랑삼아 소셜미디어에도 올렸던 기억이 나. 무엇보다 소재가 참신했어.

김 ▶ 처음에 동네를 지나다 '장애인 친화 미용실'을 봤을 때는 '아! 너무 좋은 소재를 발견했다'고 생각했어요. 근데 사전 자료 조사를 하다 보니 인터넷 언론 등 일부 매체에 먼저 소개되었더라고요. 그래서 한동안 취재를 망설였죠. 신선함이 떨어진다고 생각했어요. 근데 팀장님이 지상파에서 다시 다뤄볼 만한 가치가 있다고 얘기하셔서 제작에 착수할 수 있었죠.

박 ▶ 지금도 그 생각에 변함이 없어. 누구나 보편적으로 접근할 수 있는 지상파에서 이런 소식을 다루는 건 또다른 의미가 있다고 생각해. 지자체가 세금을 집행해서 많은 주민이 효능감을 느끼고 있다면 우리가 그런 행정을 적극적으로 다룰 필요가 있어. 해당 지자체는 치적을 홍보할 수 있고, TV를 보고 다른 지자체에서도 이런 정책을 벤치마킹한다면 더 많은 시민이 혜택을 받을 수 있겠지? 선순환 구조를 만드는 일종의 의제 설정 기능을 하는 거지.

❶ 단순한 화면구성

박 ▶ 취재기에서 고객들이 서비스에 대해 얼마나 만족하는지 시청자에게 전달하기 위해 고객의 얼굴만을 화면에 가득 채웠다고 했잖아? 이런 촬영 기법은 가장 중요한 것으로 화면을 가득 채운다고 해서 필더프레임*이라고 불리지. 시청자의 시선을 프레임 속 단일 대상에 고정해서 즉각적인 주목을 끌어내는 효과가 있어. 뉴스를 만들 때 우리는 숏들의 순서를 전략적으로 병치하는 스토리텔링에 더 집중하는 경향이 있어. 하지만 숏 하나가 지닌 프레임 속 공간을 통제해서 의미를 생성하는 것도 주제를 효과적으로 전달하는 데 중요해. 프레임 속에 뭘 남기고 뭘 버려야 하느냐는 아주 기본적인 질문이기도 하지.

김 ▶ 보통 프레임 안에는 시청자들이 봐야 할 시각 정보가 하나가 아닌

---

* fill the frame. 단일 대상의 클로즈업으로 프레임을 거의 혹은 가득 채우는 기법으로 시청자의 집중을 유도한다. 피사체가 사람일 경우 시청자는 더 깊은 감정적 소통이 가능하다.

경우가 대부분이죠. 그래서 시청자는 화면 안에서 부단히 시선을 움직이며, 뭐가 중요한 건지 해석하기 위해 노력해야 해요. 하지만 프레임 속 정보를 잘 배치해서 단순화하면 시청자의 이런 노력을 덜어 줄 수 있어요. 주제와 관련없는 것들이 시선을 훼방하지 않아서 명료히 메시지를 인지할 수 있는 거죠. 짧은 시간에 정보를 논리적으로 전달해야 하는 뉴스에서 특히 중요한 부분이에요.

인지심리학을 기초로 화면의 구성을 설명할 수 있는 게슈탈트 이론* 중에도 이런 법칙이 있죠. 바로 단순성의 법칙인데요. 사람들은 화면 속의 복잡한 시각 정보들을 단순하고 간결한 구조로 인식하려는 경향이 있다는 주장이에요. 다시 말해 우리는 어떤 화면을 구성하는 개별 요소들을 하나씩 인식할 수도 있어요. 하지만 인지 과정에서 시각 요소들 사이의 맥락을 분석하고, 생략할 건 생략하고 합칠 건 합치면서, 전체 이미지를 최대한 간단하고 직관적으로 보려 한다는 거예요. 이런 이론을 뉴스에도 적용한다면, 시청자의 인지 노력을 덜어주기 위한 배려의 일환으로, 화면에서 불필요한 요소들을 최대한 배제해서 간결한 구조의 화면을 구성해야겠죠.

---

* 막스 베르트하이머를 중심으로 창시된 형태심리학 이론이다. 사람들은 화면을 구성하는 개별 요소들을 하나하나씩 있는 그대로 인식하지 않는다. 대신 시각 인지와 관련된 일정한 법칙들을 활용해, 여러 이미지로 구성된 화면을 단순화하고 구조화하여 전체적으로 이해한다.

박▶ 비단 방송 뉴스만이 아니지. 미술작품에도 그런 고민의 흔적들을 찾아볼 수 있어. 우선 "나는 심플하다"라는 유명한 말을 남긴 장욱진 화백은 '그림 1'처럼 이미지의 과잉을 덜어낸 단순미와 절제된 화풍으로 잘 알려졌지. 또 파블로 피카소도 '그림 2'처럼 소를 그린 연작을 통해 대상의 이미지를 단순화하는 과정을 보여줬어. 이렇게 동서양을 대표하는 화가 중에는 본인의 작품활동 후기에 이르러 기법을 단순화한 경우가 많아. 영상매체보다 훨씬 더 여유로운 시간 동안 감상할 수 있는 미술작품에서조차 정보를 덜어내려고 시도한 거지. 캔버스의 너무 많은 정보는 보는 이로 하여금 시각적 피로감을 느끼게 해서 뭐가 중요한지, 작품의 본질이 무엇인지 파악하기 힘들게 하기 때문일 거야.

❷ 프레이밍과 컴포지션

박▶ 이런 회화적 시도처럼 단순하고 절제된 이미지로 뉴스 화면을 구성하기 위한 개념이나 방법을 얘기해볼까? 기본적으로 프레이밍과 컴포지션을 알아야겠지. 우선 프레이밍은 뉴스 메시지에 부합하는 피사체들의 우선순위를 매기고 중요도에서 밀리는 것들을 화면 밖으로 밀어내는 작업이야. 컴포지션은 피사체를 프레임 속 특정 위치

그림 1. 장욱진, 〈가로수〉, 1978, 캔버스에 유채, 장욱진문화미술재단 소장.
그림 2. 파블로 피카소, 〈황소〉, 1945-1946, 석판화,
뉴욕 현대미술관(MoMA) 및 포틀랜드미술관 소장.

에 전략적으로 배치하는 걸 말하지. 앵커 멘트 화면을 한번 예로 들어볼까? 보통 앵커의 얼굴을 가장 돋보이는 위치인 왼쪽 상단에 두고, 오른편 상단에 어깨걸이 혹은 DVE*라고 불리는 배경 화면을 배치하는 경우가 많아. 이런 전형적인 컴포지션은 우리가 책을 읽을 때 왼쪽부터 글을 읽어 내려가는 것처럼 오랜 기간 축적되어온 인지 과정의 패턴을 고민한 결과지.

김 ▶ 쉽게 말해 구도라고 해도 되겠죠? '2차원 화면을 어떻게 구성해야 하는가?'라는 질문은 방송사에서 일하게 되면 가장 먼저 부딪히는 난관이죠. 신입 영상기자들은 팩트를 기민히 포착하는 능력 외에도 구도를 얼마나 안정적으로 잡느냐는 부분을 한동안 평가받기에 상당히 스트레스를 받았던 기억이 나네요. 영상을 만드는 입장에서 보면 아무리 노력해도 구도를 제대로 못 잡는 사람들도 있잖아요? 분명 타고난 미적 감각이 필요한 것 같아요. 반면 모든 사람은 어떤 영상의 구도가 좋은지 혹은 나쁜지 몇 초 만에 본능적으로 알아차릴 수 있죠. 딱 잘라서 어떤 법칙을 따라야 한다고 말하기 힘든 측면이 있지만 그리스건축이나 르네상스미술 때부터 적용되어오면서 시대를 관통해온 기본 법칙에 대해서는 알아둘 필요가 있어요.

---

* 디지털 비디오 이펙트(Digital Video Effect)의 약자로 실제 화면에 효과를 더한 이미지를 뜻한다. 주로 앵커 배경 이미지를 말한다.

박 ▶ 화면을 구성할 때, 가장 먼저 고려해야 하는 것은 프레임 속에서 사람들의 시선이 모이는 곳인 '관심의 초점(focal point)'이라고 할 수 있어. 상식적으로, 가장 중요한 피사체에 사람들의 초점이 놓이겠지? 뉴스의 성격에 따라 그 관심의 초점은 인물이나 사물 혹은 풍경이 될 수도 있을 테고. 그 초점이 모이는 피사체들을 화면 속 특정 위치에 배치해서 자연스레 보이도록 하는 일련의 법칙들이 있어. 이번 〈현장 36.5〉에서 몇 개의 화면을 가져와서 이 법칙들을 이야기해볼까?

❸ 대칭 구도와 비대칭 구도

김 ▶ 구도는 우선 대칭과 비대칭으로 나눌 수 있어요. 대칭 구도는 피사체를 의도적으로 화면 중앙에 배치하는 거죠. 따라서 자연스럽거나 사실적으로 보이지는 않아요. 하지만 피사체에 강한 힘을 부여해서 집중도를 높이고 시청자들의 몰입을 유도할 수 있죠. 예를 들어 뉴스를 제작하다가 우리 취재기자가 현장에 직접 갔다는 사실을 강조해야 하는 경우가 있어요. 종군 취재 같은 해외 출장이 대표적이겠죠? 그럴 경우 보통 이런 대칭 구도를 적용해서 '사진 1'처럼 스탠드

사진 1. 배경 정보가 특별하지 않거나,
취재기자의 존재감을 부각하고 싶을 때는 대칭 구도를 주로 활용한다.

업*을 촬영하기도 해요. 시선을 취재기자에게 묶어두기 위해서죠. 다만 인공적인 느낌뿐 아니라 가끔 화면 양쪽에 중복된 정보가 나올 때도 있어 쉽게 지루해질 수 있다는 점을 유의해야 해요.

박 ▶ 대칭 구도는 영화에서도 자주 목격되지. 대칭 구도가 주는 인공적인 느낌에서 조성되는 집중력을 활용하려는 의도도 있겠지만 질서와 조화 같은 조형적 균형미로 흥미를 유발하려는 목적도 커. '사진 2'처럼 대칭 구도를 많이 사용하는 것으로 유명한 감독으로는 영화 〈그랜드 부다페스트 호텔〉을 만든 웨스 앤더슨이 있어. 일반적으로

---

* stand-up. 방송 뉴스에서 취재기자가 직접 등장하는 부분으로 뉴스의 현장감과 신뢰도를 높여준다.

사진 2. ⓒSearchlight Pictures

3차원적 입체감을 강조하기 위해 사선 구도를 많이 사용하는 반면 웨스 앤더슨은 깊이나 공간감 대신 인물에 대한 집중도를 높이는 구도를 선택하는 거지.

대칭 구도를 활용했다고 해서 꼭 화면의 입체감이 부족한 건 아니야. 카메라의 높이를 조정하는 등 구도를 어떻게 잡느냐에 따라 달라질 수 있어. 예를 들어 영화 〈포레스트 검프〉에서 포레스트 검프가 월남전에서 돌아와 워싱턴 D.C.의 링컨기념관 앞에서 친구 제니와 재회하는 장면('사진 3')이 있어. 이것 역시 워싱턴 기념탑을 중심으로 정확한 대칭 구도를 이루고 있지. 하지만 카메라를 높은 곳에 배치해서 화면 상단부에 소실점을 보이게 함으로써 원근감과 공간감을 잘 표현한 경우야.

사진 3. ⓒParamount Pictures

김 ▶ 한편 비대칭 구도는 화면의 좌우에 다른 시각 정보를 배치하는 것으로 일단 자연스럽죠. 또 시각적 다채로움 때문에 시청자들의 시선이 비교적 자연스레 화면 속 초점들 사이를 오갈 수 있어요. 이로 인해 화면의 역동성이나 피사체의 운동성도 느낄 수 있죠.

❹ 대표적인 구도의 종류

김 ▶ 이런 비대칭 구도 중 가장 유명한 법칙이 3분할 법칙(rule of thirds)이에요. 촬영할 때 참고할 수 있도록 카메라 뷰파인더에도 있을 정도로 보편적이라 할 수 있죠. 화면을 수평, 수직으로 분할하는 네 개의 직선 위 혹은 직선이 만나는 네 개의 교차점 위에 가장 중요한 피사체를 위치시킨다는 게 골자죠. 자연스러운 이미지를 만들 수 있어서 시청자들의 편안한 시청을 돕는다는 장점이 있어요. 시청자들의 시선이 보통 이 네 개의 교차점을 가장 먼저 본다는 게 정설이기 때문이죠. 또 두 피사체를 양쪽 교차점에 각각 위치시켜 둘 사이의 상호작용을 설명할 수도 있고, 때론 피사체를 한쪽 교차점으로 몰아서 배경을 설명해줄 수 있는 장점이 있죠.*

박▶ 하나의 교차점 위에 가장 중요한 대상을 놓은 예로는 인터뷰 숏이 있겠지? '사진 4' 정지혜 실장님의 인터뷰는 3분할 법칙에 정확히 적용돼. 정식 인터뷰는 주로 바스트숏 사이즈로 찍고, 카메라 높이는 인터뷰이의 눈높이를 적용하잖아? 이는 시청자와 인터뷰이 사이의 교감을 유도할 수 있는 적절한 방법이기 때문인데, 이런 교감을 유발하는 초점이 바로 인터뷰이의 눈동자야. 분할선이 교차하는 점 위에 인터뷰이의 눈동자가 올 수 있도록 구도를 잡는 거지. 복수의 피사체로 프레임을 구성한 예도 있어. '사진 5'처럼 미용실 고객들이 담소를 나누는 장면을 보면, 두 사람의 몸은 수직 분할선 위에 있고 두 사람의 눈은 수평 분할선 위에 놓여 있다는 걸 알 수 있지.

* Robert Kiraz(2022), 「The Elements of Composition: The Complete Guide」, StudioBinder.

김 ▶ 비대칭 구도에서 3분할 법칙만큼 자주 언급되는 게 골든 트라이앵글(golden triangle)인 것 같아요. 프레임을 가로지르는 대각선 그리고 이 대각선과 나머지 두 모서리가 직각을 이루는 선을 그으면 화면 속에 네 개의 삼각형이 만들어지죠. 이 직선들 위나 선들이 교차하는 점 위에 주요 피사체를 위치시키면, 3분할 법칙에서 강조되는 좌우 균형과 함께 상하 균형까지 확보할 수 있어요. 상하좌우로 가로지르는 대각선을 기준으로 구도를 잡게 되면서 시청자의 시선은 더 다양한 방향으로도 이동하게 되고, 그만큼 프레임 내에서 역동성도 만들어지죠. '사진 6'처럼, 단골손님인 동진 씨가 이동형 침대에 누워 미용실로 들어오는 와이드숏이 이런 구도가 적용된 예라고 할 수 있어요. 대비되는 요소인 동진 씨의 침대와 동진 씨를 맞이하는 정지혜 실장님을 양쪽 교차점 근처에 배치함으로써, 자연스러운 균형도 유지하면서 프레임 속 방향성과 운동성도 조성할 수 있었죠.

박 ▶ 마지막으로 황금비율(golden ratio)을 이야기해볼까? 고대 피라미드나 파르테논신전 같은 건축물에서 발견되는 황금비는 아주 오랫동안 가장 이상적인 비율로 믿어져왔지. 피보나치수열에 근거한 황금비(1:1.618)에 근접할수록 아름답고 편안하게 느껴진다는 믿음은 현재 A4 용지를 만드는 것에까지 적용되었어. 우리가 영상을 구성할 때 참고할 수 있는 것은 이 황금비에서 파생된 황금나선(golden spiral)인데, 직사각형을 황금비로 계속 나누다보면 만들어지는 곡

사진 4. 인터뷰를 촬영할 때는 인물의 눈동자 위치를 고려해서 구도를 잡아야 한다.
사진 5. 인물의 눈동자는 보통 위쪽 수평 분할선 위에 오도록 한다.

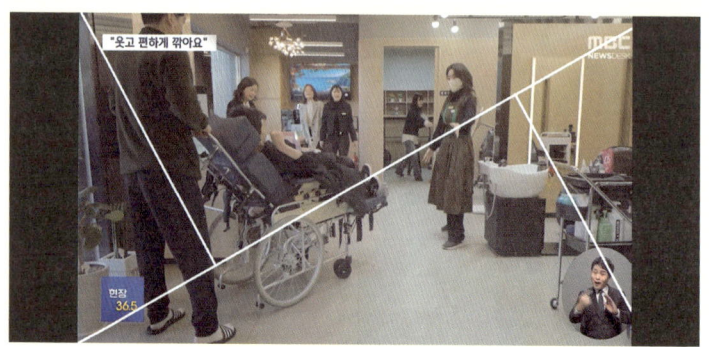

사진 6. 골든 트라이앵글은 균형과 운동성을 동시에 보여주는 구도이다.

선이야. 중요한 요소들을 이 황금나선의 중심 근처 혹은 나선을 따라 배치하면 미적 균형을 추구할 수 있지.

김 ▶ 이 아이템의 숏들 중에도 이 법칙을 적용할 수 있는 것들이 있어요. '사진 7'로 예를 들자면 동진 씨가 정지혜 실장님과 봉사자의 도움을 받아 머리를 감는 풀숏 같은 경우죠. 관심의 초점이 가장 집중되는 동진 씨의 밝은 얼굴이 황금나선의 중심부에 놓이도록 구도를 잡았죠. 또 황금나선의 흐름에 따라 실장님과 봉사자의 모습 그리고 동진 씨의 다리가 배치했어요. 영상기자들 사이에는 '원본 불변의 법칙'이라는 말이 있죠. 영상 편집을 통해 아무리 좋은 스토리텔링을 구현하려고 해도 촬영 원본이 좋지 않으면 소용없다는 말이에요. 그래서 영상취재 단계에서 소재를 자연스럽고 균형감 있게 포착할

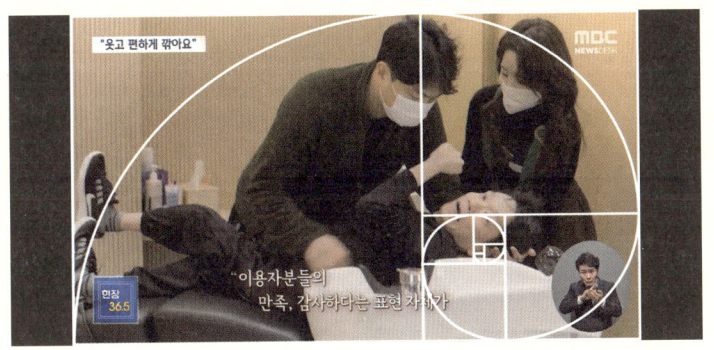

사진 7. 황금비는 고대부터 현재까지 가장 이상적인 비율이라고 여겨져왔다.
요즘은 여러 구도를 투명 플라스틱판 위에 그려서 촬영에 참고하기도 한다.

수 있도록 도와주는, 이런 기본적인 화면구성의 법칙들은 알아둘 필요가 있어요.

박▶ 맞아. 물론 뉴스 영상을 취재할 때 가장 중요한 것은 주제와 관련된 현상 또는 사실을 시청자들이 명확히 인지할 수 있도록 포착하는 거야. 시대의 물결을 바꾸는 특종 장면이라면, 스치듯 잡혀도 그 어떤 아름다운 구도보다 저널리즘적으로 가치가 높다는 얘기야. 하지만 보기 좋은 떡이 먹기도 좋다는 말이 있듯이 미학적 완성도 역시 무시할 수 없어. 뉴스 주제 분석과 구도에 대한 이해를 바탕으로 구성된 화면은 그 자체로 시각적 몰입감을 확대해서 결국 뉴스 전달력에 영향을 주기 때문이지.

8장

"아빠는 9살"…
한 '돌봄 청년'의
이야기

2024년 11월 16일, **김준형 영상기자**

"내가 한 시간 얘기하면 (방송에는) 우는 것만 나가는 거예요."

유튜브 콘텐츠에서 두 청년이 대화를 나눈다. 가족을 돌보느라 많은 것을 포기한, 남들보다 몇 배는 바쁘게 산 청년들. 이상할 게 없는 대화지만 묘하게 낯설다. 밝고 화기애애한 두 사람이 미디어에서 종종 접했던 '가족 돌봄 청년'의 이미지와 달랐기 때문일까? 그들은 항상 지쳐 있고 우울할 것이라는 나의 선입견을 발견했다.

이번 아이템은 부서 내부의 제안으로 시작됐다. 이 아이템 전까지 발제한 소재 대부분이 개인적 경험이나 감정적 동요에서 출발했기에 전달하고 싶은 주제가 명확했지만 이번에는 달랐다. 당시 준비하던 다른 아이템을 제안하고 싶은 마음도 있었지만 가족 돌봄 청년에 대해 알아갈수록 우리 카메라가 조명해야 할 주제라는 생각이 들어 쉽게 포기할 수 없었다.

제작을 준비하며 '희생' '효도' 등 몇 개의 키워드가 떠올랐지만 금세 지웠다. 그들이 불편해하는 표현 중 하나였기 때문이다. 그 이유는 돌봄 청년마다 다르겠지만 늘어난 삶의 무게로 생겨나는 가족에 대한 원망과 죄책감을 더 강하게 짓누르는 말이 아니었을까? 관전자이기에 쉽게 쓸 수 있는 말, 우리 사회가 책임을 회피하기 위해 과거에 그들에게 붙인 '소년소녀가장'이라는 말과 비슷하게 느껴졌다. 현재는 가족 돌봄 청년 혹은 '영 케어러(young carer)'라는 용어를 사용하며 '가장'보다는 무게를 조금 덜어냈다는 생각이다. 하지만 나의 선입견을 되짚으며 미디어의 접근방식은 용어만큼이라도 변한 것이 있는지 한번 돌아보게 되었다.

"쌀이라도 사 먹게 2만 원만…."

아버지를 돌봐야 했던 22세 청년 A 씨가 있었다. 생활고에 시달리다 주변에 보낸 이 메시지는 '간병' 뒤에 '살인'이라는 단어가 붙기 시작한 현실을 단적으로 보여준다. A 씨는 갑자기 쓰러진 아버지를 살리기 위해 값비싼 수술에 동의했다. 그는 빚을 져서라도 병원비를 연체하지 않았고 그 결과 우리 사회는 쌀을 살 돈마저 빌려야 했던 돌봄 청년을 발견하지 못했다.

2021년 어버이날 발생한 이 비극적인 '간병 살인' 사건으로 우리 사회는 돌봄 청년 발굴의 필요성을 절감하기 시작했다. 그러나 내가 이 아이템을 만든 2024년의 상황은 그때와 많이 달라졌을까? 내 대답은 "아니"였다.

스스로 상황을 밝히기 어려운 주제의 특성상 강하라 씨는 힘들게 섭외에 성공한 '가족 돌봄 청년'이었다. 힘들게 섭외했지만 첫 통화를 돌이키면 촬영을 곧장 확정해도 될지 고민되는 지점이 있었다. 우선 그가 사회에서 자리를 잡을 수 있는 31세의 나이였다는 점. 그리고 돌봐야 할 아버지가 예전으로 치면 중증인 2급 지적장애인이었지만 단순한 일상 행동이 가능하다는 점 때문이었다. 쇄골을 다쳐서 쉬기 전까진 건설 현장에서 돈을 벌어오기도 했다. 어려운 환경에서도 비교적 안정적인 일상을 유지했기에 강하라 씨가 돌봄 청년을 대표할 수 있는지 고민이 됐다.

과연 어떤 특성이 돌봄 청년을 결정짓는 걸까? 그 고민으로 이어지자 지금까지 돌봄 청년 발굴과 지원이 쉽지 않았던 이유를 조금은 이해할 수 있었다. 돌봄의 주체, 대상, 상황 등이 가정마다 천차만별이었다. 국가와 사회의 역할이 가장 중요하다는 점은 변하지 않지만, 돌봄 청년 스스로 자신의 상황을 인식하고 드러내고, 또 도움을 요청한다면 복지의 빈틈을 채워나갈 수 있다고 생각했다.

하라 씨는 힘든 상황에도 멘토링, 자조 모임 등을 통해 자신의 돌봄 경험을 나누는 용기 있는 모습을 보여줬다. 그의 이야기가 다른 돌봄 청년들에겐 세상 밖으로 나올 힘을 주고, 사회에는 그들의 이야기에 더 귀를 기울이는 계기를 만들 수 있다고 생각했다.

부녀의 집에 처음 방문한 날, 우릴 반기는 건 밤이었다. 아버님이 직접 주워 삶은 것을 우리 인원수에 맞춰 소분해주셨다. 밤을 건네는 아버님의 미소가 밤보다 따뜻했던 걸로 기억한다. 첫 촬영은 아버님이 보건증을 발급받으러 가는 날에 맞춰서 잡았다. 7세에서 9세 정도의 지능을 가진 아버님이 복잡한 행정 업무를 처리하기 위해선 딸의 도움이 필요했다.

"아빠, 신발 끌지 마."

보건소에 가는 길부터 하라 씨의 잔소리가 시작됐다. 하라 씨의 단호한 말투와 무안해하면서도 순순히 따르는 아버님의 모습에서 그들만의 방식으로 서로를 챙기는 부녀의 일상이 느껴졌다. 보건소에 도착해서도 하라 씨는 채혈실인지 검사실인지 목적지를 확인하지 않고 전진하는 아버님을 붙잡고 서류를 천천히 읽어보라며 멈춰 세우기도 했다. 어린 시절, 걱정과 애정이 뒤섞인 잔소리로 나를 챙기시던 어머니가 떠올랐다. 다만 청년이 된 딸이 정정해 보이는 아버지를 돌본다는 현실에서, 뒤바뀐 역할의 무게가 나에게도 무겁게 전해지는 것만 같았다. 이 돌봄의 무게는 하라 씨의 삶을 어떻게 변화시켰을까?

당장 또래인 내 삶과 비교했을 땐 꿈의 제한을 확인했다. 내 꿈에 제한은 없었다. 경영학을 공부하다가 뜬금없이 카메라를 잡았고 먼 타국에서 경험을 쌓아도 내 삶 하나만 건사할 수 있으면 그뿐이었다. 결국 내 적성과 흥미에 맞는 일을 찾아 감사하게도 이 일을 하고 있지만 배우가 꿈이었던 하라 씨의 삶은 온전히 그의 것이 아니었다. 촬영 현장에서 아버님을 챙겨야 해서 돌아온 일도 있었고 ATM 기기조차 혼자 다룰 수 없는 아버님을 위해 그는 늘 5분 대기조로 살아야 했다.

일정 시간 묶여 있어야 하는 회사에 들어가기는 현실적으로 힘들다고 판단한 하라 씨는 기타를 가르치고 제작하는 프리랜서의 길을 선택했다. 동행 취재를 하는 동안, 지금 하는 일에 대한 하라 씨의 애정을 느낄 수 있었지만 동시에 마음 한구석에 남은 배우에 대한 미련 역시 찾을 수 있었다. "이 모든 게 끝났으면 좋겠다고 생각했어요…." 가장 힘들었던 순간, 하라 씨가 떠올린 생각을 들을 수 있었다. 삶의 무게를 두 배로 짊어진 그 무게감이 나에게도 전해졌다. 그러나 하라 씨에게 무겁기만 했던 '돌봄'의 개념이 변화한 순간이 있었다.

"아빠가 저를 돌봐주는 상황이 왔더라고요."

혈복강으로 쓰러진 하라 씨. 그 곁을 아버님은 지극정성으로 지켰다. 기사에는 담지 못했지만 이 과정에서 하라 씨가 느낀 감동의 순간이 있었다. 너무 놀라 택시를 타고 응급실로 달려온 아버님이, 어려운 병원 서류를 잘 작성했다는 점이었다. 매번 자녀가 챙긴 일을 멋지게 수행한 아버님. 이후로도 자식을 위해 매일같이 미역국을 끓이고 식사와 약을 챙기는 모습에서 하라 씨는 '돌봄은 돌아오는 거구나'라는 새로운 생각이 자리잡았다고 한다.

이후 건강을 되찾은 하라 씨는 돌봄 청년 커뮤니티인 'N인분'에서 활동하며 돌봄 청년의 삶을 알리기 시작했고 멘토링을 통해, 비슷한 처지의 아이들에게 도움을 주기 시작했다. 리포트 구성의 마무리로 필요한 부분도 이 지점이었다. 결국 직접 세상 밖으로 나와야, 각기 다른 상황의 돌봄 청년에게 맞춤식 도움을 줄 수 있다. 여러 선택지가 있었지만 나는 자조 모임을 택했다. 자신의 삶을 솔

직하게 내려놓을 수 있는 모습이 더 용기 있는 모습이라고 생각했기 때문이다.

여러 여행지가 나열된 하라 씨의 꿈 목록과 현실적인 부담. 사람들은 하라 씨의 솔직한 이야기를 통해 돌봄 청년을 알아가고 주변을 둘러보기 시작한다. 어떤 경로로든 이 리포트를 접한 돌봄 청년에게 문밖으로 나올 용기가 되기를, 외로운 돌봄으로 극단적인 처지에 놓인 누군가에게 작은 희망이라도 되기를 바라며 이 리포트를 만들었다.

"기자님 도와주세요."

2025년 3월 초, 하라 씨에게서 연락이 왔다. 놀란 마음에 켜본 메신저엔 재밌게도 '한복 미인 선발 대회' 투표 링크가 있었다. 하라 씨는 또다른 시작을 하고 있구나. 고된 일상 속에서도 자신의 꿈을 찾아가는 그의 모습에 뭉클하기도 했다. 동시에 뜨끔했다. 봄이 왔지만, 이 취재기를 쓰기 시작한 늦가을에 내가 멈춰 있는 것 같은 느낌이었다.

하라 씨를 응원하는 댓글 중에 "자신을 잘 돌봐야 타인도 잘 돌볼 수 있어요"라는 말이 기억났다. 때로는 우리 뉴스도 외면받는 이들을 돌보는 일처럼 느껴진다. 그렇기에 내 삶을 돌보는 것이 첫걸음일지도 모르겠다. 내가 건강하게 서 있어야 타인의 문제에 더 깊이, 오래 공감할 수 있으니까. 그래서 4개월을 묵혀둔 이 글을 먼저 제대로 마무리하고, 다음 〈현장 36.5〉 취재를 준비한다.

기자들의 대화

시청자의 시야를 고려한 뉴스 제작

박 팀장(이하 박)
김 기자(이하 김)

박 ▶ 주제를 선정할 무렵에 김 기자와 나눴던 대화가 생각나. 내가 한참 이야기를 듣다가 "아, '소년소녀가장' 이야기를 하려는 거야?"라고 물었지. 그때 난 '돌봄 청년'이라는 명칭이 있다는 사실도 몰랐어. 솔직히 처음에 주제 설명을 듣고는 반신반의했어. '과연 하라 씨의 이야기가 흡입력 있는 뉴스로 만들어질 수 있을까?'라는 의문이 들었지. 너무 세속적으로 들릴지는 모르겠지만 '초등학생이 아픈 부모를 돌보는 것이 아닌데 그림*이 될까?'라고 생각했어. '서른 살이 넘은 자식이 부모를 돌보는 게 대단할 게 있을까?' '녹록하지 않은 현실을 살고 있을 시청자들이 과연 이 이야기에 공감할 수 있을까?' 의구심이 들었어. 하지만 편집실에서 촬영 원본을 보고 금방 나의 편협한 생각을 반성하게 되었지.

* 방송 뉴스의 특성상 영상이 매력적인 소재는 흥행성을 담보하는 경우가 많다. 그래서 팀장은 기자의 발제에 '그림이 되냐?'라고 물어보는 경우가 종종 있다.

김 ▶ 팀장님 입장에서 썩 내키지 않으셨던 이유를 알 것도 같아요. 우리 뉴스의 주 시청층인 50~60대에서는 부모를 봉양하는 게 당연하다고 느낄 수도 있고요. 하지만 전 개인적으로 하라 씨와 비슷한 또래라서 그런지 너무나 공감되고 안타까운 마음이 들었어요. 언제든 아버지를 돌볼 여유가 있는 일을 해야 해서 본인의 꿈을 제대로 펼쳐보지도 못하는 모습이 저와 대조적으로 느껴졌거든요. 저는 제가 하고 싶은 걸 이루기 위해 살아왔고 가족을 위해 자신을 크게 희생한 기억이 별로 없어요. 오히려 제가 아직도 가족들에게 걱정과 돌봄의 대상이죠. 더욱이 하라 씨와 비슷한 상황에 놓인 청년이 너무 많다는 사실을 안 뒤로는 이런 또래 청년들에게 힘을 실어주고 싶다고 생각했어요. 사회시스템의 변화도 유도하고 싶었고요. 그럼에도 늘 밝은 모습으로 살아가는 하라 씨가 마냥 동정의 대상으로 그려지는 건 원치 않았어요. 그래서 '사진 1'처럼 도입부에 하라 씨가 "자개가 많으면 기분이 좋거든요"라고 장난스레 말하는 인터뷰도 넣었죠.

박 ▶ 뉴스는 시대상을 반영하는 창구잖아. 지금 뉴스를 보면 별로 대수로울 게 없지. 하지만 시간이 지나서 다시 보면, 당시에 사람들은 어떻게 살았는지, 어떤 게 유행했는지 알 수 있어. 그런 맥락에서 뉴스를 만드는 행위를 역사를 기록하는 행위와 동일하게 보는 시선도 있는 거고. "자개가 많으면 기분이 좋거든요"라는 말도 마찬가지지. 요즘 코미디 프로그램에서 재조명된 이 유행어는 사실 1990년대 뉴스에

사진 1. 1990년대 뉴스에서 방송된 인터뷰 말투가 2020년대 뉴스에 다시 등장했다.

방송된 사람들의 말투잖아? 당시 인터뷰가 1990년대 서울 사람들의 어투를 잘 보여주고 있고, 거기에 요즘 세대 시청자들이 흥미를 느끼는 거지. 뉴스가 너무 장난처럼 보여서는 안 되겠지만 적절히 트렌드를 반영할 필요도 있어. 그 자체가 지금의 역사성을 반영하는 거니까. 예를 들어 몇 년 전에는 〈진격의 거인〉이라는 일본 애니메이션이 유행해서 뉴스 제목에서 '○○의 진격'이라는 표현을 자주 볼 수 있었지. '봄꽃의 진격' '진격의 반도체' 뭐 그런 것들이었어. 다만 일부 시청자들만 알아들을 수 있는 표현은 아닌지 한 번쯤은 고민해봐야겠지?

❶ 뉴스 영상의 인지적 특성

박 ▶ 이번에는 시청자의 편의를 고려한 뉴스 제작에 대해 한번 대화를 나눠보려고 해. 평범한 시청자들와 관련한 인지능력이나 패턴을 이해하고, 이를 기반으로 뉴스를 만들어보자는 취지지. 특히 이번에는 시청자들의 시야가 가지는 한계를 이야기해보고 싶어. 그런 다음에 이런 한계를 고려해서 뉴스의 편집 리듬은 어떻게 유지해야 하는지, 피사체는 어떤 식으로 배치해야 하는지 의견을 나눠봤으면 좋겠어. 모두 내가 저연차일 때 신경썼던 이슈들이라 김 기자 역시 관심이 있을 것 같아.

김 ▶ 제가 영상기자 생활을 시작한 지 그리 오래되지는 않은 관계로 비슷한 고민을 하는 게 사실이에요. 물론 확실한 정답이 있는 게 아니다 보니, 선명한 결론에 도달하지는 못했지만 제 나름의 기준으로 뉴스 영상을 만들고 있죠. 뭔가 확신이 생겨서 영상 구성에 좀더 거침이 없었으면 좋겠네요. 제가 생각할 때 시청자의 편의를 고려해야 하는 이유에는 우선 뉴스가 지니는 매체적 특성 때문이라고 생각해요. 뉴스 소비 경향이라도 말할 수 있는데, 사람들은 극장에서 돈을 내고 영화를 관람할 때처럼 뉴스를 적극적으로 시청하지는 않는다는 거예요. 그만큼 뉴스를 보는 시청자의 집중력 역시 영화에 비해 상대적으로 약하다고 봐도 좋겠죠? 그런 맥락에서 시청자들이 뉴스에 집중하지 않으면서도 내용에 대한 이해는 놓치지 않도록, 영상을 전략적으로 구성하는 것도 필요하고요.

박 ▶ 뉴스의 그런 태생적 한계가 있지. 뉴스가 영화나 드라마에 비해 핸디캡을 가지는 부분은 그뿐만이 아니야. 뉴스는 영화와 비교해서 사람들의 집중이나 이해를 도모하는 데 취약한 구조를 가지고 있어. 영화 속에는 보통 대화나 액션 장면처럼 영상과 소리가 하나의 패키지로 묶인 경우가 많아. 그래서 사람들은 이런 구성 요소들의 배열을 눈과 귀로 자연스레 따라가면서 스토리를 이해하면 되지. 하지만 뉴스에서 기자가 출연하는 스탠드업이나 인터뷰를 제외하면 영상과 소리가 따로 작용하는 경우가 비교적 많은 편이야. 예를 들어 기사가 언어적 정보를 던지면 영상은 시각적 정보로 이를 부연하거나 보강하고, 어떤 때는 또다른 정보를 추가하기도 한다는 거지. 공감각을 활용하는 만큼 이해도 좀더 어려울 수 있겠지?

김 ▶ TV 뉴스에서는 기사와 영상이 역할을 따로 수행하는 경우가 많죠. 영상이 단순히 기사의 밑그림 성격으로 활용되는 경우도 있고요. 물론 뉴스에 따라서는 기사가 영상을 있는 그대로 설명하는 형식도 있죠. 이런 경우에는 기자가 시청자를 대신해서 영상을 해석하는 만큼, 영상을 이해하는 데 들어가는 수고가 덜하겠죠. 하지만 그런 경우가 아니라면 시청자가 영상을 차분히 음미하고 이해할 수 있는 충분한 시간이 필요하다고 생각해요. 한편 영화나 드라마 영상은 감정이나 재미, 미적 가치 등의 요소들을 부각하면서 이야기를 전달하는 데 집중하죠. 반면에 뉴스 영상은 화면이 포함하는 시각 정보를 부각하면서 사실관계를 이해하도록 돕는 게 우선인 경우가 많아요. 그런 이유로 영화에서 관객의 감정을 조율하기 위해 컷 변화의 속도를 조절하는 것처럼, 뉴스에서도 화면이 포함한 정보의 양이나 성격에 따라 편집 속도를 조절하는 게 중요하죠. 시청자의 이해를 돕는 데 필수적이니까요.

❷ 시야와 인지능력의 고려

박 ▶ 인간이 지닌 시각 정보에 대한 처리 속도도 그 한계가 명확하지. 우리의 청각신경은 많은 악기가 연주하는 복잡한 오케스트라 연주를 듣고 복합적으로 이해하고 아름답다고 생각하는 것과는 차이가 있어. 시각은 한꺼번에 너무 많은 정보가 쏟아져들어오면 시각신경과 뇌에서 이를 제대로 소화하지 못하지. 마치 컴퓨터에서 오디오 파일은 저용량으로 저장할 수 있지만 비디오 파일을 저장하기 위해서는 훨씬 더 큰 저장 공간이 필요한 것과 유사한 논리야. 그런 맥락에서 뉴스를 제작할 때는 화면 변화의 속도를 적절하게 제어함으로써 시청자들의 시각적 인지능력의 한계를 넘지 않는 게 중요해. 파라 아이스하키 관련 아이템을 다루면서 영상편집의 리듬을 이야기했던 적이 있어. 하지만 당시에는 속도라는 개념을 동적 혹은 정적인 감정을 조성하는 것과 결부하는 정도였지. 이번에는 전반적인 편집 속도를 시야와 이해도에 맞춰서 생각해봤으면 해.

김 ▶ 제가 들은 바로는 이런 비슷한 고민은 상업영화 시장에서 먼저 시작되었다고 해요. 과거 디즈니나 픽사처럼 애니메이션을 제작하는 회사에서는 다이내믹한 영상을 만들기 위해 컷 변화 속도를 빠르게 바꿨다고 해요. 1초도 채 지나지 않아 컷을 바꾸는 식이죠. 그런데 문제는 관객들이 이런 빠른 컷들의 변화 속에서, 주 피사체를 제외하고 화면 외곽에 위치한 정보들은 뭐가 뭔지 아예 알아채지 못했다는 거예요. 빠른 전개 속에서 관객들은 이야기를 이해하기 위해 꼭 봐야 하는 주 피사체의 움직임을 따라가기에도 바빴던 거죠. 부수적인 배경 같은 건 보고 이해할 물리적 시간도 안 되고, 시각과 연결된 우리의 뇌도 능력이 안 되는 건 마찬가지였을 거예요.

박 ▶ 컴퓨터로 그림을 그리지 않던 시절, 애니메이션을 만드는 회사 입장에서는 관객들이 보지도 못하는 스크린 외곽을 채우기 위해서 많은 돈과 시간을 투자했겠지. 고민이 많았을 거야. 더욱이 영화는 텔레비전보다 화면의 가로 비율이 넓어서 더 많은 배경 정보가 포함되잖아? 그래서 비용을 줄이기 위한 노력의 일환에서라도 이런 관객들의 인지 패턴을 제작에 반영했을 것 같아. 예를 들어 빠른 컷 전환에서는 배경을 단순하게 한다거나 피사체 크기를 확대해서 영상 정보량을 줄이는 시도 등이 있었겠지. 물론 영화에서는 영상의 완성도나 감동 같은 요소가 더 중요할 때도 많아서, 꼭 이런 선택을 하지 않는 경우도 있을 거야. 하지만 뉴스에서는 무엇보다 영상 정보의 이해에 제작의 초점을 맞추기에 시청자의 인지능력이나 인지 패턴을 반영하는 경우가 우세하지.

김 ▶ 뉴스도 커뮤니케이션 활동이라 효과적인 내용 전달을 위해서는 정보를 이야기 구조에 넣는 경우도 있죠. 그래서 때로는 뉴스의 템포를 조절해가며, 시청자들이 이야기의 흐름에 동화될 수 있도록 분위기를 자아내는 것도 필요해요. 대표적으로 빠른 편집 리듬으로는 긴장감을 조성하고, 긴 리듬으로는 인물의 심리를 세밀히 묘사하는 식이죠. 이렇듯 속도 제어로 조성한 감정적 요소들도 뉴스 전달의 효율성을 높이는 데 기여하는 측면이 있어요. 그럼에도 뉴스의 속도를 고려할 때, 가장 중요한 것은 정보의 사실적 전달과 이해라는 가장 기본적인 제작 가치겠죠? 그런 의미에서 뉴스 템포를 결정하는 일은 컷 하나에 담긴 사실을 시청자가 충분히 인지하고 해석할 수 있는 시간이 있느냐를 판단하면서 시작해야 해요.

박 ▶ 영상기자는 이미 영상 정보에 대한 사전 지식이 있어서, 시청자들보다 뉴스를 빠르게 이해할 수 있어. 편집할 때는 이런 부분까지 감안해서, 한 컷에 담긴 정보를 언어 논리적으로 해석할 시간이 충분한

지 확인해야 해. 참고로 편집된 영상을 리뷰할 때, 영상이 담은 정보를 문장으로 되뇌어보는 것도 하나의 방법이 될 수 있어. 문장으로 구성하기 좀 빠듯하다고 느껴지면 컷 길이를 조금씩 늘리고, 그 반대면 좀 줄이는 방식이지. 여러 숏의 배열을 보며 정보를 해석해야 할 때는 숏 크기와 그에 해당하는 역할을 확인하면서 속도를 검증하면 효율적이야. 이런 경우 숏들은 마치 개별 단어나 문장처럼 각자의 역할을 하며 서로 유기적으로 연결되어 있기 때문이지. 예를 들어 롱숏은 '언제' '어디서'라는 개념을 제대로 설명하는지, 풀숏이나 미디엄숏은 뉴스 속 인물인 '누가'에 대한 설명으로 충분한 길이인지, 클로즈업은 '어떻게' '왜'라는 개념을 설명하기에 충분한지 확인하면 돼.

❸ 이해하기 쉬운 영상

김 ▸ 뉴스는 2분 정도의 비교적 짧은 시간에 정보를 간결하게 전달한다는 특징이 있잖아요? 얘기하신 방식을 활용하면 각각의 컷이 뉴스 전체의 메시지를 전달하는 과정에서 제 역할을 충분히 했는지 확인할 수 있겠네요. 그럼 이번 아이템에서 제가 시청자의 시야와 인지 능력을 고려해서 뉴스의 속도를 결정한 사례를 볼까요? 우선 뉴스의 도입부를 보면 하라 씨가 프리랜서로 일하는 기타 공방을 보여주는 '사진 2' 풀숏이 있어요. 뉴스의 주인공이 놓인 환경을 처음 보여주는 장면이라, 시간을 충분히 할애해서 인물과 배경 정보를 조화로이 보여주는 게 일반적이죠.

하지만 이 풀숏에서 굳이 공방의 시설 같은 부수적인 정보들을 오래 노출할 필요는 없겠다고 판단했어요. 이야기의 중심이 인물의 삶이라 시청자의 시선은 뉴스에 처음 등장하는 하라 씨에게 갈 가능성이 크고, 그만큼 화면 외곽 정보들은 보이지 않을 거라고 예상했기 때문이죠. 그래서 구태여 공방 전체를 보여주는 데 오랜 시간을 쓰지 않았어요. 그 대신에 시청자의 시선이 흩어지지 않도록 하라 씨를 화면 가운데 배치하고, 화면의 오른쪽은 영상 정보가 없는 네거티브 스페이스로 만들었죠.

사진 2. 하라 씨가 일하는 공간이 이 풀숏에서 뉴스에 처음 등장한다.

반면 화면을 가득 채운 클로즈업들로 하라 씨가 하는 일을 보여주는 부분은 원래 빠른 속도로 편집하는 게 통상적이죠. 클로즈업은 시각 정보량이 적어서 빠르게 편집해도 이해에 큰 무리가 없고, 그런 편집이 리듬감을 조성하는 데도 유리하죠. 하지만 '사진 3' '사진 4'처럼 클로즈업 편집의 리듬이 하라 씨의 표정과 행동을 너무 가볍게 묘사할 수 있다는 생각으로, 충분히 길게 보여주려고 노력했어요. '사진 5'처럼 아버지의 인터뷰를 담은 클로즈업의 경우도 마찬가지였죠. 진지한 부정(父情)을 담은 영상을 시청자들이 충분히 느낄 수 있도록 슬로모션까지 적용해서 컷의 길이를 늘리려고 시도했죠.

박 ▶ 원래는 화면이 지닌 메시지의 정보량을 기반으로 편집 속도를 결정하는 게 일반적이지. 하지만 그것보다 더 중요한 의미를 전달하려는 목적이 있다면, 신축성 있게 템포를 결정할 수 있다고 생각해. 아버지의 인터뷰에서 좋았던 부분은 배경을 단순화하기 위해 외곽의 시각 정보들을 배제한 것이었어. 역광을 활용한 건데 과감하고 현명한 시도였다고 생각해. 일반 뉴스에서는 인물의 캐릭터를 설명하기 위해, 배경에 인물을 설명할 수 있는 피사체를 배치하려고 노력하잖아? 대학교수의 경우 원서가 가득 꽂힌 연구실 책장을 배경으로 인터뷰하는 식이지. 하지만 그런 부차적인 시각 정보들이 메시지의 힘을 분산하는 경우도 있어. 바로 아버지의 인터뷰 같은 경우지. 그래서 아버지의 표정과 말에 시청자의 시선이 오롯이 모이도록 하기 위

사진 3과 사진 4. 비록 정보량은 많지 않은 숏들이지만 편집 속도는 빠르지 않게 유지했다.

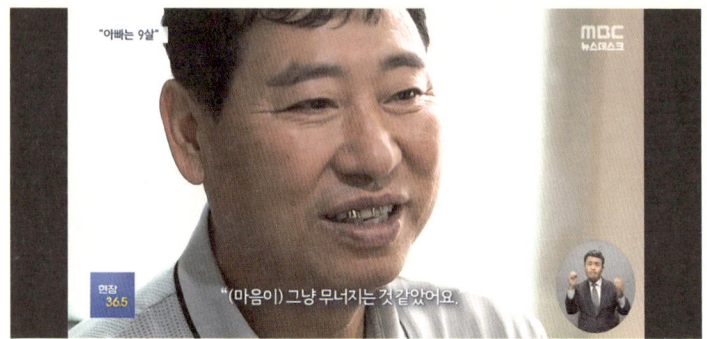

사진 5. 말과 표정에 시선이 집중되도록
배경을 단순화하고, 느린 편집을 추구했다.

해서는 아버지의 얼굴을 부각하고, 외곽 이미지를 없애고, 컷의 길이도 충분히 길게 늘려야 해.

김 ▶ 뉴스 시간이 한정됐는데 편집 리듬을 계속 느리게 가져가는 건 한계가 있어요. 그래서 리듬은 그대로 유지하면서 배경이나 대상 크기를 조절하는 방식으로 영상 정보가 시청자의 시야에 머물도록 하는 것도 필요하죠. 전에 선배와 한번 이야기를 나눈 적이 있는 아이픽스*도 같은 맥락에서 생각할 수 있어요. 이번 아이템에서도 '사진 6' '사진 7'처럼, 이어지는 숏들의 사이즈 차이가 크게 발생하는 지

---

* eye fix. 시청자 시야의 한계를 이해하고, 시청 편의를 제고하기 위한 시각적 기법이다. 시청자 시선을 화면의 특정한 방향으로 유도하거나 특정 피사체에 집중하도록 만들어서, 시청자의 시선이 프레임에 자연스레 이동하도록 한다.

사진 6과 사진 7. 뒤따르는 화면의 피사체 위치를 앞선 화면에서 원래 피사체가 있던 곳에서 많이 벗어나지 않게 배치하면, 효율적인 속도와 이해를 도모할 수 있다.

점에서는 피사체 위치에 대해 신경을 많이 썼어요. 시야에서 벗어난 피사체를 찾기 위해 시청자가 보내는 시간을 줄일 수 있다면, 컷의 길이를 늘리지 않고도 효율적인 영상의 흐름을 조성할 수 있죠.

❹ 시야의 한계, 37.5도

박▶ 지금까지는 우리의 시야를 뉴스 속도와 연관해서 이야기해왔어. 이번에는 이와 상관없이 인간의 시야 그 자체를 한번 알아봤으면 해. 시야는 우리 시각으로 확인할 수 있는 범위를 말하지. 디스플레이 크기와 상관없이 사람은 어떤 한곳에 시선을 집중하면 시야는 좁아진다고 해. 앞에서도 말했지만, 정면에서 멀어진 외곽 정보들은 잘 인지하지 못하는 거지. 진짜 넓은 시야를 타고난 사람이 아니고서는 가장자리에 위치한 정보까지 알아채기 위해서는 엄청난 에너지를 소비해야 해. 비슷한 이유로 초식동물은 천적의 접근을 쉽게 인지하기 위해 눈이 양쪽 측면에 있어. 거의 360도에 근접하는 시야를 확보할 수 있지. 반면 사람의 시야는 보통 180도 정도로 사냥을 주로 하는 육식동물과 비슷하다고 해.

비록 인간의 시야가 180도에 가깝다고 하더라도 선명히 초점이 맞는 부분은 약 40도에서 60도 사이라고 해. 우리가 50mm 렌즈를 표준 렌즈라고 부르는 이유 역시 46도 정도의 화각으로 인간의 시야와 매우 유사한 영상을 찍을 수 있기 때문이지. 참고로 보도사진을 예술의 영역으로 끌어올렸다고 평가받는 앙리 카르티에 브레송 같은 사진가도 이런 50mm 표준 단렌즈를 주로 사용해서 사진을 찍었다고 해. 물론 휴대성, 민첩성 등 다양한 이유가 있었겠지만 내 생각으로는 포토저널리즘을 하는 사람이었던 만큼 인간의 시야에 대한 고려도 있었을 것 같아. 하지만 실제로 인간의 시야는 이보다 훨씬 더 한정적이라고 해.

한 실험에 따르면 우리 눈이 실제로 컬러라고 인식하는 시야는 약 37도라고 해. 집중이 필요한 글을 읽을 때는 더 축소되는 경향이 있어서 10도 이내로 시야가 좁혀지고. '시선 추적기(eye tracker)'라는 장비를 활용한 재미있는 실험 결과를 한번 볼까? 사람이 바라보는 부분 이외의 영역을 흑백으로 바꾸면서, 참가자들에게 주변부의 색이 바뀌는 걸 지각하는 순간 버튼을 누르도록 했지. 그 결과 참가자 절반은 17.5도 이내를 제외한 나머지 부분을 흑백으로 바꿨음에도 전혀 인지하지 못했다고 해. 참가자들이 외곽의 색 변화를 인지했을 때의 평균 시야각은 37.5도라고 하는데 이는 보통 표준 렌즈의 가장 긴 초점거리를 70mm로 봤을 때의 화각과 유사한 수치라고 볼 수 있어.*

❺ 시선을 모으는 기법들

김 ▶ 생각보다 우리 시야의 폭은 넓지 않군요. 이런 특성까지 고려해서 화면을 구성하는 제작 방식도 필요할 것 같네요. 시청자 절반 이상이 쉽게 인지할 수 있는 시야각이 17도 정도라면 135mm 망원렌즈로 바라보는 화각과 비슷하죠. 그렇다고 해서 초점거리가 긴 렌즈만을 활용하는 방식으로 시야를 좁힐 수는 없어요. 그래서 시청자의 시야를 프레임에서 피사체 쪽으로 좁히는 다양한 기법도 알아야 하고요. 많은 방법이 있겠지만 저는 특히 즐겨 쓰는 테크닉이 몇 가지 있어요. 먼저 풀숏을 찍을 때 주로 활용하는 방식인데 네거티브 스페이스를 만들어서 화각을 축소하는 거죠. 전경에 특정 사물을 배치하고 주 피사체에만 포커스가 맞도록 하면 프레임의 일부분은 시각 정보가 전혀 없는 공간으로 만들어져요. 결국 시청자의 시선은, 축소된 화각으로 조성된 화면 일부분에만 머물면 되죠. '사진 8'에서 하라 씨가 비슷한 처지에 있는 청년들과 만나 고민을 나누는 신에서

---

* 권만우, 『눈은 알고 있다』, 서울인스티튜트, 2023, 129~133쪽 참조.

사진 8. 네거티브 스페이스로 16:9 화면이 4:3 비율로 축소되는 효과가 만들어졌다.

도 이런 기법을 확인할 수 있어요.

박 ▶ 이번 아이템 곳곳에서 그런 시도를 찾아볼 수 있었어. 미적인 가치도 살리면서 망원렌즈를 활용한 것처럼 시청자의 몰입도 유도하는 좋은 시도였어. 비슷한 방식이지만 조금 다른 기법도 볼 수 있었어. 바로 더티숏*을 활용한 방식인데 이것 역시 시야를 좁히는 데 효과적인 역할을 했어. 방송 현장에서 소위 데마이**라고 부르는 기법을 활용해서 시청자의 시야를 축소하는 건데, 이것 역시 화면의 입체감도 높이고 시선도 모을 수 있는 일거양득의 효과를 거두었지. 이번

---

* dirty shot. 주 피사체 이외의 사물이나 다른 사람의 신체 일부가 화면에 등장하는 숏으로 클린숏의 반대 개념이다.

** 오버더숄더숏처럼 전경에 피사체의 일부를 위치시키는 숏이다.

아이템에서는 다양한 피사체를 전경에 걸리도록 해서 이런 숏을 만들었지. 좀 다른 맥락의 이야기인데, 이런 기법은 움직이는 피사체를 찍을 때보다 정적인 대상을 찍을 때 그 효과가 더 큰 것 같아. '사진 9' '사진 10'을 예를 들면, 인물처럼 움직이는 대상은 시청자의 시선이 자연스레 가기 마련인데, 벽에 붙은 포스터 같은 경우는 그렇지 않지. 또 하나의 부정적인 측면은 클린숏으로 포스터 같은 걸 찍으면, 시청자는 뭔가 직접적인 메시지를 주입받는다는 뉘앙스를 느낄 수도 있어. 하지만 더티숏으로 찍으면 기본적으로 전경에 있는 대상과 포스터가 연결되는 듯한 느낌을 조성할 수 있지. 그래서 시청자들은 포스터라는 직접적인 메시지보다 오히려 기법이 만들어낸 두 피사체 사이, 즉 전경에 있는 사람과 후경에 있는 포스터의 관계에 더 마음이 가는 경우가 많아. 그런 맥락에서 보자면, 더티숏은 특정 피사체와 시청자 사이에 필터 혹은 감정적 완충장치 같은 걸 넣음으로써, 직설적인 느낌을 완화하는 장점도 있어.

김 ▶ 팀장님이 방금 얘기하신 테크닉들은 중급 아니면 고급 단계인 것 같아요. 시청자의 시야를 고려한 화면구성 중 가장 쉬운 것은 화면 채우기(fill the frame)라고 볼 수 있어요. 위에서 언급한 기법들은 주로 화면에 피사체를 배치하고 조합하는 행위인 컴포지션과 관련하죠. 하지만 화면 채우기의 경우는 강조하고 싶은 피사체의 특정 요소를 포착하는 프레이밍과 더 밀접해요. 주로 '사진 11' 클로즈업이나 익

사진 9와 사진 10.
전경에 있는 피사체로 불필요한 정보를 가리면서,
주 피사체로 시청자의 시선을 모아준다.

스트림클로즈업숏으로 피사체를 아주 크게 포착하기에, 배경도 없어지고 시야는 좁아져서 시각 정보는 축소될 수밖에 없죠. 그래서 시청자의 해석 과정도 간단하고 명료해지는 거고요. 한편 렌즈의 얕은 심도를 활용하는 기법도 시야를 모을 수 있는 기본적인 방법이죠. '사진 12'처럼 주 피사체에만 포커스를 맞추고 나머지 배경들은 흐릿하게 잡히도록 해서 시선을 집중시키는 거예요. 만약 조명을 조절해서 배경의 조도를 낮출 수 있다면, 배경으로 가는 시선을 더 효과적으로 통제할 수 있겠죠?

박 ▶ 이렇게 기본적인 방법들이 있었는데, 어려운 부분을 먼저 언급한 것 같네. 뉴스 영상은 이해하기 쉽도록 단순하게 만드는 게 좋지. 난 관리자로서 제작 완성도 부분도 꽤 신경쓰는 편이잖아? 그래서 더티 컷이나 네거티브 스페이스처럼 심미적인 가치를 높이는 기법이 먼저 떠올랐나봐. 짧은 뉴스는 심플한 게 최고지. 화면의 구성이든 카메라의 움직임이든 영상의 모든 구성 요소가 정돈된 느낌을 주는 게 좋아. 늘 이야기하는 거지만 뉴스의 형식이 뉴스의 메시지를 압도하지 않도록 영상을 제작하는 것이 중요하기 때문이야.

이번에 논의한 것은 주로 시야의 한계를 고려해서 화면 속의 시각 정보를 축소하자는 내용이었어. 표현의 효율성에 치중한 논의였다고 할 수 있지. 이는 원론적인 언론관과 상충하는 부분이 있어. 예를 들자면 프레임에 되도록 많은 영상 정보를 제공해서, 시청자들이 선

사진 11. 화면을 가득 채운 익스트림클로즈업은
시야를 좁혀서 해석의 여지를 줄인다.
사진 12. 후경의 포커스를 흐리게 만드는 것도
시야를 좁히는 기본적인 기법이다.

택적으로 보고 판단할 수 있도록 하자는 딥포커스* 같은 개념과 배치되지. 하지만 영상기자 입장에서는 정답이 있다고 생각하기보다는, 두 가지 의견을 모두 이해하고 제작 과정에서 절충점을 찾아가는 게 이상적일 수 있어.

---

* deep focus. 화면의 모든 범위에서 초점이 맞아 모든 피사체가 선명하게 보이는 것을 말한다. 시각 정보량이 증가하는 효과가 있다.

3

지역, 먼 곳이 아닌 주변의 이야기

9장

'조선소 훈민정음'… 언어장벽 허물기

2023년 11월 26일, **위동원 영상기자**

마이너리티

　신문을 읽다가 흥미로운 기사 하나가 눈에 띄었다. 우리나라에서 공부하거나 일하는 외국인 노동자들을 위해 한 대학의 교수들이 특별한 책을 집필했다는 소식이었다. 과연 무슨 책이길래 신문에까지 났을까? 호기심이 발동했다. 기사의 골자는 교수들이 일반적인 한국어 교재가 아닌, 외국인 노동자용 '용접 전문용어 한글 길라잡이'를 만들었다는 것이었다.[*]

　외국인 노동자. 우리나라 사람들이 주저하는 일들을 도맡아 하며, 어느새 산업 현장에서 없어서는 안 될 존재가 되었다. 하지만 그들을 바라보는 우리 사회의 시선은 늘 곱지만은 않다. 뉴스에 등장하면 으레 혐오 댓글이 달릴 만큼, '마이너리티'라는 그늘에 사는 게 사실이다. 그들에 대한 근거 없는 배척의 시선을 거두고, 같은 사회 구성원으로서 공존할 수 있는 방안을 모색해야 할 시점이다. 그래서 기사 속 교수들의 시도는 참신하게 느껴졌다. 또 우리 사회를 바람직한 방향으로 한 걸음 나아가게 하려는 노력이라는 생각도 들었다. 이번 아이템에서는 이런 외국인 노동자에 대한 공존의 메시지

---

[*]　김형준, 「"용접 삽화까지 상세히" 외국인노동자 위한 '조선소훈민정음' 만든 교수들」, 〈한국일보〉, 2023.11.08.

를 마이너리티라는 키워드와 함께 이야기하고 싶었다.

특수목적 한국어 연구소

경기도 양주시에 위치한 서정대학교, 이 학교에 세워진 특수목적한국어연구소 소속 교수들이 이 책을 집필했다. 곧바로 학교에 연락하니, 손혜진 연구소장님과 연락이 닿았다. 책을 만들게 된 배경은 이러했다. 이 학교 학생 대다수는 산업 기술을 배우기 위해 우리나라에 온 외국인 유학생이었다. 여러 전문 기술을 가르치는 이 학교는 조선업, 자동차 제조업, 건설업 등 우리나라의 다양한 산업 분야로 외국인 학생들을 진출시켰다.

하지만 기술 교육만으로는 부족했다. 현장에 투입된 외국인 졸업생들이 한국어 의사소통은 가능했지만 현장에서 쓰이는 전문용어를 이해하지 못해 적응에 난항을 겪는다는 소식을 접한 것이다. 업무와 관련한 이런 소통의 오류는 단순히 불편함을 넘어 안전사고로도 이어진다는 게 더 큰 문제였다. 이를 개선하고자 하는 노력으로 탄생한 노작이 바로 현장 용접 전문 한국어 교재 『용접 한국어』였다. 물론 『용접 한국어』는 책 자체만으로도 좋게 평가받을 만하다. 하지만 나는 이번 취재를 통해 이 책에 좀더 큰 의미를 부여하고 싶었다. 그건 이 책이 다문화사회로 빠르게 진입하고 있는 우리나라에서, 이주노동자들과 더불어 살기 위한 노력의 산물로 나왔다는 것이다.

"우리는 외국인이라 현장 용어를 잘 모르잖아요…."

우즈베키스탄에서 유학을 온 빌로리디 씨가 가장 먼저 토로한 부분이다. 모국에서부터 한국어를 공부했다는 빌로리디 씨는 수준급의 한국어를 구사해서 나를 깜짝 놀라게 할 정도였다. 하지만 공부하면서 가장 어려운 것이 무엇이냐는 질문에 돌아온 답은 의외로 '언어'였다. 몽골에서 온 뭉흐 씨도 한국인이 아닌가 싶을 정도로 한국어 발음이 정확했다. 하지만 그 역시 일상에서 전혀 쓰이지 않는 전문용어들("판넬에 어스선을 연결하세요") 때문에 처음에는 수업 내용을 전혀 이해할 수 없었다고 토로했다. 물론 지금은 이 학생들을 비롯한 모든 동급생이 『용접 한국어』를 교재로 수업을 해서, 어려움을 일부 덜어냈다고 한다. 이 책 덕분에 현장 전문용어를 조금이나마 선행할 수 있는, 소위 말해 운 좋은 학생들이 된 것이다. 그럼 이 책이 없었던 시절엔 어땠을까?

학교측의 소개로, 베트남에서 온 반하이 씨를 만날 수 있었다. 베트남 출신인 반하이 씨는 서정대학교를 졸업하고 우리나라 대기업 조선소에 취업한 용접 기술자이다. 그가 학교를 다녔을 당시엔 『용접 한국어』가 있기 전이었다. 전문용어에 대한 심층적인 교육

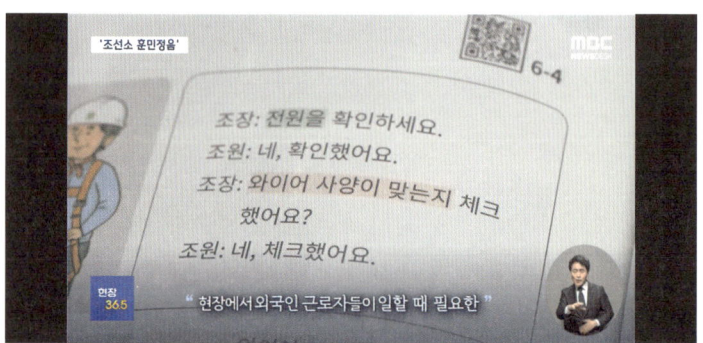

없이 온전히 기술만 배워 졸업한 사람이었다. 내가 만난 반하이 씨는 한국어가 그리 유창하지 않았다.

언어보다는 기술 위주의 교육이 이루어진 탓에 한국어 실력이 다소 부족한 게 아닌가 하는 개인적인 생각이 들었다. 명확한 부분은 한 가지가 있었는데 반하이 씨도 일상적인 한국어 대화는 가능했다. 하지만 조선소 용접 현장에서 쓰이는 전문용어가 너무 생소한 나머지 업무 적응이 힘들었다고 했다. 『용접 한국어』 출판 과정에서 현장 자문을 맡은 조선소 인재개발부 이양국 직장도 인터뷰에서 전문용어 불통으로 인한 안전사고 우려를 가장 강조했다.

우리 사회의 일원으로서

"몽키 스패너로 볼트를 조이세요. 와이어 돌출 길이가 너무 기니까 절단하세요." 용접 기술을 배우고 있는 외국인 학생들이 접하는 용어다. 우리에게는 그다지 어려운 말처럼 들리지는 않을 것이다. 하지만 외국에서 온 학생들에게는 너무나도 어려운 단어들이다. 특수목적한국어연구소 교수님들은 이번에 개발한 『용접 한국어』 교재 외에도 '자동차 한국어'를 집필중이고, 나아가 더욱 다양한 산업 분야로 진출을 도와줄 한국어 교재를 만들 계획이다. 코리안드림을 꿈꾸며 우리나라에 온 외국인 학생들, 이들과 함께 일할 한국인 동료 모두에게 기쁜 소식이 아닐 수 없다.

특수목적한국어연구소 손혜진 소장은 마지막 인터뷰에서 이번 취재의 의미를 잘 대변해주었다. "이 사람들도 우리 사회의 일원으로서 함께 잘 살아나갈 수 있도록 하려는 우리의 노력이 필요하지 않을까 싶어요." 우리 사회 일부가 지금 외국인 노동자들에게 느끼는 부정적인 감정들이 어쩌면 이들에 대한 우리의 몰이해, 무언가를 함께하려고 노력하지 않는 태도에서 나온 건 아닌지 생각하게 해주는 대목이었다.

처음 이런 교재를 만들었다는 소식을 듣고, 영상뉴스 제작을 결정했을 때는 교재의 효용성을 집중적으로 보여줘야겠다고 생각했다. 하지만 취재 과정에서 교수님들과 외국인 학생들을 만나면서, 그런 부분은 핵심이 아니라는 걸 깨달았다. 그보다는 그 이면에 있는 저자들의 선한 의지를 보여주는 게 더 중요하다는 생각이 든 것이다. 또 뉴스 곳곳에 그런 선한 의도와 환대에 감사해하는 외국인 학생들의 모습을 등장시켜서, 이 뉴스가 말하고자 하는 바를 충분히 전달할 수 있으리라 생각했다. 그건 바로 따뜻한 연대와 포용이 있는 사회의 희망이다. 마지막으로 이 뉴스를 통해, 마이너리티인 이주노동자들을 위한 시민들의 보편적 배려와 우리 사회 속 도움의 손길이 구체화되었으면 하는 바람이다.

기자들의 대화

숏 사이즈와 공정성

박 팀장(이하 박)
위 기자(이하 위)

❶ 약자를 보듬는 뉴스

박 ▶ 뉴스는 객관적이어야 한다고 항상 모두 이야기하지. 하지만 객관적인 것이 꼭 공정한 건 아니야. 객관적이라는 형식 논리로 누구에게나 똑같은 잣대를 들이대는 건 바람직하지 않아. 보살핌이 필요한 사람들, 소외된 사람들에게는 좀더 온정적인 시선으로 보도해도 무방하다고 생각해. 우리는 취재현장에서 소위 마이너리티에 해당하는 사람들을 자주 만나봐서 알잖아? 그 사람들이 겪는 어려움에는 대부분 납득할 만한 이유가 있다는 것을…. 단지 게을러서, 공부를 열심히 하지 않아서 그렇게 됐을 거라고 예단하는 건 대단히 잘못된 일이야. 비근한 예로 어려운 가정환경으로 일찍 생계를 책임지느라 제대로 교육받지 못한, 즉 출발선부터 달랐던 경우도 너무 많지. 그런 의미에서 누구에게나 똑같은 기회를 제공하는 평등한 사회를 넘어, 소외계층도 다른 사람들과 비슷한 결과를 낼 수 있도록 맞춤형

지원을 제공하는 공평한 사회로 나아가는 게 맞겠지?

위 ▶ 약자를 대변하는 일은 공영방송의 가장 중요한 책무죠. 그 시작은 물론 그들을 향한 관심이 될 테고요. 팀장님이 방금 사회적 약자가 되는 이유로 환경적 요인을 얘기하셨는데, 이번에 취재한 외국인 학생들도 그런 경우였어요. 이들은 가난하고 기회가 부족한 나라에서 태어났죠. 본인의 의지와 상관없이, 그 나라에 태어난 이유만으로 '아시아 출신 외국인 노동자'라는 마이너리티에 속하게 된 거죠. 거기에다 우리나라 사람들이 꺼리는 일을 하는 경우가 대부분임에도 사회적으로 냉랭한 시선을 받고 있어요. 이들에겐 참 가혹한 일이죠.

박 ▶ 이주노동자에 관한 뉴스를 생각하면, 개인적으로 2020년 캄보디아 출신 여성 속헹 씨 사망 사건이 가장 충격적이었어. 당시 후배들이 찍어 온 현장 영상은 너무 참혹했지. 한겨울 난방시설도 없는 비닐하우스, 그 안에서 속헹 씨는 얼마나 외롭고 힘들었을까, 한 나라의 품격은 과연 어디서 나오는 걸까 등 많은 생각을 하게 하는 사건이었어. 4년이 지난 지금, '필리핀 가사도우미 제도'의 도입에서 보듯이, 다문화사회는 더욱 가속화되고 있지. 이제 정말 이주노동자들을 같은 사회 구성원으로 받아들이고 우리 사회에 공존할 수 있도록 도와주는 노력이 필요한 시점이야. 그런 의미에서 '조선소 훈민정음'은 시의적절한 아이템이었어.

❷ 숏 사이즈의 의미

박 ▶ 이번에는 특별히 뉴스 화면 속 피사체의 크기에 대해 초점을 맞춰보려고 해. 카메라와 피사체 사이의 거리 혹은 TV 화면과 피사체의 근접 정도를 말하는 숏 사이즈. 흔히 롱숏, 클로즈업 그리고 그 사이에 있는 미디엄숏 등으로 구분해서 부르지. TV 뉴스 속 대상의 의미를 규정한다는 점에서 프레이밍의 개념과도 겹치는 부분이 있어. 차이가 있다면 프레이밍은 대상을 화면에 넣느냐 마느냐는 결정까지 포함하는 거라면, 숏 사이즈는 피사체를 화면에 포함하되 크기를 조정해서 의미의 깊이를 결정하는 개념이라고 생각해.

위 ▶ 어떤 대상을 포착하는 크기에 따라 그 대상은 그 크기만큼의 의미를 부여받고, 시청자들 역시 그 크기만큼의 심각성으로 그 대상을 바라보게 되죠. 예를 들어 롱숏으로만 뉴스를 구성한다고 한번 생각해보세요. 작은 스마트폰으로 보든, 대형 LED TV로 보든 상관없는 문제예요. 롱숏에서는 주요 피사체가 아주 작게 포착되죠. 그래서 시청자들은 프레임 속 다른 피사체들, 즉 수많은 시각적 방해 요인과 함께 주요 피사체를 봐야겠죠? 한마디로 주목도가 떨어진다는 얘기예요. 그렇게 되면 당연히 피사체를 인지하는 확률이 떨어지게 되고, 때로는 피사체를 아예 찾지 못하는 경우도 생기죠. 반면 특정 피사체 하나만을 확대해서 화면을 가득 채운다면 결과는 반대가 되고요.

박 ▶ 맞아. 숏 사이즈는 피사체에 대한 시청자의 시각적 인지도와 관련하지. 이는 피사체가 지니는 의미의 중요성과 직결되는 문제이기도 하고. 지상파 뉴스의 화면에서 피사체의 사이즈가 중요한 이유는 뭘까? 난 우선 영상기자들이 매일 하는 일과 관련이 있다고 생각해. 영상기자 개인의 시선으로 한 현상을 시각화하는 우리의 업무는 시민들을 대리하는 성격이 짙잖아? 예를 들어 대통령실, 국회, 국방부 같은 주요 출입처에 영상기자실이 있는 것도 이런 언론의 대리 기능에 대한 사회적 동의가 있기 때문이라고 생각해. 그런 의미에서 영상기자가 피사체의 사이즈를 결정하는 것은 지극히 개인적인 결정임에도 불구하고 시민들의 머릿속에도 똑같은 크기의 의미를 각인하는 중대한 행위라고 할 수 있어. 한마디로 이미지를 통한 여론 형성이라고 말할 수 있겠지. 상당히 정치적인 문제인 만큼 영상기자들이 큰 책임감을 느껴야 하는 지점이기도 해.

위 ▶ 정권이 권위적으로 흐를수록, 대통령실이 전속 카메라맨이나 사진사만을 대동하고 행사를 치른 후 영상을 제공하는 경우가 증가하죠. 이미지를 통제하기 위함인데요. 이런 경우가 누적되면 대통령실 영상기자단이 기자단 차원에서 공식적으로 항의하곤 하죠. 이런 일들도 시민들의 시선을 대리해서, 가공되지 않은 진실만을 보여주겠다는 책임감의 발로라고 볼 수 있어요. 또 대형 사건 사고가 발생하면,

지상파 풀(pool) 영상기자단을 구성해서 소수의 영상기자가 대표로 현장 영상취재를 한 뒤, 인터넷을 포함한 모든 언론사에 영상을 배포할 때도 있잖아요? 같은 맥락에서 영상기자들의 책임감, 객관적이고 윤리적인 태도가 요구되는 지점이에요.

TV 뉴스의 가장 큰 힘인 사실성 역시 숏 사이즈의 중요성과 관련이 있죠. 시청자들은 TV 뉴스를 볼 때, 보통 기사 내용을 100퍼센트 진실이라고 생각하지는 않아요. 하지만 영상의 경우는 달라요. 눈에 보이니 사실 여부를 의심하지 않고 있는 그대로 받아들이는 경우가 대부분이죠. 이는 TV가 신문보다 비교적 높은 신뢰도를 가지는 이유이기도 해요. 숏 사이즈의 경우도 마찬가지죠. 시청자들은 피사체의 크기가 그 중요도와 정비례한다고 의심 없이 받아들이는 경우가 많아요. 그런 의미에서 지상파 TV 뉴스에서 숏 사이즈는 신중히 고려해야 할 요소죠.

❸ 숏 사이즈 변화의 목적

박 ▶ 숏 사이즈라는 화면구성 요소가 영상기자의 객관적 시선뿐 아니라 윤리적인 태도와도 연결될 수 있군. 우리는 왜 피사체의 크기를 이리저리 바꿔가며 촬영하는 걸까? 물론 이 질문에 대한 해답은 정해진 것도 없고 수없이 다양하리라 생각해. 하지만 먼저 어떤 TV 뉴스든 한 컷으로 이뤄질 수 없다는 매체 특성이 있을 거야. 엄청난 영상 특종이 아니고서야 한 컷으로 뉴스를 구성하는 건 비효율적일 뿐 아니라 미학적으로도 완성도가 떨어지지. 경험적으로 보면, 단순히 피사체가 가진 고유의 모양이나 크기에 맞춰 촬영하다보니, 어쩌다 사이즈가 정해지는 경우도 많이 있었어.

위 ▶ 하지만 숏 사이즈를 변화시키는 가장 큰 목적은 아마 영상편집에 대한 고려가 아닐까요? 그중에서도 먼저 영상 스토리텔링을 위해서 숏 사이즈를 나누는 경우가 있죠. 숏 사이즈의 변화는 각기 다른 의미나 중요도를 가진 화면들을 만들어내잖아요? 이런 각각 다른 의미를 내포하는 숏들, 즉 여러 영상 언어를 만들어내려는 목적이죠. 궁극적으로는 이 영상 언어들을 영상문법에 맞춰 논리적으로 조합하려는 사전 포석이라고 할 수 있어요. 한편 숏들이 유려하게 이어지도록 하려는 실무적인 목적이 있죠. 비슷한 사이즈의 숏들로만 편집한다면 점프컷이 만들어져서 시각적으로 피곤함을 줄 수 있죠.

박 ▶ 맞아. 아주 기능적인 이유라고 할 수 있지. 내가 신입 영상기자였을 때는 지금보다 숏 사이즈를 분리하는 게 훨씬 더 중요했어. 왜냐하면 2001년 당시에는 TV 화면 비율이 지금의 16:9가 아닌 4:3이었기 때문이야. 이 화면 비율의 특성상, 숏들 사이의 사이즈 차이가 상당해야 서로 잘 연결될 수 있었지. 물론 선거 관련 뉴스 등에서 공정성을 추구하려는 목적으로 숏 사이즈를 전략적으로 배치하는 경우도 있어. 보도 다큐멘터리나 휴먼스토리를 제작할 때처럼 뉴스 속 인물과 시청자의 감정선을 조절하려는 목적도 중요한 부분이지.

예를 들어 클로즈업으로 갈수록 피사체가 디스플레이에 접근하게 되니, 피사체와 시청자 사이의 물리적 거리도 따라서 가깝게 느껴지겠지? 즉 숏 사이즈의 변화를 통해 피사체와 시청자 사이의 친밀도 역시 달라질 수 있다는 거야. 물론 숏 사이즈는 하나의 목적이나 고려 사항에 의해 결정된다기보다는 우리가 앞에서 언급한 것들이 복합적으로 영향을 미쳐 결정된다고 보는 게 타당하겠지? 자, 그럼 지금부터는 방금 언급한 숏 사이즈를 변화시키는 목적에 대해 좀더 자세히 알아볼 텐데, 우선 스토리텔링을 위해 피사체의 크기와 의미를 통제하는 것에 대해 이야기해볼까?

❹ 숏 사이즈와 영상 스토리텔링

박 ▶ 영상으로 스토리텔링을 하거나 내러티브를 구성한다는 건 다른 의미가 있는 영상 언어들을 조합해서 이야기를 만들어내는 거라고 할 수 있어. 각각의 숏이 지닌 개별적인 의미들을 언어 논리와 영상문법에 맞춰 병치하는 방식이지. 우리는 어릴 때부터 여러 영상매체를 경험해오면서 자연스레 영상 언어와 영상문법을 학습했어. 그 때문에 개인적 경험에서 축적된 개념 차이는 조금씩 있겠지만, 숏들이 모여서 생성하는 메시지를 대부분 비슷하게 받아들이게 되지. 즉 영상도 문지처럼 의사소통 수단인 텍스트로 비슷한 성격을 가진다고 할 수 있어. 문자를 통한 소통에서 대상에 이름이나 단어를 부여하는 방식으로 그 의미를 한정하거나 논리를 구체화하는 것처럼, '표1' 영상 소통에서도 이런 의미나 논리를 숏 사이즈의 변화를 통해 바꿀 수 있다는 거지.

크기	롱숏	클로즈업	클로즈업	와이드미디엄숏
영상				
영상 소통	주차장에 한 무리의 사람들이 있다.	교수들이 누군가의 이야기를 경청하고 있다.	정비 관련 전문가의 강의를 듣고 있는 상황이었다.	실제로 부품을 보면서 현장 용어를 배운다.
문자 소통	최근에는 『용접 한국어』에 이어 '도장 한국어' 그리고 '자동차 한국어'까지 집필중이라고 합니다.			

표 1.

예를 들어 정치 뉴스에서 "윤 대통령은 협치를 해야 한다"라고 이야기할 수도 있고, "윤 대통령은 채 상병 특검을 수용해야 한다"라고도 말할 수 있지. 이는 공통적인 맥락이지만 그 단어가 지니는 의미의 구체성에서 차이가 있어. 영상 스토리텔링에서도 비슷하게 적용될 수 있지. '표 2' 배춧값 폭등과 관련한 영상뉴스를 만든다고 가정해볼까? 먼저 롱숏으로 시장 풍경을 보여주고, 미디엄숏으로 채소 코너를 보여준 다음, 클로즈업으로 배추 한 포기와 배춧값이 표시된 가격표를 보여주는 식으로 숏의 의미를 점차 구체화할 수 있지. 이 영상 스토리텔링은 '시장에 가니' '채소 코너에서 고객들이 깜짝 놀라고 있다' '바로 채솟값 인상 때문인데' '특히 배춧값이 폭등했다'라는 식으로 해석될 수 있어.

이와 같은 예시는 문자 언어가 채소나 배추 같은 단어의 선택을 통해 의미의 구체성을 좁혀가듯, 영상 언어도 숏 사이즈의 축소를 통해 그런 기능을 할 수 있다는 걸 보여주는 거지. 영상 표현 방식으로 따지자면 연역적 영상 접근법이라고도 할 수 있어. 일반적인 영상 정보인 와이드한 설정숏으로 시작해서 구체적인 영상 정보인 타이트한 숏들로 이동하는, 친절하고 설명적인 영상 스토리텔링 방식이지. 물론 구체적인 클로즈업숏들을 시청자에게 먼저 보여준 뒤, 그다음 롱숏을 배치해서 거꾸로 전체적인 상황을 유추하도록 편집하는 경우도 많아. '표 3'처럼, 이번 아이템의 도입부가 그런 식으로

방식	연역적 영상 접근법			
크기	롱숏	미디엄숏	클로즈업	
영상				
문자	재래시장	배추 가게, 고객	배추	배춧값 폭등
의미	일반적	중간	구체적	
정보	많음	중간	적음	
논리	약함	중간	강함	
성격	객관적 (제3자의 시선)	중간	주관적 (기자의 시선)	
개입	약함	중간	강함	
영상 소통	재래시장에 채소 같은 것들이 보인다.	한 시민이 채소 코너에서 놀란 모습이다.	배추에 어떤 문제가 있는 것 같다.	배춧값이 한 포기에 2만 원으로 폭등했다.
문자 소통	서울 강북의 한 재래시장. 배추 가게 앞엔 한 포기 2만 원이란 가격표가 놓여 있습니다. 고객들은 발걸음을 돌립니다. "쪽파 같은 것도 한 단에 1만 원씩 하고 배추도 거의 2만 원 한다고 해서 김치 못 담가 먹겠단 생각을 하는 중이에요."			

표 2.

구성되었는데 이는 귀납적 영상 접근법으로, 추론적인 스토리텔링을 통해 시청자의 호기심을 유발하고 컷 변화의 힘과 리듬감을 조성한다는 장점이 있지.

위 ▶ 얘기하신 스토리텔링 방식은 현장 영상취재의 전형이에요. 제 경우도 유사한데요. 전 현장취재에 나서면, 우선 취재 차량 안에서 보도자료나 기획안을 보면서 현장에서 마주칠 여러 피사체를 상상해요. 현장에 도착하면 주변을 살펴 이런 피사체들이 실제로 존재하는지 확인하고, 어떤 피사체가 뉴스의 주제에 적합한지 파악하죠. 핵심 혹은 주제를 의미하는 속칭 '야마'을 살리는 피사체를 찾는 거예요.

방식	귀납적 영상 접근법			
크기	클로즈업	클로즈업	풀숏	미디엄풀숏
영상				
영상 소통	누군가 용접을 하고 있구나.	분필로 철판에 뭘 그리고 있는 걸까?	외국인 학생들이 듣고 있는 건 뭘까?	강사의 용접 관련 수업을 듣는 것이구나.
문자 소통	"쇳물이 용접봉 끝에 맺히게 되겠죠." "매 순간순간 지나가면서 나타난 흔적을 뭐라고 해요?" 아시아 각지에서 모인 외국인 학생들에겐 쉽지 않은 내용 같은데요.			

표 3.

그다음 실제로 촬영을 시작하는데, 보통 제일 먼저 괜찮은 롱숏을 확보하기 위해 노력하죠. 롱숏은 주 피사체와 그것이 속한 풍경, 주변 인물 혹은 사물 등을 동시에 보여줌으로써 시청자에게 기본적인 정보를 제공하는 영상취재 과정의 첫 발자국 같은 거예요. 그다음으로는 저의 시야를 좁혀가면서 주제의 핵심인 주 피사체로 점점 가까이 다가가는 영상취재 방식을 이어가죠. 바로 이런 취재 과정에서 숏 사이즈도 동시에 변하게 되고요.

박 ▶ 주 피사체로 다가갈수록 영상기자의 주관이 강하게 개입되니 늘 객관적인 태도를 유지하려고 노력해야겠지? 위 기자가 잠시 언급한 대로, 영상 스토리텔링에서 '사진 1'처럼 롱숏이나 풀숏(피사체의 전체 모습이 보이는 숏)은 대상에 대한 아주 기본적인 정보나 성격을 선제적으로 제공함으로써, 시청자가 피사체와 친밀해지게 하는 역할을 해. 그래서 우리는 상대적으로 와이드한 이런 숏 사이즈의 역할을 고려해서, 설정숏이라고 부를 때도 있지.

과거에는 롱숏으로 적합한 부감 촬영을 위해 높은 빌딩 같은 곳으로 올라가는 경우가 많았어. 하지만 최근에는 드론이 보편화되면서 롱숏보다 더 많은 정보를 담은, '사진 2'처럼 익스트림롱숏을 확보하는 것도 너무 쉬워졌지. 심지어 구글어스(Gogle Earth)가 제공하는

사진 1~3. 이해를 높이기 위해 도입부는 물론 신이 바뀔 때마다 상황이 발생하는 곳에 대한 풍부한 배경지식을 세공하는 것이 중요하나.

위성사진*('사진 3')을 활용하기도 하는데, 이것 역시 롱숏의 역할을 해. 자, 이제 영상 스토리텔링 과정에서 숏 사이즈를 축소해서 의미를 구체화하는 부분에 대해 이야기해볼까? 아마 클로즈업에 초점이 맞춰지겠지.

❺ 숏 사이즈에 따른 중요도

위 ▶ 숏 사이즈에 대해 이야기할 때, '히치콕의 규칙(Hitchcock's Rule)'이라는 게 많이 언급되죠. 영화에 관심이 없는 사람이라도 한 번쯤은 들어본 감독의 이름이라고 생각해요. 이 규칙은 앨프리드 히치콕 감독이 프레임에 있는 피사체의 크기는 그 순간 이야기에서 차지하는 중요성과 같아야 한다고 말한 것에서 유래했어요. 화면에서 대상을 클로즈업으로 크게 보이게 촬영할수록 그 대상의 중요성도 따라서 커진다는 이야기예요.

반대로 롱숏이나 풀숏처럼 피사체가 상대적으로 작게 보이는 화면에서는 그 피사체가 가진 중요성도 함께 축소되겠죠? 앞에서도 말

---

* 극단적인 부감. 하늘에서 직각으로 내려다보는 느낌이 마치 신의 시점 같다고 해서 '갓 즈 아이 뷰(God's eye view)'라고도 불린다.

했지만 피사체가 작아지면 프레임 속으로 풍경 같은 다른 시각 정보들이 개입되면서 시청자의 시선을 분산해요. 시선이 분산되면 특정 피사체에 대한 시청자의 집중도가 떨어지게 되고, 그 피사체가 가진 의미나 중요성 또한 함께 퇴색되게 되죠.

박 ▶ 그래서 중요한 대상을 촬영할 땐 클로즈업을 활용하지. 나아가 정말 더 큰 의미를 부여하려면, 익스트림클로즈업숏으로 다른 모든 피사체를 프레임 밖으로 완전히 배제하는 경우도 있어. 이는 마치 경주마에게 눈가리개를 착용시켜 다른 피사체를 보지 못하도록 시선을 차단하거나, 독서실처럼 조명과 칸막이를 통해 책상에 시선을 집중시키는 것과 유사한 원리지. 클로즈업을 이야기할 때면, 신입 영상기자 시절이 생각나. 그때는 유튜브는 고사하고 뉴스 영상에 관한 책도 거의 없던 시절이라 모든 걸 도제식으로 배웠지.

사이즈에 관해서도 마찬가지야. 선배들이 클로즈업 인터뷰 사이즈를 가르쳐주면, 동기들끼리 서로의 모델이 돼서 인터뷰 연습을 하곤 했지. 클로즈업에 대해서 교육받았던 내용 중, 특히 기억에 남는 것은 정치 뉴스 관련이었어. 정치 뉴스에서 특별한 의미 없이 누군가를 도드라지게 보여준다면, 특혜로 보일 수 있고 뉴스의 내용을 호도할 수도 있어서 선배들이 유독 강조했거든. 물론 지상파가 방송 뉴스로 정치인들의 이미지를 좌지우지했던 시절이라 더 그랬지.

예를 들어, 청와대 관련 뉴스에서 대통령 컷의 리액션으로 그룹숏이 아닌 특정 정치인의 클로즈업을 사용하는 것은 자제해야 한다는 교육도 받았어. 꼭 사용해야 할 때는 반드시 정치적 함의를 신중하게 고려해야 한다고 강조했었지. 그룹숏은 시청자의 시선을 나눠 가지고, 클로즈업은 독점함으로써, 특정 정치인에게 특별한 의미를 부여하기 마련이지. 영상 내러티브 측면에서 보자면, '표 4'처럼 시청자들은 보통 그룹숏의 앞뒤로 배치되는 컷들에 대해서는 구체적으로 반응하거나 특별한 의미를 두지 않는 경향이 있어. 반면 특정인의 클로즈업을 본 시청자들은 앞뒤로 놓인 컷들 사이의 상관관계를 추

표 4.

측하며, 구체적인 반응이나 해석을 내놓는 경우가 많지.

이는 병치된 숏들의 관계로 새로운 의미나 감정을 만들어낼 수 있다는 몽타주 이론을 증명했던 '사진 4' 쿨레쇼프 효과*와 유사한 부분이라고 볼 수도 있어. 그런 의미에서 뉴스 주제에 부합하는 객관적인 이유 없이 클로즈업을 남용하는 것은 의미의 왜곡을 낳는 위험한 일이라는 걸 명심해야 해. 예를 들어 주제가 '윤·한 갈등'인 경우처럼 구체적이고 객관적인 이유가 있을 때, 리액션 컷으로 한동훈 대표의 클로즈업을 쓰는 게 바람직하다는 얘기지.

위 ▶ 클로즈업을 좀더 실무적으로 세분화해서 이야기해볼까요?** 우선 '사진 5' 클로즈업은 사람을 기준으로 볼 때, 얼굴이 주로 보이지만 목 등 신체의 일부도 보이는 상태를 말하죠. 과거 TV 디스플레이의 크기가 작았을 때, 선호하던 사이즈예요. '사진 6'에서 볼 수 있는 타이트클로즈업은 헤드룸*** 없이, 머리카락이 시작되는 부분의 약간 위부터 턱 바로 아래까지를 보여주는 숏이죠. 얼굴이 프레임을

---

*   Kuleshov effect. 구 소련 영화감독인 레프 쿨레쇼프는 배우 이반 모주힌의 무표정한 얼굴을 음식, 관 속 소녀, 누워 있는 여성과 각각 병치해서 의미의 변화를 실험했다. 음식과 편집했을 때는 배고픔, 소녀는 슬픔, 여성은 성적 욕망이라는 각각 다른 정서적 효과와 해석을 얻을 수 있었다.

**   Morgan Sandler, *Visual Storytelling: How to Speak to the Audience Without Saying a Word* (Michael Wiese Productions, 2018), p. 112~113 참조.

***   hoadroom. 피사체의 머리 가장 윗부분과 화면 천장 사이의 공간을 의미한다.

사진 4.

거의 가득 채우는 사이즈인 만큼, 특별한 이유 없이 잡기에는 부담스러워요. 휴먼스토리를 취재할 때 인물의 감정을 드러내기 위한 목적으로 활용하면 효과적이죠. 다만 조심해야 할 점이 있다면 머리의 일부분을 잘랐다고 해서 턱까지 자르게 되면 턱이 화면 안팎으로 움직이면서 시선을 성가시게 할 수도 있어요.

'사진 7' 익스트림클로즈업은 눈, 코 등 얼굴의 일부분만 포착하는 사이즈로 시각적 의외성을 줄 수 있는 숏이죠. 강한 임팩트가 있는 반면, 시청자들 입장에서는 일상에서 보기 힘든 광경이라 뉴스의 사실성을 떨어뜨릴 수 있는 가능성도 있어요. 카메라와 피사체의 거리가 점점 가까워지고 피사체의 사이즈가 커질수록 기자의 주관이 개입되는 경우도 많아진다고 할 수 있죠. 클로즈업은 이런 특성들과

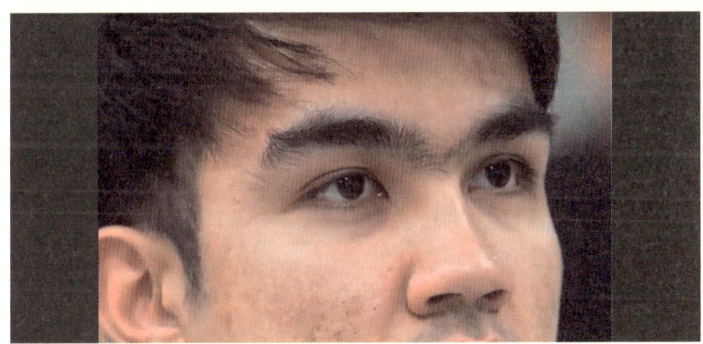

사진 5~7. 클로즈업도 세분화되어 있다.
상황, 전달하려는 의미, 분위기에 따라 선별적으로 활용할 수 있다.

뉴스의 맥락을 잘 고려해서 적절하게 활용하는 게 중요해요.

❻ 숏 사이즈에 관한 실무적 고려

박▶ 이번에는 영상편집의 실무적인 측면들을 고려해서 프레임 속 피사체들의 크기를 조정하는 것에 대해 의견을 나눠볼까? 우선 앞에서도 잠시 언급했지만, 과거 4:3 비율의 화면으로 편집했을 때는 컷 사이즈 때문에 정말 많은 고생을 했어. 특히 롱숏과 롱숏이 서로 잘 편집되지 않아 엄청 애를 먹었지. 그래서 어쩔 수 없이 클로즈업을 롱숏들 사이에 쿠션으로 삽입하는 경우가 많았어. 어떻게 보면 이런 클로즈업 편집 관행은 시청자들이 화면 속의 시각 요소들을 선택적으로 볼 수 있는 기회를 침해해. 왜냐하면 숏 사이즈를 축소할수록 프레임의 시각 정보량 역시 줄어들기 때문이야. 뉴스 영상을 구성할 때, 가능하면 롱숏을 자주 배치하고 클로즈업을 자제하려는 경향 역시 이런 시청자의 선택권을 고려한 결과지.

위▶ 지금은 TV 화면이 16:9처럼 과거보다 와이드해져서 숏 사이즈와 상관없이 편집이 잘되는 경향이 있죠. 하지만 아직도 영상기자들 사이에서는 병치된 컷들 사이의 크기를 대비해야 한다는 말을 자주 해요. 좀더 구체적으로 말하자면, '표 5'처럼 롱숏에서 미디엄숏으로

애매하게 컷을 이동하지 말고 클로즈업으로 과감히 이동해서 사이즈의 차이를 두라는 식으로 추천하죠. 이는 심미적인 부분이 크다고 봐요. 컷들 사이의 사이즈 차이가 극대화되면, 컷이 바뀔 때 힘차고 경쾌한 운율이 느껴지죠. 시각적으로 견고한 느낌도 주고요. 반면 숏 사이즈의 차이가 미미한 경우에는 컷의 변환이 어색하거나 힘없게 느껴지고 때로는 점프컷처럼 보이기도 하죠. 시각적 불협화음이라고나 할까요? 한마디로 'NG'죠.

표 5.

❼ 숏 사이즈와 공정성

박 ▶ 지금은 내가 뉴스영상편집팀장을 맡고 있다보니, 숏 사이즈에 관해서 이 목적에 가장 주목하게 돼. 바로 공정성 추구야. 하나의 뉴스 아이템에 여러 정치인이 등장하게 되면, 항상 공정성 이슈가 뒤따르잖아? 그래서 양 후보 간 동일한 시간을 배정하는 것뿐 아니라, 비슷한 사이즈의 숏들로 균형감 있는 편집을 하려고 노력하지. 특히 선거 관련 뉴스에서는 롱숏의 편집을 두고 논란이 일어나는 경우가 많아. 롱숏은 유세 현장에서 지지자들의 규모를 한눈에 보여주는 부분이라, 각 후보의 캠프는 아주 민감하게 반응하지. 자칫 균형을 잘못 맞추면 선거방송심의위원회로부터 페널티를 받을 수도 있는 사안이야. 즉 우리 방송사의 평가에도 악영향을 줄 수 있는 사안인 만큼 팀장으로서 상당히 신경쓰는 부분이지.

이런 중요성 때문에 영상기자들은 유세를 취재할 때 일단 인파의 규모를 가장 정확히 보여주는 부감 롱숏을 확보하려는 경향이 있어. 이게 끝이 아니지. 편집 과정에서 자신이 확보한 롱숏, 상대 후보를 담당했던 영상기자가 촬영한 롱숏 사이의 균형이 맞지 않으면 다시 한번 '멘붕'에 빠지게 돼. 인파의 규모를 가장 사실적으로 보여주는 양측의 롱숏을 있는 그대로 보여줘야 하나, 아니면 한쪽 후보에게는 미안하지만 그냥 비슷한 규모로 느껴지는 숏을 선택해야 하나, 하는 질문 사이에서 고민하게 되지.

위 ▶ 그래서 이런 고민 때문에 각 방송사마다 가이드라인 같은 게 있잖아요? MBC에도 '선거방송 제작 준칙'이라는 게 있고요. 「MBC 선거방송 제작 준칙」에서 뉴스 영상에 관련된 부분만 보자면, 우선 유세 현장이 공정하고 불편부당하게 보여질 수 있도록 화면을 구성해야 한다는 기준을 제시하고 있어요. 특정 후보에게 부정적인 인상을 주거나 비방하는 화면과 음향 사용을 주의하라고 당부하죠.

MBC 선거방송 제작 준칙

❷ MBC 선거방송 제작의 기본 원칙

가. 불편부당하고 객관적인 보도

1) 선거를 앞두고 독립적인 보도, 제작에 영향을 미치는 정치적 외압을 단호히 배격한다.

2) 특정한 후보자나 정당에 유리하거나 불리하도록 사실을 왜곡하여 보도하지 않으며, 정치적 중립성을 견지한다.

3) 후보자와 정당에 균등한 기회를 제공하고, 관련 내용을 균형 있게 다루기 위해 노력한다.

(중략)

❸ 선거 보도

라. 시간 배분

1) 여야 후보와 관련한 보도 기사의 개수와 시간은 균등하게 배분함을 원칙으로 한다.
2) 뉴스 리포트뿐 아니라 취재기자가 출연하여 보도할 때도, 각 후보자에 대해 최대한 균등한 시간을 배분하도록 노력한다.

마. 영상취재, 화면 편집

1) 영상취재 기자와 영상편집 담당자는 선거 관련 현장 보도가 공정성과 불편부당성을 유지할 수 있도록 화면을 구성한다.
2) 영상취재 기자와 영상편집 담당자는 객관적인 화면구성을 위해 취재기자와 긴밀히 협의한다. 특정 후보에게 부정적 인상을 줄 수 있는 화면 사용에는 신중해야 한다.
3) 후보자들의 유세 및 연설 화면은 최대한 동일한 각도와 규격을 사용함을 원칙으로 하며, 삽입 화면과 현장음도 특정 후보에게 유리하게 작용되지 않도록 균형 있게 편집한다.
4) 맥락과 무관하게 특정 후보자를 비방하는 화면과 음향은 방송하지 않는 것을 원칙으로 한다.

사진 8.

특히 숏 사이즈와 관련해서는 "후보자들의 유세 및 연설 화면은 최대한 동일한 각도와 규격을 사용함을 원칙으로 하며, 삽입 화면과 현장음도 특정 후보에게 유리하게 작용되지 않도록 균형 있게 편집한다"는 규칙을 제시하고 있어요. 그뿐만이 아니죠. 영상기자들이 속한 뉴스영상국 내에도 자체적인 규범을 두고 있어요. 바로 'MBC 뉴스 영상편집 가이드라인'인데 '사진 8'처럼 선거 관련 뉴스의 공정한 영상편집에 대한 자세한 그림 예시까지 제시하죠. 물론 여기서도 경쟁 후보 사이의 공정성 제고를 위한 방안으로, 숏 사이즈를 균등하게 배분하는 것에 방점을 찍어요. 게다가 당일 편집한 선거 관련 뉴스가 이런 기준을 잘 준수했는지 확인하는 차원에서 '표 6' 체크리스트까지 작성할 정도로 공정성을 기하죠.

'0603 대선' 영상편집 체크리스트						
2025. 05. 12.						
아이템 (제목)	시간을 균등하게 배분 했는가?	앵글과 숏 사이즈는 공평한가? (부감 등 차이 발생시, 각 당 유세 규모가 최대한 잘 드러나는 영상 사용할 것)	현장음을 균등하게 사용 하였는가?	특정 후보에게 비방 혹은 불이익이 가는 화면이나 음향은 없는가?	비고 (편집상 고려 사항)
1	대선 레이스 막 올랐다 (타이틀 영상)	Y	후보별 균등한 숏 사이즈 및 2초씩 구성	Y	Y	이준석 후보 출정식 스케치가 방송 전까지 미송출되어 다른 그림으로 대체
2	김지인 -완제- 빛의 혁명 광화문에서 출정식… 내란 끝내고 IT강국 만들겠다	Y	이재명 후보 단독 리포트	Y	Y	-

3	김민형 -완제- 새벽 시장 출정·대구 찾아 큰절… 시장·안보로 보수 결집 호소	Y	김문수 후보 단독 리포트	Y	Y	-
4	신수아 -완제- 이재명 대 이준석 승부… 단일화 없다… 노동자 편 서겠다	Y	이준석, 권영국, 구주와, 황교안 후보 각각 동일하게 사용	Y	Y	-
5	고재민 -완제- 35살 최연소 대표 내세워도… 원내대표 그대로 사무총장은 친윤	Y	김문수 후보 단독 리포트	Y	Y	-
6	변윤재 -완제- 로고도 이름도 없는 빨간 점퍼… 혼선에 준비 늦었다	Y	김문수 후보 단독 리포트	Y	Y	리포트 중간 이재명/ 김문수 분할 사용

7	이기주 -VCR 3- 대참사: 경기지사 대 경기지사, 하와이 가서 몸값 오른 홍준표	Y	-	Y	Y	-
8	남효정 -완제- 대선 팩트 체크: 또 부정선거론, 사전투표 폐지해야 한다	Y	-	Y	Y	-

표 6.

❽ 숏 사이즈와 감정

박 ▶ 숏 사이즈와 시청자의 감정 사이의 관계는 아마 영상기자들이 기획 뉴스나 인물 관련 아이템을 제작할 때 기본적으로 알고 있는 개념일 거야. 앞에서도 이야기했지만 숏 사이즈는 카메라와 피사체와의 거리이자, 피사체와 디스플레이 사이의 거리이기도 해. 즉 뉴스를 보는 시청자와 피사체 사이의 물리적 거리와도 비례하는데 거리가 가까워질수록 시청자의 감정 역시 고조되는 경우가 많지. 물론 이런 특성을 고려해서 뉴스 영상을 촬영해야 흡입력 있는 스토리텔링이 가능하겠지?

예를 들어 휴먼스토리에서 풀숏처럼 숏 사이즈가 너무 크다면 시청자는 뉴스 속 인물에 대해 감정이입을 하기 힘들 수 있어. 그렇다고 해서 시종일관 타이트한 숏 사이즈로만 대상을 포착하면, 감정에 너무 많이 치여서 지루함을 느낄 수도 있지. 반면에 아주 객관적인 감정선을 유지해야 하는 주제를 다룰 때는 숏 사이즈를 조금 느슨히 가져가는 것도 좋겠지? 그래야 시청자와 피사체 사이에 물리적으로나 심리적으로나 적당한 거리감이 유지될 테니까.

위 ▶ 뉴스 속 인물을 롱숏이나 풀숏으로 찍을 경우, 인물의 주변 정보는 잘 알 수 있어요. 하지만 얼굴이나 표정을 제대로 보기 어려운 숏 사이즈 탓에 시청자들이 인물과 감정적으로 소통하는 데는 한계가 있겠죠? 익스트림롱숏 같은 경우를 상상해보세요. 프레임 속에서 인물은 손톱만 한 크기에 불과하고, 시청자와의 거리도 아득히 멀죠. 그래서 보통 롱숏이 인물의 성격이나 배경을 설명하는 설정숏의 역할을 다하면, 뒤따라서 미디엄숏이나 클로즈업숏을 배치해 시청자와 인물 사이의 간격을 좁히는 게 보통이에요.

일종의 커버리지숏*이라고 할 수 있는데, 숏 사이즈를 좁혀가며 편집을 수월하게 하거나 내러티브를 구성하는 본연의 목적을 넘어, 시청자와 인물 사이에 있는 감정의 골을 메우는 역할까지 하는 거죠. 한편 뉴스에서 인물을 촬영할 때는 보통 미디엄과 미디엄클로즈업 정도의 숏 사이즈를 선호해요. 왜냐하면 이 사이즈는 물리적으로나 정서적으로나 아주 적당한 거리감을 조성하기 때문이에요. 시청자가 손을 뻗었을 때 닿지는 않지만 그렇다고 너무 멀지도 않은 그런 느낌을 주죠. 그래서 취재기자가 뉴스에 직접 등장하는 스탠드업이나 공식적인 인터뷰를 촬영할 때 자주 활용돼요.

박 ▶ 사람의 허리부터 촬영하는 걸 미디엄숏이라고 하는데 웨이스트숏(waist shot)과 비슷한 사이즈라고 볼 수 있지. 앞에서 말한 대로 스탠드업을 찍을 때 많이 활용되는 숏 크기야. 한편 미디엄클로즈업은 겨드랑이 약간 아래부터 포착하는 건데 인터뷰에 적합하지. 이렇게 미디엄숏이 TV 뉴스에서 선호되는 이유에는 영화에 비해 TV 디스플레이의 크기가 작다는 근본적인 이유도 있어. 하지만 그것보다는 이 숏 사이즈가 조성하는 객관적인 분위기가 시청자들에게 자신이 뉴스 속 인물과 동등한 위치에 있다는 감각을 느끼게 해주기 때문이

---

* 롱숏 등 와이드 앵글에서 보여주지 못한 부분을 미디엄숏, 클로즈업숏 등으로 촬영해서 편집에 활용하는 숏이다.

야. 미디엄숏이 지닌 적당한 거리감과 사이즈 덕분에 만들어진 객관적인 시선이 뉴스 영상에 유용하게 활용된다는 이야기지.

프레임 속 피사체들 사이의 관계를 잘 설명해주는 특성 역시 미디엄숏이 선호되는 또 하나의 이유야. 예를 들어 두 인물을 한 번에 포착할 수도 있고, 동시에 그들의 표정을 일부 보여주는 것도 가능하지. 너무 크지도 작지도 않은 숏 사이즈 덕분인데, 인물 간의 상호작용과 감정의 교환까지 잘 설명하는 커버리지숏의 장점이 있다고 말할 수 있지. 타이트한 익스트림클로즈업이 오로지 한 사람의 감정만을 대변한다는 것과 대비돼.

지금까지 숏 사이즈에 관한 여러 이야기를 나눠봤어. 요약하자면, 의사소통을 위해 다양한 어휘가 필요하듯 영상 스토리텔링을 위해서도 각각 다른 의미를 가진 여러 숏이 필요하다, 숏이 가지는 의미는 피사체의 배경과 규모와 중요도와 시청자의 감정 등 다양하다, 이런 숏의 의미는 숏의 크기를 조절하면서 생성되기도 한다, 숏 사이즈를 통해 의미를 생성하는 과정에서 공정성 논란 같은 것도 발생할 수 있으니 신중해야 한다 정도로 정리할 수 있지.

숏 사이즈는 뉴스 영상을 제작하기 위한 가장 기본적인 개념이지. 하지만 한편으로 뉴스 제작 과정에서 고려해야 하는 수많은 기능적 요소 중 하나라고도 볼 수 있어. 즉 이보다 우선시해야 할 개념도 많다는 거야. 예를 들어 현시점에서 시민들에게 어떤 뉴스가 필요할지 떠올릴 수 있는 시대정신, 목격한 현상을 문제로 인식하고 뉴스로 연결할 수 있는 공감 능력 같은 것들이 더 중요하다고 할 수 있겠지? 좀더 실무적으로 본다면, 뉴스 주제와 관련한 현장이나 피사체들을 포착할 수 있는 선구안 역시 숏 사이즈를 통제하는 능력에 앞서 갖춰져야 할 부분이야. 물론 지금 〈현장 36.5〉가 우리 사회의 다양한 마이너리티를 조명하고 있는 것 역시 이런 생각 때문이라고 말할 수 있지.

10장

손녀처럼 보이겠지만…
우리 이장님

2024월 2월 10일, **한지은 영상기자**

제작자의 공감과 연대

20대 지방 출신 청년으로서 나는 김유솔 씨의 이야기에 깊은 공감과 연대감을 느꼈다. 서울에서 생활하며 겪었던 어려움과 지방 출신으로서 느꼈던 외로움과 상실감 때문에 자연스레 이 주제에 마음이 끌렸다. 유솔 씨가 서울에서 경쟁 압박 속에 살다가 고향 완도로 돌아와 새로운 삶의 가치를 발견하게 된 이야기는 마치 내 이야기처럼 다가왔다. 이러한 공감은 이 리포트를 제작하는 과정에서 큰 동기가 되었고 유솔 씨와 같은 청년들이 겪는 고민과 그들이 선택한 지방에서의 삶의 의미를 깊이 탐구하고자 했다. 또 이 리포트를 통해 수도권 집중 문제의 현실을 조명하고, 지방에서 발견할 수 있는 새로운 삶의 가능성을 전달하고자 했다.

서울에서 고향으로, 청년 이장의 선택

오늘날 한국의 많은 청년은 대학과 양질의 일자리를 찾아 수도권으로 몰리고 있다. 이러한 수도권 집중 현상은 단지 젊은이들의 문제일 뿐 아니라, 지방 소멸이라는 심각한 사회문제를 야기한다. 그러나 이러한 흐름에 역행하며 지방을 선택한 청년들이 있다.

2024년 전라남도 완도의 작은 시골 마을, 용암리에서 이장으로 활동하는 26세 청년 김유솔 씨는 그 대표적인 사례였다. 디자이너를 꿈꾸며 서울에서 치열한 경쟁 속에 살아가던 그는 어느 날 고향으로 돌아와 지역사회의 일원으로서 새로운 길을 걷기로 결심했다.

서울의 삶과 지방의 삶, 그 차이와 의미

유솔 씨의 서울 생활은 결코 쉽지 않았다. 디자이너라는 꿈을 이루기 위해 노력했지만 그곳에서는 항상 자신을 돋보이게 하고 남들과 경쟁하며 살아야 했다. 그는 "잘한다는 칭찬을 받을 기회가 드물었고 더 잘해 보여야 한다는 압박감 속에서 살았다"라고 회상했다. 서울에서의 삶은 늘 비교의 연속이었고 그 과정에서 자신을 잃어가는 기분마저 들었다고 말했다. 이러한 도시 생활의 압박감은 많은 청년이 겪는 공통적인 문제다. 열심히 살아가는 것만으로는 충분하지 않은 사회적 분위기 속에서 청년들은 쉽게 지치고 번아웃 상태에 빠지기도 한다.

유솔 씨가 다시 고향 완도로 돌아왔을 때, 그는 완전히 다른 삶의 방식을 경험했다. 완도에서는 마을 주민들로부터 진심어린 칭찬과 지지를 받으며 자신이 가치 있는 존재임을 실감할 수 있었다. 그는 "완도에서는 칭찬을 산더미처럼 받는다"라고 말하며 이러한 긍정적인 반응이 그를 계속해서 이장 일을 하도록 힘을 북돋아주었다고 했다. 서울의 삶이 자신을 드러내고 경쟁에서 살아남기 위한 것이었다면, 완도의 삶은 자신을 받아들이고 타인과의 관계 속에서 자아를 실현해나가는 것이었다.

유솔 씨의 하루, 마을 어르신들과의 교류

유솔 씨의 하루는 마을 어르신들과의 교류로 시작됐다. 앳된 목소리로 마을 방송을 하며, 치매 검사 일정을 안내하는 모습은 이장의 일상적인 업무 중 하나다. 그는 이장으로서 마을의 크고 작은 일을 챙기며, 어르신들에게 실질적인 도움을 제공했다. 예를 들어 경로당에서 어르신들과 함께 점심을 먹는 장면에서는 그가 단순히 행정적인 역할을 넘어, 마을 주민들의 일상에 자연스레 녹아들었다는 점을 볼 수 있었다. 어르신들은 그를 손녀뻘 이장님이라고 부르며, "이장님 없이는 못 산다"라고 할 정도로 의지했다.

"저만 도움을 드린다고 생각하는 분들이 많지만 사실 저는 어르신들에게 많은 도움을 받고 있어요."

이와 같은 장면들은 단순한 일상처럼 보일 수 있지만 그 속에는 깊은 의미가 담겨 있다. 유솔 씨는 어르신들에게 도움을 주는 것 뿐 아니라 어르신들로부터 많은 것을 배우고 있었다. 이는 단순히 일방적인 도움 관계가 아닌, 상호 의존적인 관계를 형성하고 있다는 것을 보여줬다. 이러한 관계에서 유솔 씨는 더욱 성숙해지고, 어르신들과 함께 마을을 지켜나가겠다는 의지를 다지게 되었다.

지방의 삶, 선택의 자유와 그 한계

　유솔 씨는 서울을 떠나 완도에서 사는 것을 선택한 후 더 많은 자유와 선택의 기회를 얻었다고 느꼈다. 유솔 씨와 동생의 대화 중 "도시에서는 내가 선택할 수 있는 게 없고 그럼에도 책임은 내가 져야 하는 경우가 많았다"고 말하는 부분이 있었다. 도시의 삶이 규제와 경쟁 속에서 스스로를 억압하는 구조였다면 지방의 삶은 자신이 원하는 것을 선택하고 그 결과에 책임을 지는 보다 자율적인 삶이라고 할 수 있다. 유솔 씨는 계절마다 새를 보러 다니는 취미를 즐기며 "완도는 아무것도 없어도 아무거나 할 수 있는 곳"이라며 지방에서 사는 삶의 장점을 강조했다.

　그러나 지방을 선택하는 것은 단순한 결정이 아니다. 청년들이 지방을 선택하기엔 여러 현실적인 어려움이 따를 수 있다. 대학, 병

원, 문화시설 같은 기본적인 인프라가 부족하고, 일자리와 생활의 편리함도 도시와 비교하면 크게 떨어지기 때문이다. 이러한 이유로 많은 청년은 여전히 수도권으로 몰리고 있다. 유솔 씨의 사례는 지방에서도 의미 있는 삶을 찾을 수 있다는 가능성을 보여주지만 그 선택이 쉽지 않다는 현실도 함께 보여준다.

어떻게 전달할까

이번 리포트에서는 유솔 씨의 이야기를 더욱 효과적으로 전달하려고 신경을 쓴 몇 가지 부분이 있다. 먼저 드론 촬영을 통해 완도의 아름다운 자연환경과 유솔 씨가 활동하는 마을의 전경을 담아냈고 첫 장면으로 활용했다. 이러한 광활한 풍경 숏은 시청자들에게 완도의 매력을 시각적으로 전달하며, 유솔 씨가 지방에서 선택한 삶의 가치를 더욱 부각했다.

특히 유솔 씨가 마을 방송을 하는 장면을 드론 숏과 더불어 첫 신으로 사용하였는데 이는 마을 전체가 유솔 씨의 목소리에 귀를 기울이며 하나의 공동체로 연결되어 있음을 상징적으로 표현했다.

인터뷰 장면에서는 서로 다른 두 조명을 사용해 유솔 씨의 다양한 감정을 시청자들에게 효과적으로 전달하고자 했다. 첫번째 인터뷰는 유솔 씨가 완도에서 느끼는 활기차고 명랑한 면을 부각하기 위해 창문을 통해 들어오는 자연광 아래에서 진행했다. 창문으로 들어오는 자연광은 유솔 씨가 느끼는 완도의 자유로움과 긍정적인 에너지를 상징하는 데 적합했다. 이 장면에서 자연광은 그의 밝고 활동적인 모습을 강조하며, 완도라는 공간에서 느끼는 해방감과 신선한 기운을 시청자들이 함께 느낄 수 있도록 했다. 특히 유솔 씨가 마을 어르신들과의 교류를 즐겁게 이야기할 때, 자연광을 활용한 조명은 이러한 활기찬 분위기를 한층 더 부각했다.

두번째 인터뷰는 모든 일과를 마치고 저녁에 유솔 씨의 집에서 진행했다. 이때는 창문을 통한 자연광 대신, 따뜻하고 은은한 톤의 인공조명을 사용해 차분하고 사려 깊은 분위기를 만들었다. 유솔 씨가 마을 어르신들에 대한 깊은 애정과 책임감을 이야기할 때, 완도가 자신의 삶에 얼마나 큰 의미를 지니는지를 설명할 때, 따뜻한 조명은 그의 내면 깊숙한 감정과 애착을 시청자들이 자연스레 공감할 수 있게 해주었다. 저녁 시간의 따뜻한 조명은 마치 하루를 마무리하며 자신의 내면을 성찰하는 순간을 담아내는 듯한 효과를 줄 수 있었고 유솔 씨의 말에 대한 진정성을 더해주었다.

이 두 가지 조명 연출을 통해 유솔 씨의 다양한 감정 변화를 시청자들이 시각적으로도 느낄 수 있도록 했다. 밝고 경쾌한 느낌에서부터 차분하고 진중한 감정까지, 조명의 변화는 그 스스로도 자신의 이야기에 더욱 몰입할 수 있는 환경을 조성했고 시청자들 또한 그의 생각과 감정에 보다 깊이 빠져들 수 있도록 도왔다.

인터뷰를 준비할 때 나는 항상 대상자의 배경과 상황을 충분히 조사하고 깊이 이해하려고 노력한다. 무지한 질문은 의도치 않게 상대방에게 무례할 수 있기 때문이다. 인터뷰를 진행할 때는 상대방이 불편하게 느낄 질문을 피하고, 그들의 입장에서 생각하려고 한다. 정보만을 얻기 위한 대화가 아니라, 그들의 경험을 진정으로 존중하고 전달할 수 있는 환경을 만드는 것이 중요하다.

나는 유솔 씨와 같은 20대 여성이라는 공통점을 바탕으로, 인터뷰를 더 심도 있게 진행하기 위해 신뢰 관계, 즉 '라포르'를 형성하는 데 많은 노력을 기울였다. 인터뷰에서 중요한 것은 단순히 질문과 답변을 주고받는 것이 아니라, 인터뷰 대상자가 자신의 이야기를 편안히 풀어놓을 수 있는 분위기를 조성하는 것이다. 이를 위해 나는 인터뷰 초반부터 유솔 씨가 자연스럽게 마음을 열 수 있도록 대화의 흐름을 세심히 이끌었다.

대화를 끌어내는 방식에서도 나는 유솔 씨와 동등한 입장에서 편안한 대화를 나누는 것이 중요하다고 생각했다. 인터뷰가 지나치게 형식적으로 흐르지 않도록, 마치 일상적인 대화를 나누는 것처럼 자연스러운 분위기를 만들고자 했다. 먼저 공감대를 형성하기 위해 나 역시 서울에서 겪었던 어려움과 지방 출신으로서 느꼈던 외로움과 상실감 같은 개인적인 경험을 공유했다. 유솔 씨도 서울 생활과 고향으로 돌아온 후 겪은 변화를 이야기하면서 점차 마음을 열기 시작했다. 특히, 20대 여성이 공통적으로 겪는 커리어와 삶의 균형, 도시와 지방에서의 생활 차이 등은 대화의 물꼬를 트는 데 중요한 역할을 했다. 유솔 씨 역시 공감할 수 있는 부분에서 자신의 경험을 더 솔직하게 이야기할 수 있었다.

이 과정에서 나는 단순히 질문을 던지는 것에 그치지 않고 유솔 씨의 발언에 적극적으로 반응했다. 이러한 상호작용 덕분에 유솔 씨는 점점 더 자신의 내면과 경험을 솔직하고 깊이 있게 털어놓을 수 있었고 인터뷰는 단순한 정보 전달을 넘어 유솔 씨의 진정성 있는 이야기를 담아내는 시간으로 만들 수 있었다.

지방에서의 새로운 가능성

유솔 씨의 이야기는 지방에서의 삶도 하나의 선택지임을 보여준다. 그의 결심과 경험은 청년들이 꼭 수도권에만 집중할 필요는 없으며 지방에서도 의미 있는 삶을 발견할 수 있음을 시사한다. 물론 지방을 선택하는 것은 쉽지 않다. 인프라 부족, 일자리 문제 등 현실적인 어려움이 따르기 때문이다. 하지만 유솔 씨처럼 지방에서 자신의 길을 찾아가는 청년들이 있다는 사실 자체가 또다른 가능성을 제시해준다.

이 리포트를 통해, 지방의 삶이 모든 청년에게 적합한 선택은 아닐 수 있지만 그것이 고려할 만한 선택지라는 메시지를 전달하고 싶었다. 유솔 씨의 사례가 지방에서도 충분히 의미 있는 삶을 살 수 있다는 가능성을 보여줘서 더 많은 청년이 다양한 삶의 방식을 고민하고 선택할 수 있기를 기대해본다.

기자들의 대화
뉴스 자막과 현장음

박 팀장(이하 박)
한 기자(이하 한)

박 ▶ 입사한 지 겨우 만 1년이 지난 시점에 만든 영상뉴스지? 팀장으로서 걱정을 많이 했는데 너무 잘 만들어줬어. 촬영 원본을 보는 내내 같은 동년배 여성에 대한 세심한 시선과 공감 또는 연대 의식 같은 게 느껴졌어. 한 기자도 고향인 전주를 떠나 서울살이를 하면서 혹시라도 김유솔 이장과 흡사한 상실감을 느끼고 있는 건 아닌지 생각해보기도 했지. 지금부터는 우리가 편집 과정에서 고려했던 것들에 대해 한번 이야기해볼까?

❶ 뉴스 자막

한 ▶ 먼저 방송 자막에 대해 말해볼까요? 구수한 남도 사투리가 많이 포함되었고 할머님들과 이장님 사이에 오가는 '티키타카'식 대화도 많다 보니 아무래도 신경쓰이는 부분이었어요. 방언은 표준말로 순화해야 하는지, 스피디한 대화 속에서 생략된 낱말들은 어떻게 해야 하는지 등 처음으로 혼자 뉴스 프로그램을 만들었던 거라서 많이 혼란스러웠죠.

박 ▶ 방송사에선 지금도 자막을 '슈퍼'라고도 통칭해서 부르는 것 같아. 두 개 이상의 화면을 합성한다는 의미의 방송 용어인 '슈퍼임포즈(superimpose)'를 줄여서 말하는 건데, 자막도 거기에 포함되기 때문이겠지? TV 뉴스에서 자막은 주로 시청자들이 알아야 할 정보들을 기자가 화면 하단에 직접 작성해 넣은 'subtitle'을 말하는 건데 인터뷰 자막, 주요 내용을 요약한 복대 자막, 화면 최하단에서 정보를 연속해서 보여주는 흘림 자막(news ticker) 등이 있지. 물론 직접 작성하는 만큼 세심한 주의가 필요해. 극단적인 사례가 되겠지만 '바이든 vs 날리면' 같은 자막 관련 논란은 언제든 발생할 수 있어. 내가 학교에 다닐 때만 해도 자막은 방송에서 지양해야 한다고 배웠어. 화면을 가리기에 시청자들이 사실적이고 투명한 영상을 볼 권리를 침해한다고, 음향 등 제작 결함을 보완하려는 시도라고 하는 등 자막은 제작 완성도를 저해하는 것으로 치부하는 견해가 강했지. 심지어 '자막 공해'*라고 이야기하는 사람도 많았어. 하지만 지금은

---

* 인지 욕구가 낮은 시청자들은 자막으로 인해 메시지 밀도가 높아진 뉴스를 볼 때 내용에 대한 이해도가 떨어진다고 한다.

TV 뉴스에서 꼭 필요한 요소가 되었지. 특히 화면 하단에서 뉴스 내용을 몇 개의 단어를 활용해 압축적으로 보여주는 복대 자막*이 많이 늘어났어.

한 ▶ 얘기하신 하단 복대 자막의 경우, 방송사가 뉴스 내용을 너무 단순하게 규정함으로써 시청자가 뉴스를 자발적으로 판단할 기회를 뺏는다는 비판도 있죠. 영상기자 입장에선 내가 찍은 화면의 상당 부분이 죽은 공간이 되는 게 안타깝기도 하고요. 이렇게 자막이 늘어난 건 아마도 과거처럼 뉴스를 집에서 집중해서 보지 않는 미디어 소비 패턴의 변화 탓도 있는 것 같아요. 대중교통을 이용하며 작은 스마트폰으로도 보고, 공항에서 소리 없이 영상만 틀어놓을 때도 있고, 집에서 설거지하면서 대충 흘겨볼 때도 있으니 말이에요. 뉴스 영상을 제작하는 우리들도 이제 이런 부분까지 고려해서 찍고 편집해야 하는 시대가 왔다는 생각도 들어요.

박 ▶ 요즘은 대형 TV가 아닌 스마트폰으로 뉴스를 보게 되면서 자막이 부쩍 늘어났어. 앞에서도 잠시 언급했지만 학계에서는 이런 자막 남용에 대한 우려의 목소리가 존재해. 현업에서는 이런 학계의 지적에 원론적으로는 동의하면서도 현실적으로는 자막이 증가하는 트렌드

---

* '김건희 여사, 제3의 장소에서 검찰 조사' '북한, 동해상으로 단거리 탄도미사일 발사' 등 화면 하단에 노출되어 뉴스 내용을 요약해서 보여준다. 뉴스의 심각성이 클수록 그래픽의 크기는 커지고 단어 수는 짧아지는 경향이 있다.

에 제작 기법을 맞추고 있지. 예를 들어 과거에는 자막 밑그림을 만들 때 자막에 대한 고려 없이 영상 내러티브만 생각하며 편집했지. 하지만 요즘은 시청자들이 자막에 집중할 수 있도록 편집 스타일이 바뀐 게 느껴져.

구체적으로 말하자면 '표 1'처럼, 현란하거나 복잡한 밑그림은 눈에 띄게 사라지고 카메라의 무빙이 있거나 클로즈업숏처럼 자막에서 시선을 뺏을 수 있는 영상도 지양하는 경향을 볼 수 있어. 결국 정보량이 적은 영상으로만 아주 길게 편집해서 밑그림을 구성하게 되는데 이는 뉴스를 만드는 사람들이 자막의 중요성을 높게 평가한다는 방증이라고도 할 수 있지.

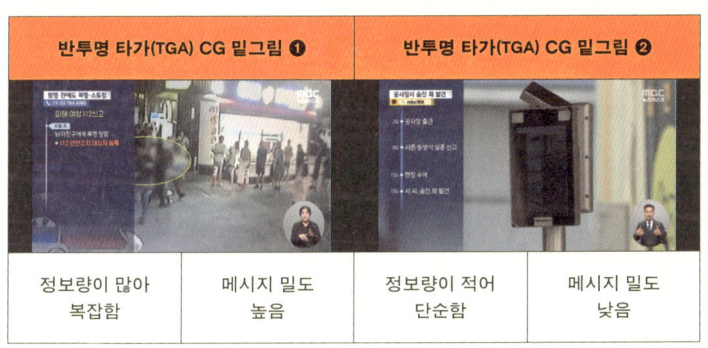

표 1.

❷ 자막의 역할

한 ▶ 그런데 방송사 내부에서 구체적인 방식으로 자막의 중요성을 인정하게 된 건, 단지 미디어 소비 패턴의 변화나 시청률을 높이려는 이유 때문만은 아닐 거예요. 오히려 시청자들의 인지적 특성이 반영된 결과라고 볼 수 있는데 그 특성이란 TV 뉴스를 볼 때 시청자들이 가장 집중적으로 보는 곳이 자막이라는 사실이죠. 시청자들의 시선이 다른 피사체보다 자막에 집중되는 이유는 시청자들이 영상을 의미 중심으로 읽기 때문이에요. 사람들은 영상을 볼 때 프레임에서 무엇이 가장 중요한 의미를 지니는지 본능적으로 알아낼 수 있어서 그 의미의 중요도 순서에 따라 시선을 움직이게 된다는 거죠.

박 ▶ 의미 중심으로 본다는 걸 좀더 부연하자면 TV를 볼 때 우리는 관습적으로 왼쪽 상단에서 오른쪽으로 시선을 움직인다고 해. 그런 이유로 앵커들도 왼쪽에 배치하는 거지. 또 프레임 속에서 움직임이 강하거나 색상이 현란한 피사체에 먼저 시선을 주는 인지적 성향도 있어. 하지만 시선이 먼저 간다고 하더라도 그 대상에 큰 의미가 없다면 그냥 스쳐가듯이 지나치고 그 시선은 결국 가장 큰 의미가 있는 곳에 머문다고 해. 그게 바로 하단 복대 자막 같은 거야.

물론 이런 해석은 통상적인 뉴스 영상에서 자막이 지니는 위상의 상대적 우위를 말하는 거지. 하지만 뉴스의 성격에 따라 뉴스 속 영상 구성 요소들 사이의 위상도 바뀌는 게 일반적이야. 사건 사고처럼 자극적인 영상이 주도하는 뉴스에서는 아무래도 시선이 자막 쪽으로 덜 가게 되고, 반대로 영상의 임팩트가 약한 뉴스에서는 자막 쪽으로 시선이 좀더 집중될 가능성이 크다고 볼 수 있지.

한 ▶ 시청자들의 이런 인지적 특성을 고려해서 적재적소에 쓴다면 자막은 TV 뉴스에서 기사와 영상과 함께 큰 시너지를 낼 수 있겠죠. 다만 염두에 두어야 할 것은 이 세 요소들을 상호 보완적으로 결합해야 한다는 거예요. 예를 들어 내용이 복잡하고 해석이 까다로운 뉴스일수록 뉴스 영상은 복잡하지 않게 만들어야 해요. 시청자들이 영상을 해석하기 위해 복잡한 문장을 동원해야 하는 여지를 줄여줌으로써 기사에 더 집중하게 한다는 논리죠. 이런 노력으로도 기사가 어렵게 느껴진다면 이번에는 자막을 사용해 기사의 해석을 도울 순서가 되는 거고요. 이런 제작 방식은 아마 까다로운 법해석이나 절차를 다루는 법조 뉴스에서 자주 목격되죠.

박 ▶ 법조 뉴스는 기사 집중도를 높이기 위해 영상을 단순하게 구성하거나, 관련 촬영 원본이 아예 없어서 자료 화면을 써야 하는 경우도 많지. 그래서 하단 복대 자막을 여느 뉴스보다 훨씬 적극적으로 활용해. 시청자들이 기사나 영상을 이해하기 위해 동원해야 하는 수고를 덜어주고 오역의 가능성도 줄여주는 거지. 물론 이런 뉴스 제작 방식은 기사 내용을 자막으로 짧게 규정하는 만큼 시청자들이 뉴스를

법조 뉴스가 진행되는 내내
하단 자막을 활용해서
뉴스 내용을 간결하게 정리한다.

주체적 시각에서 입체적으로 이해하도록 도와주는 건 아니야. 단지 뉴스를 효과적으로 전달해야 한다는 기자들의 현실적인 고민의 산물이지.

❸ 자막 활용

박 ▶ 좀더 실무적인 이야기로 넘어가볼까? 자막을 넣는 기본 원칙은 화자가 말한 그대로 작성하는 거지. 왜곡의 소지를 줄이자는 목적이 클 텐데 막상 자막을 작성하다보면 화자의 말을 그대로 쓰기 힘든 경우가 많잖아? 예를 들어 화자의 의사나 맥락이 제대로 전달되지 않거나, 문법에 맞지 않거나, 순화되지 않은 비속어나 이해하기 힘든 방언이 사용되는 등 고려해야 할 게 너무 많지. 이번 제작에선 어떤 것들이 있었어?

한 ▶ 우선 '사진 1'에서 볼 수 있듯이 "만고땡이에요?" "짱!" 같은 속어 사용이 있었어요. 모든 괴로움이라는 뜻의 '만고'와 끝이라는 의미의 '땡'의 합성어, 최고를 뜻하는 '짱'은 그리 저속한 표현도 아닐뿐더러 이장님과 할머님들의 친숙한 관계를 상징적으로 보여주고자 그대로 자막을 넣었어요. 더욱이 뉴스 초반부터 순화된 표현을 써서, 명랑한 분위기를 망치고 싶지도 않았고요.

'사진 2'처럼 이장이 맛있는 음식들을 기대하며 "노났다"라고 말한 부분은 괄호를 활용해 "(횡재했다)"라고 병기를 했어요. 신문에서 헤드라인을 뽑을 때도 "올해 은행권들 노났다!"라는 표현을 쓰는 만큼 시청자 대부분이 '횡재했다'라고 이해할 가능성이 크죠. 하지만 좀 더 의미를 명확하게 하려고 괄호를 추가했어요. 저도 잘 몰랐는데 '노나다'라는 표현이 일부 지역에서는 '나누다'라는 의미로도 쓰인다고 하더라고요. 혹시 모를 혼란을 방지하는 차원이었죠.

경로당에서 할머님이 주시는 문어 초무침을 이장님이 맛본 직후 "음, 으메 진짜 맛있다!"라고 말하는 부분('사진 3')이 있어요. '으메'는 엄마를 뜻하는 전라도 방언이죠. 주로 감탄사로 활용되고요. 한국 사람이라면 누구라도 놀랄 때 "엄마야!"라고 외치잖아요? 근데 지역에 따라 '어마' '옴마' 등 조금씩 발음이 달라지는 거죠. 근데 '으메' 앞부분에 '음'이라는 감탄사가 있어서 자막에선 그냥 생략하기로 했어요. 의미도 중첩되고 사운드바이트의 음질*도 좋아서 굳이 '으메'를 넣어 혼동을 줄 필요는 없다고 생각했어요.

---

* 유튜브 등 뉴미디어의 등장으로 시청자들이 화질에 관대한 경향이 있지만 나쁜 음질에는 관용도가 낮다. 이를 완성도의 하락으로 인식한다. 이는 TV 뉴스에서 자막 없이도 이해할 수 있는 수준의 음질을 추구해야 하는 이유이다.

사진 1 실생활에서 자주 사용된다면
비속어라도 있는 그대로 자막이 쓰이는 경우가 많다.
사진 2. 의미를 명확히 하려고
괄호에 정확한 표현을 추가할 때도 있다.
사진 3. 중첩되는 의미의 단어, 중요하지 않은 감탄사 등은
자막에서 생략하는 경우도 있다.

❹ 그 밖의 제작 기법들

박 ▶ 주로 사투리에 관한 고민이 많았네. 자, 그럼 지금부터는 한 기자의 첫 제작에서 확인할 수 있는 다른 부분들을 한번 말해볼까? 먼저 잘한 것은 신의 전환과 현장 효과음을 잘 살린 부분이야.

신 전환의 경우, 경로당으로 향하는 경쾌한 발걸음('사진 4'), 새를 보러 가는 자동차의 뒷모습('사진 5') 등 공간이나 상황이 변하는 신들 사이에서 나온 컷어웨이(cutaway)들이 인상적이었어. 두 컷 모두 어디론가 향해 간다는 상징적인 의미의 컷이어서, 다음 신에 대한 호기심을 증폭하는 역할을 했지. 물론 드론으로 찍은 와이드숏을 통해 새로운 신의 배경을 미리 보여준 설정숏들도 안정적이고 좋았어. 종종 설정숏은 새로운 신을 시작하는 방식으로는 평범할 때가 있어. 설정숏에는 다음 컷에 나올 정보가 이미 포함된 경우도 많아서 시청자들의 시청 동기를 자극하기에 부족한 측면도 있지. 그런 의미에서 시각적 의외성과 리듬감을 동시에 지니는 컷어웨이숏들이 신을 전환하는 도구로 더 효과적인 역할을 한 것 같아.

효과음 같은 경우는 이장님의 마지막 인터뷰 때 특히 빛났어. 원래 이 인터뷰는 의자에 앉아 있는 이장님을 찍은 것이었는데 데스크 과정에서 수정을 거쳤지. 인터뷰하는 이장님의 모습을 그대로 보여주는 인터뷰는 재미도 없거니와 내용 전달력도 떨어진다는 이유였어.

사진 4와 사진 5. 구체성이 없는 컷어웨이숏으로 신을 이동할 경우 호기심을 유발해서 시청자들의 몰입을 유도할 수 있다.

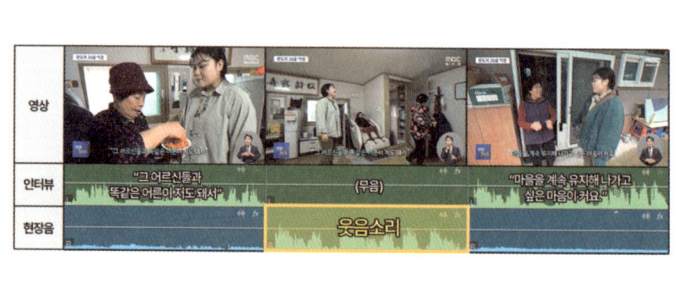

사진 6. 원래 하나로 이어진 인터뷰나 기사를 잘라서
그 사이에 현장음을 삽입하면 효과는 배가된다.

그래서 어르신들과 이장님이 행복하게 웃고 있는 영상들로 인터뷰 오디오를 덮으려고 시도했지. 하지만 그뒤에도 뭔가 부족함을 느꼈어. 이장님의 인터뷰가 다소 길고 내용도 반복적이었을 거야. 그래서 '사진 6'처럼 추가로 인터뷰 사이에 현장음을 살려서 넣기로 결정한 거지. 원래 하나로 연결된 인터뷰 오디오를 두 파트로 분리한 뒤, 비디오와 오디오가 동기화된 웃음소리 영상을 끼워 넣었어. 자주 쓰지 않는 기법인데 덕분에 전달력도 좋아지고 분위기도 확 살아났지.

마스터숏을 보완하는, 다른 각도에서 추가 촬영한 숏인 커버리지숏이 더 많아야 한다고 한 기자에게 말한 것이 생각나. 촬영 원본을 확

사진 7과 사진 8. 인물이 무언가를 주시하는 장면 뒤에는 POV가 있어야 영상문법의 이치에 맞다.

인하다보니 인물의 시점에서 대상을 찍는 POV*가 자주 누락된다는 걸 발견할 수 있었어. 예를 들어 이장님이 주민과 함께 전봇대 위를 올려다보는 숏 다음에는 보통 점검 대상인 CCTV나 가로등을 찍은 숏을 편집하잖아? 그런 시점을 담은 숏들이 필요했지. 반면 이장님과 동생분이 쌍안경으로 어딘가를 주시하는 모습('사진 7') 다음으로, 바라보는 대상인 물새('사진 8')를 넣은 건 영상문법에 맞게 잘 편집한 부분이야.

* Point of View. 인물의 시점을 반영해서 찍은 숏을 말한다.

11장

'무사히 오기를'…
가족 걱정에
애타는 고려인들

2022년 3월 26일, **김동세 영상기자**

영상취재기자가 된 후 휴대전화에 사건 사고 속보가 뜨면 으레 긴장하는 버릇이 생겼다. 내가 언제든 그곳에 갈 수 있기 때문이다. 최일선에서 시청자들에게 '현장'을 전달해야 하는 영상기자로서의 숙명이자 의무랄까? 주로 국내 사안에 해당하지만 2018년 수습 딱지를 떼자마자 인도네시아의 지진 및 쓰나미 관련해서 출장을 다녀왔던 나로선 해외 속보도 결코 안심할 수 없었다.

2022년 2월 23일도 그랬다. '러시아의 침공 임박' '우크라이나 주재원 및 외교관 철수 명령' 같은 뒤숭숭한 속보가 연일 흘러나오던 시기였다. 나는 평소처럼 사회팀 아이템을 취재중이었고 저녁에는 퇴근한 아내와 회사 앞에서 만나 맛있는 저녁을 먹으러 갈 참이었다. 그때였다. 한창 일하는 중인 것을 뻔히 알고 있을 (그래서 웬만한 일이 아니고선 전화를 하지 않는) 데스크로부터 전화가 왔다. 인터뷰중이라 받지 못했다. 곧이어 날아온 문자메시지.

"내일 우크라이나 출장을 좀 가야 할 것 같다. 가능?"

현지 시각으로 다음 날 오후, 폴란드 바르샤바에 도착해 휴대전화 전원을 켜니 속보가 떠 있었다. '러시아, 우크라이나 침공'.

외교부에서 여행 금지국으로 지정했기에 우크라이나에 직접 들어갈 수는 없었다. 대신 우크라이나와 국경을 접한 폴란드의 프셰미실이라는 도시에 머무르며 피난을 나오는 시민들을 취재했다. 포탄 자국과 무너져내린 집, 길바닥에 가득한 시신들 없이도 이미 충분히 아비규환이었다. 우크라이나 국경을 넘어 첫 기착지인 프셰미실 기차역은 피난민과 자원봉사자, 전 세계에서 모여든 취재진으로 발 디딜 틈조차 없었다.

안도의 한숨을 내쉬는 것도 잠시, 우크라이나를 탈출한 피난민들은 곧 포성 없는 전쟁, '생존'을 위한 사투를 이어나가야 했다. 가족은 어떻게 찾아야 하는지, 이제 어디로 가야 할지, 아이에게 뭘 먹여야 할지, 앞으로 어떻게 살아야 할지, 답도 없는 수많은 질문 속에 덩그러니 던져진 사람들. 비록 말 한마디 통하지 않아도 그들의 눈동자에서 공황과 절망을 느끼는 일은 어렵지 않았다.

3주간 폴란드와 루마니아를 오가며 우크라이나 국경 지대를 취재하고 귀국했다. 돌아갈 곳이 있다는 것, 내가 사랑하는 이들이 멀쩡히 잘 지내고 있다는 사실에 감사하면서도 죄스러웠다. 전쟁으로 고통받는 이들을 남겨둔 채 나만 도망쳐 온 기분이랄까.

그런 나의 죄책감을 누군가 알아챘는지, 다음 날 회사로 출근하자마자 이번 〈현장 36.5〉는 우크라이나 전쟁과 관련된 아이템을 제작해보는 것이 어떻겠느냐는 제안을 받았다. 처음엔 '오자마자 다시 폴란드로 가라는 건가?'라고 혼자 잠시 착각했는데 그건 아니었다. 참고삼아 읽어보라며 팀장이 보내준 기사는 '우크라이나 출신 고려인'들에 관한 내용이었다. 한국에 정착한 고려인들이 커뮤니티를 이룬 '고려인 마을'이라는 곳이 있는데 이들의 당시 최대 화두가 우크라이나 전쟁이었다. 아직 현지에서 사는 가족들이 전쟁 발발과 함께 우크라이나를 빠져나오려 애를 쓰고 있지만 탈출도 쉽지 않을뿐더러 가족이 있는 한국으로 들어오는 것은 관련 서류 절차 등이 복잡해 더 어렵다는 것.

우선 고려인 마을에 대해 알아보았다. 대표적인 곳이 안산시 단원구의 땟골마을, 광주광역시 광산구의 고려인마을이다. 이 두 곳은 인근에 국내 최대 산업단지가 위치한다는 공통점이 있다. 덕분에 다른 지역에 비해 이들이 취업할 수 있는 일자리가 더 많았다. 고려인들은 대개 러시아어로 된 이름을 갖고 있지만 성(姓)은 김해 김씨, 전주 이씨, 담양 전씨, 광산 문씨, 밀양 박씨 등 한국의 성을 여전히 따르고 있고 대부분 본인의 성과 본관에 대해서 알고 있었다. 우리에게 잘 알려지지 않았지만 엄연한 동포라는 뜻이다. 전쟁의 참화에 놓인 가족들을 둔 우리 동포들의 목소리를 들어보기로 마음먹었다.

처음 계획상 주된 취재원은 두 축이었다. 첫번째는 우크라이나를 탈출한 고려인들과 한국에 정착한 가족들, 두번째는 우크라이나 탈출 고려인 지원 단체. 평상시 같으면 속도가 조금 더디더라도 구성안이나 취재 계획을 최대한 구체적으로 세우고 나서 행동에 옮기는 성격인데, 이번엔 일단 부딪치자고 덤벼든 게 화를 불러왔다. 나답지 않다. 귀국 직후라 시차 적응도 안 됐고 3주간의 출장으로 지친 몸과 마음도 회복이 더뎠다. 업무를 마치고 저녁 늦게 기획안 회의를 하다가 동료를 앞에 두고 졸기도 했다. 준비가 덜 된 상태에서 시작해버린 탓에 우왕좌왕할 수밖에 없었다.

 초기 구성안에서 비중 있게 다루고자 했던 취재원도 취재에 응하지 않았다. 광주 고려인마을의 항공권 지원으로 우크라이나를 빠져나와 한국에서 처음 할머님을 만나는 손자 가족을 섭외해 날을 맞춰 광주로 내려갔다. 그런데 막상 도착해보니 두 사람의 상봉은 이미 이뤄진 후였다. 코로나19 시기 취재원측에서 자가격리 종료 시한을 잘못 이해해 벌어진 일이었다. 이미 상봉한 두 사람의 다정한 모습이라도 취재하려고 했지만 이번엔 갑자기 아이의 아버지가 아이 얼굴이 TV에 노출되는 것이 부담스럽다며 취재를 거절했다. 결국 이 가족분들의 취재는 무위로 돌아갔다.

 다음으로 섭외했던 광주의 고려인마을에서 취재를 이어가던 중, 일요일마다 열린다는 우크라이나 전쟁 종식 기도 모임에서 우크라이나에서 우리나라로 곧 귀국하는 가족이 있는 분을 찾았다. 남 루이자 할머님이었다. 손녀인 아니타 양 역시 고려인 마을의 항공권 지원 덕분에 곧 귀국한다는 소식을 듣고 취재 허락을 간곡히 부탁드렸다. 할머님께서는 천만다행으로 승낙해주셨다.

 가장 애를 먹었던 부분은 〈현장 36.5〉 제작의 핵심 골조 중 하나인 구성안을 만드는 일이었다. 안산 땟골마을의 리 드미트로 씨와 고려인 동포 지원 단체인 사단법인 '너머'까지 다녀온 뒤에야 구성안 확정 작업에 착수했다. 꼼꼼한 구성 후 그에 맞는 취재가 이뤄진 것이 아니라, 취재된 내용에 구성을 끼워맞추려다 보니 다소 억지스러웠다. 내가 하고 싶은 말, 담고 싶은 이야기에 비해 취재량은 적고 내용도 부실했다.

첫번째 구성안의 전개는 '1: 리 드미트로 씨 가족의 사연과 여동생의 귀국, 2: 남 루이자 할머님 가족의 사연과 아니타 양의 귀국, 3: 한국에서의 정착 문제와 지원 단체의 노력'이었다. 구성하고 보니 재미도 감동도 없었고 마무리는 다소 교훈적이었다. 시청자의 감정선은 고려하지 않은 채 스토리를 단편적으로 뚝뚝 끊어 배열한 탓이었다.

진척 없이 머리만 싸매는 나를 본 팀장이 보다 못해 구성안을 가져가더니 얼마 후 완전히 다른 버전의 새 구성안을 제시했다. 기계적으로 나열했던 나의 구성을 뒤엎고 시청자 시점에서 '기-승-전-결'의 스토리를 따라 감정선을 살릴 수 있게끔 전개 순서를 개선했다. 설명적인 컷의 개수를 줄여 전개 속도를 높이는 효과를 노린 구성이었다.

'3: 정착 문제와 지원 단체'는 과감히 덜어내고, 각 파트를 연결하는 다리 역할로만 짧게 처리했다. 그렇게 탄생한 두번째 구성안은 '1: 남 루이자 할머님과 리 드미트로 씨의 소개와 사연(고려인 지원 단체가 주최했던 집회), 2: 두 주인공의 가족(손녀 아니타 양과 여동생)이 귀국해 상봉하는 순간'으로 단순명료해졌다. 실제로 그림을 붙여보니 팀장의 구성대로 하는 것이 합리적이었다. 따르지 않을 이유가 없었다.

남은 것은 이번 아이템의 주인공인 남 할머님의 손녀 아니타 양, 드미트로 씨의 여동생 스베틀라냐 씨의 귀국. 두 사람은 각각 방송 나흘 전, 이틀 전에 인천공항을 통해 입국 예정이었다. 그런데 예상치 못했던 문제가 (또) 발생했다. 나름 '감동 포인트'로 의도했던 부분인 아니타 씨의 귀국 취재차 인천공항 입국장에서 대기하고 있었는데 사진기자들이 몰려들기 시작했다. 하필이면 육상 높이뛰기 우상혁 선수가 아니타 양의 도착 편 다음 비행기로 입국할 예정이었다. 세계 실내 육상 선수권 대회에서 막 금메달을 딴 직후였다.

입국장을 빠져나온 아니타 양을 촬영하기 위해 내가 카메라를 들고 달려가자, 영문도 모르던 사진기자들이 갑자기 몰려와 나를 밀어내고 남 루이자 할머님과 아니타 양의 상봉 장면을 찍기 시작했다. 이 때문에 나는 가장 핵심적인 장면인 '손녀가 할머님에게 달려와 안기는 순간'에서 포커스를 잠시 놓쳤다. 후회해도 소용없었다. 결정적 순간은 이미 놓친 뒤였다. 어이없어하는 내 뒤로 사진기자들이 수군대는 소리가 들렸다. "근데 쟤는 누구야?" 순간 방심했던 것도, 피사계 심도가 낮은 미러리스를 선택한 것도 내 잘못이었

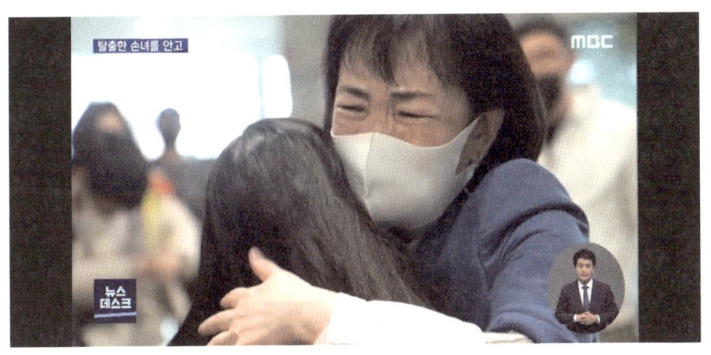

지만 취재 대상이 누군지도 모르면서 일단 셔터를 누르는 그들이 이해되지는 않았다. 볼일을 마친 사진기자들이 흩어진 입국장에서 끝까지 남아 아니타 양의 가족을 취재한 이는 나 혼자뿐이었다.

우여곡절 많았던 이번 편은 무사히 방송이 나갔다. 출장을 포함해서 온통 우크라이나 전쟁만 생각하며 지냈던 한 달이었다. 방송이 나간 후 남 루이자 할머님 댁의 주소를 받아 아니타 양을 위한 작은 선물을 보냈다. 춥고 어두웠던 기억에서 벗어나 우리나라에서 따뜻한 마음을 느끼며 안정을 되찾기를 진심으로 바랐다.

사흘이면 끝날 것이라던 전쟁이 오래오래 지속되고 있다. 신조야 대표를 비롯한 광주 고려인마을의 항공권 지원 덕분에 한국에 입국했던 고려인은 876명. 그중 서른여 명은 고향을 잊지 못해 우크라이나로 돌아갔고, 400여 명의 피란민은 일자리를 찾아 타지로 뿔뿔이 흩어졌다고 한다. 현재 광주에 남은 고려인은 450여 명. 이들 대부분이 전쟁이 끝난 후에도 한국에 정착해 살기를 희망하지만 우크라이나 피란민의 국내 체류 비자는 전쟁 종식 등 정세 안정화 때까지만 연장된다. 이 때문에 이들은 장기적인 계획을 세우고 살아가기 어려운 처지다.

입국 당시 10세였던 아니타 양 같은 경우는 학업 계획에도 차질이 생길 수밖에 없다. 고려인마을과 사단법인 너머 같은 지원 단체는 물론 지자체도 열심히 노력하지만 한계가 있다. 우크라이나 출신 고려인 동포들을 위한 정부 차원의 섬세하고 세심한 조처가 필요한 이유다. 내가 카메라로는 놓쳤지만 현장에서 생생히 목격했던, 아니타 양이 할머님을 향해 활짝 웃으며 뛰어가던 그 모습이 지금도 눈에 선하다. 평화를 되찾은 고국의 하늘 아래에서 예전의 그 밝은 표정으로 아니타 양이 활짝 웃을 수 있는 날이 하루빨리 돌아오길 소망한다.

기자들의 대화

사례 취재와 구성

박 팀장(이하 박)
김 기자(이하 김)

박 ▶ 러시아와 우크라이나의 전쟁이 발발하고 한동안 영상기자 두 명이 한 조를 이뤄, 우크라이나 접경지대를 취재했었지. 그중 김 기자도 포함되었고. 전쟁 취재는 팀을 이끄는 내 입장에선 여러모로 당혹스러운 측면이 있어. 우선 예전 같지 않아서 출장 인원을 선발하는 게 만만치 않아. 꼰대처럼 느껴질지 모르겠지만 1990년대 후반에서 2000년대 초반만 하더라도 종군 취재를 서로 하려고 경쟁했었는데 요즘 세대 기자들은 그렇지 않은 것 같아. 정말 위험한 곳으로 들어가는 건 아니지만 그렇다고 탐탁치 않게 생각하는 기자를 전장으로 등 떠밀 순 없지. 또 많지 않은 팀원 중 네 명이나 동시에 해외로 이탈해서 국내 취재에 어려움을 겪게 돼. 두 명은 현지를 취재하고 또 두 명은 교대를 위해 국내를 떠나고. 우리끼리 용어로 디졸브 기간, 즉 겹치는 기간까지 생기니까 팀을 운영하기 참 힘들어지지.

그래도 동시대의 비극이 있는 곳에 가서 우리의 시각으로 사안을 바라보는 건 의미가 있어. 많이 무감각해져 있지만 우린 분단국가에 살고 있잖아? 언제나 전쟁의 가능성을 안고 사는 국민으로서 다른 나라의 전쟁에 관심을 가져야 하고 또 인도적 목소리를 내야 한다고 생각해. 그래서 김 기자가 우크라이나 전쟁을 취재하고 돌아온 지 얼마 되지 않았지만 이 아이템의 제작을 요구하게 되었지. 〈현장 36.5〉 소재를 찾다가 우리 동포인 고려인 상당수가 우크라이나에 살고 있다는 사실에 깜짝 놀랐어. 그들 일부가 이미 국내의 정착촌에 거주하고 있다는 사실도 새로웠지. 또 그들의 가족이 전쟁을 피해 우리나라로 들어온다는 소식에 엉덩이가 들썩였던 기억이 나. 딱 봐도 눈물이 쏙 빠질 듯한 휴먼스토리를 제작할 수 있을 것 같았어. 그래서 상당히 지쳐 있을 김 기자에게 총을 쐈지.*

김 ▶ 취재기에서도 썼지만 전쟁의 참상을 우크라이나 접경지대에서 취재하고 돌아온 직후라 몸과 마음이 상당히 지쳐 있었어요. 하지만 마음 한구석에는, 전쟁으로 고통받는 이들을 남겨둔 채 도망친 듯한 죄책감 같은 것도 있었어요. 힘내서 이번 아이템을 제작해야겠다고 생각했죠. 국내에서 외신으로 우크라이나 전쟁을 접하면 사실 저조차도 실감이 잘 나지 않아요. 너무 먼 곳에서 일어나는 일이고 우리와는 상관없는 일처럼 느껴지죠. 하지만 직접 전쟁을 목도하고 온

---

* 기자가 아이템을 발제하는 것이 아니라 데스크가 소재를 지정해서 뉴스 제작을 지시하는 것을 말한다.

직후라, 그 참혹함이 우리와 무관하지 않다는 사실을 어떻게든 공유하고 싶었어요. 그런 측면에서 우크라이나 출신 고려인들의 이야기는 시청자들과 괜찮은 접점이 있는 소재였죠. 비극을 겪는 이들이 우리와 그리 멀지 않은 국내에 살고 있고 게다가 우리와 한 민족인 고려인이라는 사실, 시청자의 공감을 끌어내기에 충분한 조건이라고 확신했어요.

❶ 적극적인 취재

박 ▶ 아이템 제작을 김 기자에게 주문하고 가장 걱정했던 부분은 두 가지야. 첫번째는 취재원들이 모두 한국말을 못 한다는 것. 두번째는 인천공항에서 우크라이나를 탈출한 가족을 상봉하는 것 말고는 특별한 상황이 없다는 거야. 후자는 우리가 흔히 말하는 '그림이 안 되는 소재'라는 거지. 현장에서 자연스레 발생하는 상황을 촬영할 수 없는 경우는 영상기자의 취재력으로 어떻게든 상황을 끌어내야 하잖아? 그렇지 않으면 아이템 제작은 무산될 수 있지. 첫번째 문제는 생각보다 비교적 쉽게 해결되었어. 다행히 취재원 모두 말이 그리 빠르지 않았어. 시청자가 자막을 읽으면서 내용을 이해하는 것에 큰 어려움이 없었어. 하지만 한국어 인터뷰를 들으며 동시에 자막을 읽는 것은 아니라서, 아무래도 전달력이 떨어질 수밖에 없었지.

구성을 하면서도 인터뷰 선정에 신경을 많이 썼잖아. 내용이 어렵지 않은 부분, 감정이 묻어나는 것들을 위주로 골랐지. 시청자가 인터뷰 자막을 정확하게 읽지 않더라도 분위기상 인터뷰 내용을 유추할 수 있도록 의도한 거야. 이 아이템의 하이라이트인 공항 시퀀스가 대표적으로 그런 부분이지. 남 루이자 할머님과 손녀 아니타가 만나는 장면에서 대화 삽입을 최대한 자제했지. 그 대신 음악을 깔아 시청자들이 그 상황을 차분히 관망하도록 유도했어. 분위기 전달에만 집중한 거지. 긴 대화보다는 가족의 친밀감이 부각되는 짧은 대화 위주로 편집하려고 애썼어. 그걸로도 간접적으로 주제를 전달하기에 무리가 없다고 생각했고 더 품위 있는 구성이라고 여겼지. 그럼에도 외국어 대화가 복잡하게 오가는 부분이라 '사진 1'처럼 말풍선을 넣어서 시청자가 상황을 한눈에 이해할 수 있도록 했지.

김 ▶ 두번째 문제인 '그림이 부족한 부분'은 지금 생각해도 등골이 오싹해요. 고려인 동포 지원 단체인 사단법인 너머를 통해 어렵게 취재원 두 분을 섭외했죠. 이분들이 지원 단체의 도움으로 인천공항에서 여동생과 손녀를 만난다는 사실을 알고 속으로 쾌재를 불렀어요. 하지만 기쁨도 잠시, 그것 이외에 아무것도 없다는 사실에 절망했죠. 영상기획뉴스를 제작하기 위해서는 스토리텔링을 할 수 있는 에피소드가 풍부해야 해요. 일반 뉴스에서는 이야기를 주로 기사로 전달

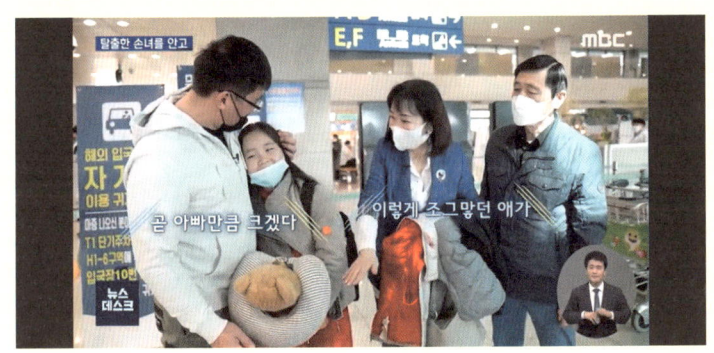

사진 1. 인물의 입 근처에 자막을 넣으면 시청자의 시선을 주 피사체에 집중시킬 수 있다는 장점이 있다.

하지만 영상뉴스에서는 상황적 요소와 인터뷰 등으로 전달하기 때문이죠. 다양한 신(scene)을 확보하는 게 중요하죠. 특히 휴먼스토리에서는 시청자들이 뉴스 속 인물의 삶 속에서 인물의 캐릭터를 발견해나가는 게 중요한데 그게 불가능한 상태였어요.

남 루이자 할머님의 경우에는 광주의 한 교회에서 예배를 드리는 상황 이외에 촬영할 수 있는 게 없었어요. 리 드미트로 씨 역시 우크라이나 전쟁 종식을 촉구하는 집회에 참석하는 것 말고는 뾰족하게 확보할 수 있는 게 없었죠. 참 난감했어요. 이들이 나중에 공항에서 가족을 만나게 되는 상황을 보여주려면 그 전에 뭐라도 설명되어야 하는데 그 연결고리가 없는 거예요. 그래서 두 취재원에게 부탁해서 몇 가지 상황을 확보했죠. 저는 현장에서 상황에 좀처럼 개입하지 않는 타입인데 아이템이 좌초되지 않으려면 스스로 적극성을 띨 수밖에 없었죠.

먼저 남 루이자 할머님에게는 손녀 집이 폭격으로 인해 무너져내린 동영상을 입수할 수 있도록 도와달라고 했어요. '사진 2'처럼 할머님의 인터뷰와 입수한 동영상을 화면 분할을 통해 동시에 보여주면서 이야기를 보강했죠. 손녀가 얼마나 위험하고 절박한 상황에서 탈출하고 있는지 시각적으로 단박에 이해할 수 있는 부분이었어요. 한편 리 드미트로 씨에게는, 여러 국가를 경유해서 한국으로 들어오고 있는 여동생과의 영상통화를 부탁했어요. '사진 3'처럼, 그 상황과 동생의 탈출 동선을 표시한 그래픽을 합성해서 10여 초 가량의 이야기를 보강할 수 있었어요. 이 역시 우크라이나에서의 탈출이 얼마나 고달픈지 잘 설명해주는 시각 메시지라고 할 수 있죠. 만약 이런 동영상과 영상통화 장면을 확보하지 못했다면 시청자들은 우크라이나 탈출이 이토록 험난한지 알 수 없었겠죠? 그 결과 인천공항에서 가족과 상봉하는 시퀀스를 보더라도 큰 감동을 얻기 힘들었을 거예요.

박 ▶ 김 기자의 적극적인 취재로 인과관계가 잘 설명돼서 스토리텔링의 설득력이 많이 강해졌어. 김 기자가 취재원에게 이런 것들을 요청하지 않았다면, 아마 이 영상뉴스의 내러티브는 군데군데 허점투성이였을 거야. 그런 허점들로 인해, 김 기자가 의도한 구성상의 특정 시

사진 2와 사진 3. 적극적인 섭외와 요청으로
주제를 입체적으로 설명할 수 있는 다양한 제작 요소들을 확보해야 한다.

점에서 시청자들이 공감하거나 감동하기도 힘들었을 것 같아. 그런 차원에서 주제를 뒷받침하거나 빌드업 할 수 있는 뉴스 구성 요소를 충분히 모으는 건, 현장취재의 기본 중 기본이라고 할 수 있어. 주로 현장에서 벌어지는 이벤트 같은 상황이나 인터뷰가 되겠지. 하지만 현장은 우리의 예상과 늘 빗나가기 마련이야. 그래서 기자들의 취재력이 정말 중요해.

눈에 보이는 것, 벌어지는 상황들만 취재하는 건 누구나 할 수 있지. 하지만 눈에 보이지 않는 뉴스 구성 요소들을 발견하거나, 끌어낼 수 있는 능력은 아무나 가질 수 없어. 영상기자를 채용할 때도 이런 역량을 가려내기 위해 수차례 필기시험과 실무 및 면접 전형을 실시하잖아? 예를 들어 사전 취재나 인터뷰를 통해 파악한 뉴스 구성 요소들을 현시점에 촬영하는 게 불가능할 때가 있어. 그게 없으면 내러티브를 구성하는 데 큰 어려움이 있겠다는 생각이 들겠지. 그럴 경우는 때론 취재원을 설득해서 그런 요소를 끌어내는 적극성도 필요하다는 얘기야. 재연이나 연출과는 전혀 다른 맥락이지. 데스크 입장에서는 "현장에 나와 보니 그림이 안 되는데요" "뉴스로 제작하기 힘들 것 같아요"라고 쉽게 말하는 기자들이 가장 답답해. 본인의 취재력이나 구성력이 부족하다는 걸 자인하는 꼴인데 그걸 잘 모르는 것 같아.

김 ▶ 그렇죠. 현실적으로 이런 현장취재 방식을 취하지 않고 눈앞에서 벌어지는 상황만을 취재해서 뉴스를 만들기란 불가능에 가깝죠. 또 기자가 촬영하고 싶은 상황이 일어나기를 하염없이 기다린다는 것도 바쁜 취재 일정상 물리적으로 불가능하죠. 어떤 경우에는 심지어 절박함을 드러내고 싶어서 직접 언론사에 제보한 당사자조차 기자에게 어떤 걸 보여줘야 할지 모르는 경우도 있어요. 바로 이런 시점에 기자의 취재력이나 구성력 또는 섭외력 같은 게 요구되죠.

어떤 상황이나 인터뷰를 확보해야 우리가 말하려는 주제에 접근할 수 있다고 취재원에게 정중히 말씀드리고 상황을 끌어내야 할 때가 있어요. 앞에서도 말했지만 이번 아이템은 전형적으로 현장 상황이나 그림이 부족한 경우였어요. 기자의 개입이 어느 정도 필요했다는 얘기죠. 만약 그렇게 하지 않았다면 최악의 경우 뉴스가 완성되기 어려웠을 거예요. 취재원들의 절박함이나 가족애를 시각적으로 설명할 길이 없으면 이야기의 감동도 그리 크게 느껴지지 않았을 확률이 높죠.

❷ 구성의 중요성

박 ▶ 내가 영상기자 초년병 때는 복수의 사례를 섭외하기 위해 많이 노력했던 기억이 나. 객관성을 확보하는 차원이었지. 하나의 경우, 즉 단일 시점으로 뉴스를 만드는 건 개인적 사례를 일반화하는 거라는 분위기가 우세했어. 특정 이슈에 대해 시민 인터뷰를 할 때도 마찬가지였어. 아주 귀찮은 일이었지만 여러 사람에게 같은 질문을 해서 비슷한 맥락의 답변을 여러 개 확보한 뒤 그중에서 가장 괜찮은 것들을 선택했지. 당시는 취재 과정이나 구성 측면에서 뉴스의 객관성을 확보하는 것에 대해 지금보다 조금 더 엄격했어. 하지만 최근 들어서는 뉴스의 내러티브나 스토리텔링의 완성도를 중요시하는 경향 때문인지 이런 것들에 대해 다소 관대해졌다는 생각이 들어.

이번 아이템도 두 개의 사례로 구성되었지. 주요 취재원이 두 명이다 보니, 스토리도 두 갈래로 분리되었어. 하나는 광주광역시 고려인마을에 사는 남 루이자 할머님 이야기고, 다른 하나는 안산시 고려인 정착촌인 땟골마을에 사는 리 디미트로 씨의 이야기지. 하지만 처음 김 기자가 가지고 온 구성은 총 세 갈래의 스토리가 있는 구성이었어. 이 부분에서 김 기자와 나 사이의 의견이 엇갈렸던 것으로 기억이 나. 김 기자의 구성은 리 디미트로 씨가 여동생과 통화하는 신, 전쟁 종식을 위한 촛불집회에 참여하는 신, 인천공항에서 여동생을 만나는 신까지 한 번에 쭉 나열하는 거였지. 같은 식으로 남 루이자 할머님 이야기를 처음부터 끝까지 나열하고, 마지막으로는 고려인의 한국 정착 문제와 지원 단체의 노력을 추가하자는 거였어.

하지만 나는 고려인 두 명의 스토리에만 집중해야 한다고 조언했어.

두 명의 스토리를 초반에는 따로 끌고 가더라도 인천공항에서 가족과 상봉하는 단계에서는 하나의 이야기처럼 보여주는 것이 맞는다고 주장했지. 처음에는 김 기자가 내 조언을 받아들이지 않고 이런저런 시도와 시행착오를 거치더군. 사실 두 고려인은 서로 알지도 못하고 공항에서도 각자 다른 시간에 가족을 상봉했지. 그래서 아마 김 기자는 이들의 이야기가 분리된 거라는 사고의 틀에서 벗어나기 힘들었던 것 같아.

그래서 한동안 내버려두다가 김 기자에게 고민할 시간을 충분히 줬다고 생각되는 순간에 내 구성을 밀어붙였지. 김 기자가 가져온 구성으로는 공항에서의 결정적 순간을 살릴 수 없다고 생각했어. 공항이라는 공통 공간에서 두 개의 이야기가 하나로 수렴되도록 하고 감정을 한 번에 쏟아내도록 구성하라고 했지. 분위기를 조성하는 음악을 고려해도 결론은 같았어. 음악의 클라이맥스도 하나인데 두 사람의 가족 상봉을 따로 떨어뜨려서 구성하는 건 말이 안 된다고 생각했지. 물론 사진기자들이 달려드는 바람에 내가 생각했던 만큼의 눈물이 쏙 빠지는 장면은 건지지는 못 했지만….

김 ▶ 그때는 제가 경험이 부족해서 구성에 너무 애를 많이 먹었어요. 처음에 고려인의 한국 정착 문제와 지원 단체의 노력을 포함한 총 세 갈래의 구성을 한 건 다른 이유도 좀 있었어요. 처음부터 끝까지 취재를 너무 잘 도와준 고려인 동포 지원 단체 사단법인 너머의 활동을 조금이라도 다뤄주고 싶다고 생각했죠. 이슈를 시종일관 감성적으로 접근하는 것보다는 어느 정도 정책적인 부분을 가미하는 게 뉴스의 격식 측면에서도 좋을 거라고 생각했고요. 하지만 결론적으로 지금처럼 구성해서 뉴스의 전달력과 설득력을 높이는 게 더 옳은 선택이었어요. 더 많은 시청자가 뉴스를 보고 우크라이나전에 대한 공감대를 형성하는 게 지원 단체가 추구하는 지향점과도 일치하는 거니까요. 그래도 아쉬워서 구성상 좀 뜬금없긴 하지만 '사진 4'처럼 뉴스 중간에 지원 단체의 사운드바이트를 잠시 넣었어요. 취재 협조에 대한 감사 표시였죠.

박▶ 좋은 생각이었어. 취재를 그렇게 잘 도와주셨는데 그 정도의 성의는 표시해야지. 한편 뒷이야기를 하나 말하자면, 아이템을 제작하면서 영화 〈러브 액츄얼리〉의 구성과 비슷하게 가면 되겠다고 자주 생각했어. 상황이 우리와 아주 흡사했지. 우리 뉴스가 서로 다른 개인사로 이야기를 시작해서 인천공항이라는 단일 공간에서 단일 메시지를 만들어내며 이야기를 끝마치듯, 이 영화도 구성이 비슷해. 크리스마스를 맞이하는 여러 사람의 에피소드를 옴니버스 형식으로 묶은 영화에는 휴 그랜트, 리엄 니슨, 콜린 퍼스, 키라 나이틀리 등 유명 배우들이 등장하지만 서로 밀접한 관계는 없어. 이 사람들이 크리스마스를 맞아 런던 히스로공항으로 동시에 입국하고, 사랑이라는 공통 주제를 이야기하며 영화가 마무리되는 구성이야. 규모의 차

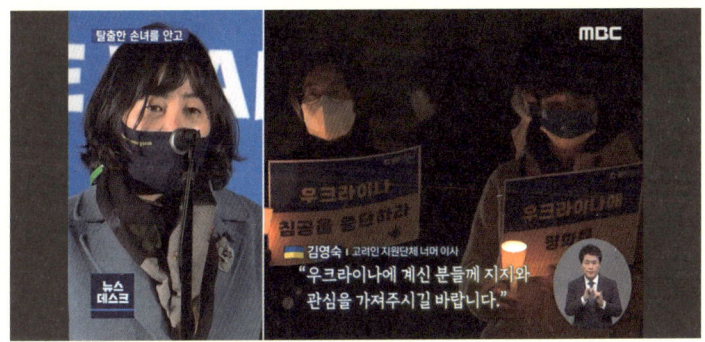

사진 4. 섭외를 도와주거나 뉴스 소재를 제공한 기관에 대한 보답으로 기관장의 인터뷰나 기관의 이름 등을 노출하는 경우도 있다.

이는 아주 크지만 복수의 스토리로 하나의 주제를 이야기하는 거나, 그 주제가 완성되는 곳이 공항이라는 점은 서로 비슷하지? 가끔은 이렇게 영화나 드라마에서도 뉴스 구성에 대한 영감을 받을 때가 있어.

❸ 우리 시선으로 바라보는 전쟁

박 ▶ 지금도 팔레스타인에서는 비극이 반복되고 있지. 우크라이나와 러시아 사이의 총성도 멈추지 않고 있고. 급기야 북한군의 참전으로 우리나리의 우크라이나 파병 이야기도 심심찮게 나오고 있어. 과거에는 이런 국제적인 참상들이 신문의 기사 몇 줄로 알려지는 게 전부였지. 사실 우리와 크게 관련없는 일이라고 생각해서 그랬던 것도 있고, 자세히 보도하려고 해도 정보가 없어서 불가능한 시절이었을 거야. 그런데 1991년 미국과 이라크 사이의 걸프전부터 양상이 많이 달라졌어.

CNN이 바그다드 현지에서 자체 통신망을 이용해 전쟁을 실시간으로 생중계했기 때문이야. 전 세계 시청자들이 안방에서 TV로 전쟁을 볼 수 있게 된 거지. 그 이후로 방송사를 비롯한 미디어의 전쟁 보도 행태에 대한 다양한 비판도 나왔어. 사실 전장에서 이런 뉴스를 생산할 수 있는 미디어는 자본력을 지닌 일부 언론사에 국한돼. 그런 언론사 대다수는 강대국에 속해 있어서 아무래도 편향된 목소리를 낼 가능성이 있다는 거지. 최근 들어서는 SNS가 생겨서 전쟁의 양상을 다양한 시각에서 볼 수 있는 가능성이 커졌어. 하지만 언론사들의 속성상 이런 정보보다는 아직도 대형 미디어가 생산하는 정보를 더 신뢰해서 그대로 받아쓰는 경향이 남아 있지.

이제 세계적으로 우리나라의 위상이 급상승했고 경제 규모도 커지면서, 전쟁은 더이상 남 얘기가 아닌 시절이 되었어. 우크라이나와 러시아의 전쟁을 예로 들어볼까? 우리나라가 우크라이나의 손을 들어주고 무기를 수출하면서 러시아에 있는 많은 우리 기업이 철수하게 되었어. 현지 교민들이 겪는 어려움도 크겠지? 그런 차원에서

사진 5. 파병, 방위산업 수출 등
우리나라 기자의 시선으로 바라보는 전쟁의 의미는 다를 수 있다.

공영방송사도 다소 큰 비용을 감수하면서까지, '사진 5'처럼 기자들을 현지에 파견해서 뉴스를 만들고 있어. 우리나라의 시각으로 직접 전쟁을 목격하고 우리 입장에서 전쟁을 해석하려는 노력의 일환이라고 봐야겠지.

물론 우리와 직접적인 연관이 있는 것은 현지 교민들의 안전이나 한국 기업의 상황 등 극히 일부라고 볼 수 있어. 또 취재를 위해 접근할 수 있는 곳에도 한계가 명확하고. 하지만 책임 있는 국제 사회의 일원으로서 전쟁에 관심을 표하는 것만으로도 아주 큰 의미가 있다고 생각해. 실제로 재난이나 전쟁 취재를 가면 일본 취재진을 정말 많이 만나볼 수 있어. 일본이 국제사회 질서에 큰 관심을 표명한다는 상징적인 제스처로 해석할 수도 있겠지?

김 ▶ 그렇죠. 저도 우크라이나 전쟁을 현지 취재하고 왔잖아요. 전쟁의 비극을 직접 경험한 입장에서 우리의 시각으로 시청자들에게 전쟁 소식을 전달한다는 건 의미 있는 일이라고 생각해요. 실무적으로 보면 전쟁을 보도하는 스피커가 우리 취재진이다보니 메시지의 설득력이 올라가는 효과도 있고요. 주제에 대한 이미지적, 심리적 거리감이 줄어들면서 남의 일처럼 느껴지지 않기 때문이겠죠? 좀더 원론적으로 보자면 유력 미디어들은 전쟁을 선과 악의 대결 구도로 규정하고, 선이라고 지정한 세력의 성과를 부각하는 데 집중하는 경향이 있어요.

이를 인용 보도하는 우리나라 뉴스를 접하는 시청자들도 몇 명의 적군을 죽였는지, 어떤 작전을 성공해서 어디를 점령했는지 같은 정보에만 주로 노출될 가능성이 크죠. 이에 반해 약자의 피해나 고통을 드러내는 인도적 차원의 뉴스나 국제적 연대를 호소하는 이들에 관한 소식은 접하기 힘든 환경에 놓이게 되죠. 그런 맥락에서 종군 취재 등을 통해 이런 전쟁을 비교적 자유롭게 보도할 수 있는 공영방송과 그 종사자인 언론인들의 역할이 중요해요.

박 ▶ 언론인의 역할을 말할 때면 늘 떠오르는 이미지가 있어. 바로 고등학교 윤리 시간에 배운 '동굴의 비유'야. 플라톤이 본인의 저서 『국가』에서 이데아론을 설명하기 위해 생각한 비유지. 사람들은 동굴에서 벽에 비친 사물의 그림자를 보면서 그것을 실체라고 믿는다는 건

플라톤의 '동굴의 비유'.

데 그림자는 허상에 불과하고 진짜 세계인 이데아는 따로 있다는 주장이지. 현대를 살아가는 사람들에게도 해당하는 비유야. 인간의 사고를 통제하는 동굴은 미디어로 변했고 그림자는 미디어가 만드는 뉴스로 바뀌었다고 생각해보면 어떨까?

예를 들어 시청자들은 TV 뉴스를 보면서 세상에서 발생하는 사건이나 현상을 이해했다고 생각할지 몰라. 하지만 사실 TV에서 본 것은 진짜 세상이 아닌 세상의 그림자일 뿐이라는 얘기야. TV 뉴스를 제작하는 과정이나 형식 논리를 따져봐도 알 수 있어. 취재기자들은 출입처의 견해가 반영된 보도 자료를 기반해서 기사를 쓰는 경우가 많지. 그 과정에서 기자 개인의 가치관이 반영되는 것도 피할 수 없고. 영상기자도 마찬가지지. 영상취재란 실제 세상을 카메라로 찍어 평면 디스플레이에 재현하는 것일 뿐이지. 아무리 사실적으로 세상을 재현한다고 해도 그게 진짜 세상일 순 없어.

김 ▶ 맞아요. TV 뉴스 속 이미지는 영상기자의 시각을 통해 진짜 세상을 재해석한 거예요. 플라톤이 주장한 동굴 벽에 비친 그림자 같은 거죠. 진짜 실체는 아니니까요. 그런 면에서 영상기자들의 카메라는 시청자들 대신 세상을 바라보는 눈이기도 하고, 세상을 보는 창문이기도 하죠. 정보의 홍수에서 영상기자들의 역할이 중요한 이유이기도 하고요. 그런 맥락에서 영상기자들은 실체적 진실과 100퍼센트 똑같은 이미지를 보여줄 순 없겠지만 최대한 거기에 근접한 이미지를 생산하기 위해 항상 노력해야 하죠. 그러기 위해서는 다소 뻔한 이야기일 수 있겠지만 기본적으로 기자들 스스로 본인의 일에 대한 직업윤리와 사명감을 가져야겠죠. 사안의 본질을 꿰뚫어볼 수 있는 전문성도 갖춰야 하고요.

❹ 비판적인 미디어 소비

박 ▶ 맞아. 하지만, TV든 SNS든 미디어로 세상을 이해하는 미디어 수용자에게도 역시 요구되는 게 있어. 바로 비판적인 태도지. 왜곡되거나 편향된 정보와 가짜 뉴스가 난무하는 요즘이라, 시청자들에게 더

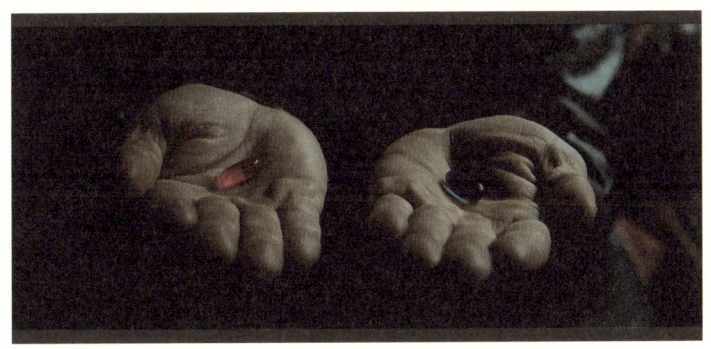
영화 〈매트릭스〉. ⓒWarner Bros

더욱 필요한 자세라고 생각해. 시청자들은 미디어가 만들어내는 메시지를 끊임없이 의심해서 그중 옳다고 생각되는 것을 주체적으로 선택할 수 있어야 하지. 하지만 말이 쉽지, 쉼 없이 쏟아지는 뉴스에 대해 이런 태도를 유지한다는 건 상당히 까다롭고 피곤한 일이야. 영화 〈매트릭스〉의 상황과 비슷한 측면이 있는 것 같아. 사람들의 감각을 인공지능 같은 기계가 지배하는 매트릭스라는 가상현실 속에서 주인공은 선택의 기로에 서. 파란 약을 선택하면 가짜 세상 속에서 쾌락을 유지할 수 있지. 반면 빨간 약을 선택하면, 불편하겠지만 그곳을 벗어나 진짜 세상으로 갈 수 있어.

시청자 입장에서 한번 생각해볼까? 파란 약을 선택한다는 건 기자가 제공하는 뉴스를 무비판적으로 수용하는 게 되겠지. 반면 빨간 약을 선택한다는 건 뉴스를 비판적으로 해석하며 진짜가 맞는지 끊임없이 의심하고 검증하게 되고. 마치 플라톤의 '동굴의 비유'처럼 위험을 감수하고 동굴 밖으로 나가 진짜 세계를 보는 것과 마찬가지지. 시청자들이 빨간 약을 선택한다는 건 진실을 목도할 수 있는 길이지만 상당히 피곤하고 성가신 일이야. 하지만 이런 불편한 선택은 시청자뿐 아니라 언론사와 언론 종사자에게도 긍정적인 영향을 줄 수 있지. 시청자의 비판적인 미디어 소비 행태는 시청자와 언론사 혹은 기자 사이에서 건전한 긴장 관계를 형성해서 결국에는 미디어 생태계가 건강하게 유지되는 데 도움을 줄 수 있기 때문이야.

12장

칠곡 할매 래퍼, '못 배운 한을 노래하다'

2023년 9월 17일, **김희건 영상기자**

> 나 어릴 적 친구들은 학교에 다녔지.
> 나 담 밑에 쭈그리고 앉아 울고 있었지.
> 설거지해! 애 보기 해!
> 내 할일은 그거지.
> 환장하지.
>
> _수니와 칠공주(칠곡 할매 래퍼)의 〈환장하지〉

　랩에는 한(恨)이 담겨 있다. 힙합은 1970년대 말 뉴욕에서 시작됐다. 랩은 디제잉, 브레이크댄싱, 그라피티와 함께 힙합 문화를 이루는 4대 요소이다. 1982년 〈The Message〉라는 노래가 세상에 나오면서 랩은 사회적 울분을 승화시키는 예술 장르로 피어났다. 그랜드마스터 플래시 앤 더 퓨리어스 파이브가 발표한 힙합 음악으로, 이전까지 힙합이 파티 음악 성격이었다면 이 곡은 최초로 흑인 빈민가를 직설적이고 암울하게 비판했다. 힙합이 사회 비판적인 메시지를 전달하는 수단임을 보여준 곡으로 평가받는다. 개인이 겪은 불합리함을 가감 없이 이야기하고, 그 속에 사회적 메시지가 표출된다. 랩의 가사는 당시의 시대상을 기록하는 역사가 되기도 한다.

　우리나라에서 한 하면 빼놓을 수 없는 세대가 있다. 일제강점기와 한국전쟁을 겪은 할머님들이다. 가난의 역사와 남녀 불평등 속에 기본적인 교육도 받을 수 없었던 세대이다. 〈환장하지〉는 칠곡 할매 래퍼들의 대표곡이다. 그 밖에도 〈황학골에 셋째 딸〉 〈학교 종이 댕댕댕〉 등 배우지 못한 응어리를 표출한 곡들이 있다. 또한 상상 속의 북한군과 실제로 마주한 북한군의 차이를 노래한 〈빨갱이〉라는 노래도 있다. "빨갱이는 눈과 코가 빨간 줄 알았지 예~, 그냥 우리와 같이 불쌍한 사람 예~." 노래 가사 중 일부다. 이렇게 경상북도 칠곡군에 본인들의 삶을 랩으로 표현하는 할머님들이 있다는 소식을 알게 됐다. 우리나라 역사상 가장 한이 많은 이들이 힙합을 한다고 하니 〈현장 36.5〉가 가지 않을 수 없었다.

한적한 시골길을 따라 칠곡군 지천면 신4리 마을회관(경로당)에 도착했다. 해맑은 할머님들께서 구수한 분위기로 취재진을 반겨주셨다. 취재에 임하는 나의 마음가짐도 여느 때와 사뭇 달랐다. 사실 취재를 하다보면 지역 마을회관에 갈 일이 종종 있다. 대부분 좋지 않은 일로 가게 된다. 산불이 났을 때 이재민들이 모인 공간이라서, 수해로 물에 잠긴 현장을 보여주기 위해 간 적이 있다. 그런데 이번에는 밝은 아이템으로 마을회관에 가게 됐다. 할머님들이 손자처럼 맞이해주시니 마음도 평화로웠다.

공연이 있는 날이면 더 좋았겠지만 우리가 취재하러 간 날은 연습을 하는 날이었다. 원래 이 시간은 할머님들이 한글 공부를 하는 시간이었다. 그러던 어느 날 할머님들이 TV에서 랩 무대를 보게

됐고 "나도 할 수 있겠는데?"라며 자신감을 보였다. 이를 본 정우정 한글 선생님은 할머님들과 랩을 작사하기 시작했다. 한글 공부에도 도움이 되리라 생각했기 때문이다. 마침 칠곡군 왜관읍에는 과거에 연예인을 꿈꾸던 공무원이 있었다. 안태기 주무관이다. 그는 할머님들의 랩 선생님이 됐다. 수니와 칠공주의 리더는 박점순 할머님이 맡았다. 리포트의 주인공이기도 하다. 박점'순' 할머님의 끝 자를 따서 수니와 칠공주로 팀명이 정해졌다.

꽃무늬가 그려진 널널한 옷을 입고 있으시던 할머님들, 랩 연습 시간이 되자 180도 다른 모습으로 변신하셨다. 20대들이 입을 만한 티셔츠로 갈아입더니, 진한 금색 장신구들을 장착했다. 금목걸이부터 삐뚤어진 모자까지 그 부조화가 시선을 사로잡았다. 시골 할머님 이미지와 어울리지 않는 액세서리들을 클로즈업해서 담아뒀다. 이는 리포트 인트로로 구성됐다. 첫 컷은 당연히 최고령자인 백발의 정두이 할머님 얼굴 클로즈업을 넣어야겠다고 생각했다. 영상 구성에서도 역동성을 더했다. 일반 리포트에서는 보통 사용하지 않는 짐벌 장비를 사용했다. 짐벌은 영상을 촬영할 때 수평을 유지하고 흔들림을 최소화해주는 장비이다. 편집 과정에서는 비트에 맞춰 컷 전환을 빨리했다. 화면전환 효과도, 빨려드는 듯한 느낌을 주었다. 특히 CG에서도 다소 과감한 시도를 했다. 힙합의 한 요소인 그라피티 감성으로 수니와 칠공주를 소개했다. 리포트 초입부에 시청자들의 궁금증을 일으키기 위한 장치들이었다.

이번 리포트는 취재 후 리포트 흐름을 어떻게 구성할지가 핵심이었다. '할머님들이 랩을?'이라는 호기심에 리포트를 보게 되겠지만 그 속에 전하고 싶은 주제는 따로 있었다. 초반부에는 랩 하는 할머님들의 모습을 뮤직비디오처럼 편집했고 중간부터는 그들의 삶을 기록하고자 했다. 수니와 칠공주의 리더 박점순 할머님은 넓은 논밭을 일구며 혼자 살고 있었다. 남편도 있었고 근처에 친한 친구도 있었지만 이제는 홀로 생활하고 있었다. 마음속 응어리를 랩으로 풀고자 〈들깻잎〉이라는 노래도 준비하고 계셨다.

들깻잎을 전 부쳐서 맛있게 먹을라 했는데
아이고 주인 양반도 떠나고 송정댁(친구)도 떠나고

나만 혼자 남아 있네.

이렇게 시처럼 글을 쓰면 정우정 한글 선생님이 랩의 요소를 넣어주는 방식이었다. 밭에서 고추를 따고 계신 박점순 할머니의 모습은, 랩 할 때와는 달리 정제된 앵글에 담았다. 겉으로 아무렇지 않아 보이는 진지한 일상 속에 한은 더욱 크게 느껴졌다. 80년 만에 한글을 쓰고 읽을 수 있게 된 할머니. 평생소원을 풀었다며 이렇게 노래하셨다. "나의 평생소원은 한글 공부요. 주소 명함 노래 가사 읽을 수 있네. 경로당에 선생님이 기다리신다." 이 노래는 리포트 엔딩 배경음악이 됐다. 마지막 세 컷으로 할머니의 한이 풀리는 과정을 함축했다. 설레는 표정으로 자전거에 올라타는 모습, 지천 저수지를 따라 한글 배우러 신나게 가는 모습, 최선을 다해 '한글'로 랩 하는 모습을 연이어 구성했다.

2024년 8월 수니와 칠공주가 데뷔 1주년을 맞이했다. 〈현장 36.5〉는 데뷔 직후에 취재를 했다. 1년 사이에 할머니들 인지도가 급상승했다. 1주년 기념으로 국무총리, 국가보훈부장관, 박항서 축구 감독, 래퍼 슬리피와 딘딘 등이 축하 메시지를 보냈다. 세계적인 통신사 로이터와 AP, 중국 중앙TV인 CCTV, 일본 공영방송 NHK도 수니와 칠공주를 취재했다. 폴란드 출신 파트리차 스카프스카 감독은 다큐멘터리를 제작한다고 한다.

예술은 뉴스의 단골 소재이다. 그 자체의 아름다움도 있지만 그 안에 담긴 이야기들이 뉴스의 가치가 있기 때문이다. 못 배운 한을 풀고자 시작한 이들의 랩은 'K-할매'라는 신조어까지 만들어냈다. 1930~1940년대 한국 여성들의 서글프지만 아름다운 삶이 랩이라는 예술 장르를 통해 역사에 기록되고 있다.

기자들의 대화
뉴스 속 소리의 종류와 역할

박 팀장(이하 박)
김 기자(이하 김)

박 ▶ 칠레의 유명한 시인 파블로 네루다는 공산주의자는 낙인이 찍혀 이탈리아의 한 작은 섬으로 망명하게 돼. 거기서 말 더듬는 청년 마리오를 만나게 되지. 마리오는 시인과 우정을 쌓아가면서 시를 배우게 되고 그 과정에서 자아를 성찰하게 돼. 대학 시절에 봤던 〈일 포스티노〉라는 영화의 내용인데 이 뉴스의 제작 과정을 지켜보면서 오버랩되는 부분이 많다고 느꼈어. 영화에서 마리오가 시를 통해 자신을 발견했듯이 할머님들은 랩을 통해 한글을 배우고 새로운 세상을 보게 되셨지.

뉴스에서도 말했지만, 할머님들은 한글 교육을 제대로 받지 못한 시대적 아픔을 겪으셨어. 일제강점기에 초등학교를 다닐 때는 한글 수업 자체가 없었고 그 뒤로는 딸이라는 이유로 교육받을 기회를 잃으셨지. 그렇게 평생을 배우지 못한 한을 품고 살아오셨기에 할머님들에게 랩을 배운다는 건 단순한 여가 활동 이상의 의미가 있었던 것 같아. 늘그막에 배움의 기회를 얻게 되고 글을 읽고 쓸 수 있게 되었다는 건 우리의 상상보다 훨씬 더 큰 행복이었을 듯해.

김 ▶ 저도 사전 취재를 할 때는 할머님들이 랩을 한다는 게 신기하기도 하고, '랩의 어떤 부분에 대해 할머님들이 열광하는가?' 뭐 그런 생각으로 영상뉴스를 한번 만들어봐야겠다고 생각했어요. 하지만 할머님들의 숨겨진 아픔을 알아갈수록 그 부분에 뉴스의 포커스를 맞춰야겠다고 생각했죠. 랩이라는 문화에 빠져드는 것도 없지 않았지만 다른 사람이 쓴 글을 읽을 수 있고 내 생각을 글로 표현할 수 있다는 것에 얼마나 큰 보람을 느끼셨는지 알 수 있었기 때문이에요.

얼마 전 수니와 칠공주의 한 멤버인 서무석 할머님께서 암으로 돌아가셨을 때도 그런 생각을 했죠. '랩을 하면서 보낸 말년이 얼마나 행복하셨으면 본인의 병까지 숨기셨을까?' 멤버를 먼저 떠나보낸 할머님들이 서무석 할머님의 영정 사진 앞에서 마지막 공연을 하시는 모습도 뉴스를 통해서 봤어요. "무석이가 빠지면 랩이 아니지…." 눈물 대신 대표곡을 개사한 흥겨운 랩으로 할머님을 보내드리는 모습이 너무 인상적이었어요. 이 역시 할머님들이 정서를 상징적으로 보여줬던 것 같아요.

❶ 자막 디자인과 뉴스 정체성

박▶ 죽음에 대한 두려움조차 뛰어넘어, 하고 싶은 무언가가 있다는 건 참 대단한 일인 것 같아. 이제 뉴스 제작 과정에 대해 한번 이야기해 볼까? 김 기자가 취재기에서도 썼지만, 뉴스 도입부를 그라피티처럼 보이는 CG로 장식했지. 지금 보면 '참신한 발상이다'라고 생각할 수도 있어. 하지만 처음 이런 아이디어를 논의하고 CG를 의뢰할 때는 '혹시 메인 뉴스에서 수용되기 어려운 시도는 아닐까?'라고 걱정하기도 했어. 아무래도 표현적으로 엄숙하고 보수적인 색채가 아직 우리 뉴스에 남아 있기 때문이지. 파격적이었지만 결과적으로는 효과가 있었어. 우리 〈현장 36.5〉는 뉴스데스크에서 이런 실험적인 제작 기법을 보여주는 시험 무대 같은 역할을 하는 측면이 있어. 우리가 시도한 제작 기법을 본 뒤, '〈현장 36.5〉 스타일로 제작해주세요'라고 요청하는 취재기자들도 종종 있지.

김▶ '사진 1' '사진 2'처럼 할머님들이 직접 쓴 글들을 읽는 부분의 자막이 효과적으로 제작됐어요. 서툰 글씨체가 한글을 배우는 할머님의 설렘 같은 걸 함축적으로 잘 표현했다는 생각도 들었어요. 제가 생각한 뉴스의 톤에 잘 맞아떨어졌다는 생각도 했고요. TV 뉴스는 보고 듣고 읽는다고 하죠. 영상을 눈으로 보고, 기사를 귀로 듣고, 자막이나 그래픽을 읽으면서 뉴스를 복합적으로 해석한다는 의미예

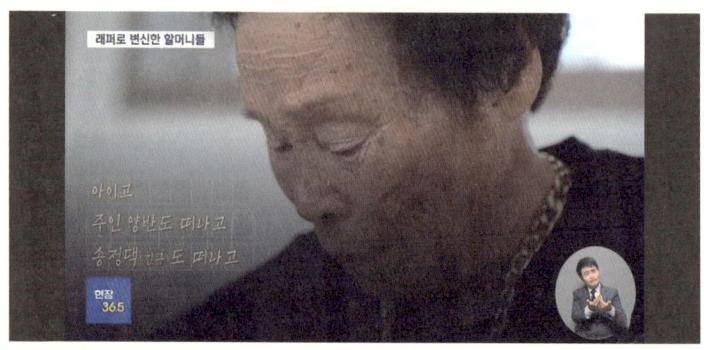

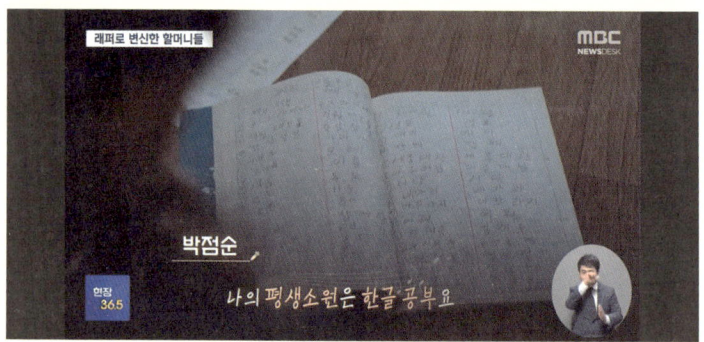

사진 1과 사진 2. 직접 쓴 글씨처럼 보이도록 만든 자막은 한글은 막 배우기 시작한 할머님들과 잘 어울린다.

요. 그래서 사소한 부분이지만, 이색적인 형태의 자막 역시 하나의 뉴스 구성 요소로 전체 뉴스의 메시지에 기여하는 바가 적지 않다고 봐야 해요. 시청자의 흥미를 유도해서 조금 더 뉴스에 몰입할 수 있는 계기를 제공하는 건 기본이고, 심미적인 만족감도 줄 수 있어요. 물론 제작 기술적 완성도 측면에서 기자가 자족감을 느낄 수 있는 건 덤이죠. 자막은 사안을 대하는 방송사의 입장을 보여준다는 상징적인 의미도 있어요. '사진 3'처럼 한글날에 'MBC 로고'를 '문화방송'으로 바꾸는 거라든지, '사진 4'처럼 환경 관련 리포트에서 로고를 초록색으로 칠하는 게 그런 사례라고 볼 수 있죠.

박 ▶ 진지한 내용을 쓸 때는 궁서체로 써야 하는 거 아니냐는 말을 하잖아? 과거에는 '사진 5'처럼 대형 이벤트를 방송할 때 금색 붓글씨체 타이틀을 만드는 경우가 많았어. 이것 역시 방송의 성격을 자막으로 대변하는 경우였지.

사진 3과 사진 4. 국경일에는 그날의 취지를 살린 뉴스 로고를 디자인하기도 한다.
CG를 통해서도 뉴스의 정체성을 강화할 수 있는 것이다.

사진 5. 1993년 2월 25일 뉴스데스크.

❷ 소리와 뉴스 제작 완성도

박 ▶ 자막도 좋았지만 이번 아이템을 취재하면서 가장 힘들었던 부분은 아마 '소리'에 관한 부분이었을 것 같아. 소리를 만드는 근원이 너무 많아서지. 예를 들어 마을회관에서 할머님 여러 명이 랩을 할 때나, 동네 아이들에게 랩을 가르치는 경우가 그랬을 거야. 할머님 여럿이 소리를 내고, 때론 선생님이 불시에 랩을 지도하고, 애들도 랩을 따라서 했겠지. 이쪽저쪽에서 소리를 내는 바람에 상황을 제대로 녹음하기란 참 힘들었을 거야.

콘서트나 연극을 취재할 때도 마찬가지야. 나도 과거에 공연이나 리허설을 취재하러 가서 애먹었던 경험이 많아. 공연 주최측이 취재진의 편의를 위해서 믹싱된 소리가 나오는 오디오 라인이라도 제공해 주면 그나마 다행이지. 하지만 그렇지 않은 경우가 대부분이어서 그나마 소리가 뭉쳐서 나오는 스피커 앞에 취재용 마이크를 설치하는 경우가 많았어. 취재현장의 소리를 선명히 녹음한다는 건 뉴스의 현장감이나 사실성과 직결되는 문제이기에 아주 중요하지. 특히 과거에는 영상이 주로 제작 완성도를 평가하는 기준이 되었다면, 최근에는 음향 역시 그 중요성이 부각되고 있어.

김 ▶ 방송사에 영상기자로 입사하면, 수습 기간에 마이크 활용하는 법을 배우죠. 마이크의 특성에 따라 적절한 용도가 있잖아요? 하지만 현장에서 취재하다보면 많은 한계를 느끼게 돼요. TV 뉴스 제작은 영상기자 1인 제작 시스템이어서 마이크 장비도 간소히 운영해야 하기 때문이죠. 영화나 드라마처럼 잘 짜인 상황을 취재하는 것도 아니어서 즉흥적으로 소리를 녹음해야 하는 경우가 많아요. 그럼에도 지상파 언론사에서 방송되는 뉴스의 오디오에 문제가 발생하면, 영상에서 발생한 문제보다 훨씬 더 큰 결함으로 인식되는 경향이 있죠.

그건 최근 미디어 환경의 변화 때문인 것 같아요. 과거에는 영상기자들이 뉴스 화면을 독점하던 시절이었죠. 2000년대 초반만 해도 고화질의 영상을 생산할 수 있는 전문가용 ENG 카메라 한 대의 가격이 1억 원에 육박했으니 그럴 수밖에 없었을 거예요. 정제된 화면에 시청자들도 자연스레 익숙했던 시절이었죠. 하지만 지금은 상황이 달라졌어요. 유튜브 등에서 액션캠이나 스마트폰으로 자유로이 찍은 화면에도 시청자들은 상당히 익숙해졌고 따라서 영상의 품질이나 전문성에 대해서도 많이 관대해진 것 같아요.

박 ▶ 요즘 들어서 부쩍 자주 느껴지는 게 우리가 만드는 TV 뉴스의 영상 소스가 방송사 외부로부터 들어오는 경우가 많다는 거야. 시청자들이 스마트폰으로 찍어서 제보하는 건 기본이고, 자동차 블랙박스 영상, CCTV 등에 찍힌 영상이 수시로 뉴스에 나가지. 정치 관련 뉴스에서는 유튜브를 통해서도 방송되는 라디오 시사 프로그램 영상이 하루에도 수차례 인용되는 경우가 많아. 심지어 국회의 국정감사도 예전에는 영상기자들이 일일이 다 찍었는데, 지금은 '사진 6'처럼, 국회에 설치된 CCTV를 이용한 '국회 인터넷 의사 중계시스템' 화면을 가져다 쓰는 경우도 많이 늘었지.

이런 방송 환경의 변화 역시 시청자들이 다소 낮은 품질의 영상에 적응하도록 만드는 데 어느 정도는 기여했다고 봐. 누가 찍었는지 혹은 화질이 좋은지와 관련한 것보다 뉴스 화면이 뭘 담고 있느냐는, 콘텐츠와 뉴스 밸류가 뉴스에서 가장 중요한 시대가 된 거지. 반면 아직도 시청자들은 TV 뉴스의 음향 품질에는 상당히 민감한 태도를 보이는 듯해. 예를 들어 시청자 제보나 CCTV처럼 원래 음향이 부실할 것처럼 보이는 외부 영상은 나쁜 음질을 감안하고 시청하지.

사진 6. 국회나 정부 기관의 회의나 브리핑 영상도 고화질로 쉽게 구할 수 있는 시대가 되었다.

하지만 방송사에서 직접 제작한 것처럼 보이는 영상에 사운드의 결함이 있으면 금방 반응하고 방송 사고로 인식하는 경우가 많아. 뉴스를 제작할 때, 소리의 품질도 영상만큼이나 신중해야 할 필요가 있다는 거지.

❸ 소리의 인지적 특성

박 ▸ 이번 〈현장 36.5〉에서 소리가 어떻게 활용되었는지 알아보기에 앞서, 소리의 기본적인 특성을 이야기해보자. 소리를 듣는다는 건 공기의 진동이 청각기관을 자극하고 이를 뇌가 인지하는 과정을 말해. 우리가 소리를 들을 수 있다는 건 일차적으로 소리가 만들어질 수 있는 물리적인 조건이 갖춰졌다는 걸 의미하지. 예를 들어 창문을 꽉 닫으면 창밖의 새소리를 들을 수 없겠지? 심리적인 부분도 작용한다고 볼 수 있어. 진짜 좋아하는 무언가에 열중하느라 주변 소리를 듣지 못하거나, 딴생각하다가 수업 내용을 놓친 경험이 누구나 있을 거야.

소리를 듣기 위해선 개인의 의지 같은 심리적인 영향도 작용한다는 뜻이지. 조류학자가 듣는 새소리와 우리 같은 일반인이 듣는 새소리는 물리적으로는 같겠지만 각각 다른 의미로 인식된다고 볼 수 있겠지? 소리도 영상과 마찬가지로 개개인 머릿속의 관념을 토대로 인지되기 때문이지. 경험과 학습으로 혹은 관습적으로 이미 우리의 머릿속에 있는 정보를 바탕으로 소리는 해석된다는 얘기야. 그런 의미에서 소리는 최종적으로 머리로 듣는다고 말해도 과언이 아니지.*

김 ▶ TV 뉴스를 제작하는 입장에서 가장 주목해야 할 소리의 특징은 아마 즉각성일 거예요. 사람의 청각은 아주 예민해서 사소한 자극에도 상당히 빨리 반응하죠. 아마 오래전부터 보이지 않는 위험으로부터 자신을 보호해오면서 발달해온 거겠죠? 물론 시각신경이 압도적으로 많은 정보를 받아들이는 게 사실이지만 청각처럼 빠르게 반응하

* 김성환, 『영상과 TV 저널리즘』, 푸블리우스, 2022, 38~48쪽 참조.

지는 않는다고 해요. 더욱이 보통 영상은 시간의 흐름에 따라 선형적으로 인지되죠. 하지만 소리는 아주 짧은 시간 사이에 여러 청각 정보가 통합되어 머릿속으로 한꺼번에 흡수될 수도 있어요.

이런 소리의 특성을 뉴스 제작 과정에서 잘 활용한 사례가 아마 사운드브릿지나 제이컷(J-cut) 같은 편집 기법일 거예요. 둘 다 어떤 영상을 보여주기에 앞서 영상과 관련된 음향을 먼저 들려줘서, 시청자의 즉각적인 반응을 유도하려는 의도가 숨겨져 있다고 볼 수 있죠. 경찰차를 보여주기에 앞서 사이렌 소리를 먼저 들려주는 것과 비슷한 거예요.

박 ▶ 청각의 이런 빠른 반응 속도를 이해하고 방송 뉴스 제작에 활용하는 것이 중요하지. 앞에서도 잠깐 언급했지만 영상을 이해하기 위해서는 기본적으로 물리적인 시간이 필요해. 예를 들어 몽타주 기법을 활용해서 숏들을 수평적으로 나열한 영상을 보고 이해한다고 가정해볼까? 영상을 순차적으로 병치한 만큼의 시간이 소요되는 건 너무나 당연한 일이지.

하지만 소리의 경우는 달라. 동 시간대에 흘러나오는 여러 소리가 복합적으로 인식될 수도 있어. 기사 같은 논리적인 소리뿐 아니라 현장음과 음악 등 감정적인 음향들까지, 수직으로 켜켜이 쌓인 소리가 통합되어 의미를 생성할 수 있다는 말이지. 이러한 소리의 특성을 염두에 둔다면, 이미지의 구성에만 치중하다가 시청자의 즉각적인 반응을 놓치는 실수를 범하지 않을 수 있어.

김 ▶ 소리는 관습적으로 인지되는 특징도 있어요. 우리는 새를 볼 때, 새 소리를 듣지 않더라도 그 소리를 떠올리죠. 마찬가지로 새라는 이미지 없이 새소리만 듣더라도 우리는 그 소리와 새라는 이미지를 결부해서 생각하는 경우가 많아요. 우리가 어떤 단어나 사물을 볼 때, 거기에 해당하는 우리 머릿속의 표상을 기반으로 인지하는 것과 아주 흡사하죠. 우리 뇌 속에는 어떤 소리마다 그 소리와 연결된 이미지가 이미 존재한다는 얘기예요.

음악이 대표적이죠. 개인적인 성향이나 경험 등에 따라 머릿속에서 떠올리는 이미지는 각자 다르겠지만, 음악은 선율이나 리듬에 따라 어느 정도 예측할 수 있는 이미지를 가지고 있어요. 록 음악과 자장가가 지닌 이미지가 상반되는 것과 같은 이치죠. 그래서 뉴스에 음악을 삽입하면 시청자는 본인이 이미 관습적으로 아는 이미지, 즉 일종의 선입견을 기반으로 뉴스를 바라보게 되는 거죠. 소리는 그 소리에 걸맞은 이미지를 동반한다고 말할 수 있어요.

박 ▶ 우리가 '온스크린 사운드(on-screen sound)'라고 부르는 것처럼 방송에는 소리와 그 소리를 내는 피사체가 동시에 나오는 경우가 많잖아? 이는 너무 뻔한 화면처럼 보일지는 몰라도 TV 뉴스의 사실성이 만들어지는 요체라고도 볼 수 있어. 왜냐하면 소리와 그 소리와 연결된 이미지가 정확하게 일치하기 때문이야. 이런 경우 시청자는 뉴스를 보면서 영상과 음향 사이의 관계를 이해하려 하거나 진위를 의심할 필요가 없지. 그냥 있는 그대로 수용하기만 하면 된다는 말이야.

반면 소리에 대한 관념과 영상이 부합하지 않으면 시청자는 부자연스러운 감정을 느껴. 달리는 자동차 속 대화 소리가 아무런 주변 소음 없이 방송되는 경우가 그렇겠지. 물론 예외도 있어. 화면에 빌딩 외경이 보이는 상태에서 사무실 내부의 대화 소리가 들리는 경우 같은 거지. 이 둘은 우리 뇌 속에서 정확하게 결부된 소리와 이미지는 아니야. 하지만 사람들은 누구나 둘 사이의 상관관계를 유추하고 자연스레 빌딩 속 사무실 풍경을 떠올릴 수 있지. 충분히 예측할 수 있는 소리라면 반드시 영상과 동기화할 필요는 없어.

김 ▶ TV 뉴스를 만들다보면, 정확히 일치하지 않는 영상과 음향도 서로 관습적으로 조합할 수 있죠. 하지만 시청자들이 수용할 수 있는 범위 내에서 서로 정교하게 묶는 게 중요해요. TV 뉴스 속 영상과 소리가 현실 그 자체는 아니기 때문이에요. 단지 기자가 현장에서 보고 느낀 현실을 카메라와 마이크로 수집한 영상과 소리를 가장 윤리적인 방식으로, 가장 현실과 유사한 형식으로 재현한 것이죠. 영상과 소리의 합성이 제대로 현실을 반영하지 못할 경우 시청자들은 인지 부조화를 겪거나 내용을 이해하지 못하거나 혹은 뉴스를 조작처럼 느낄 가능성까지 생길 수 있어요. 그런 면에서 영상과 소리는 뇌를 통해 동시에 인지되고 총체적으로 해석된다는 특성을 늘 염두에 두고 뉴스를 제작하는 게 중요하죠.

박 ▶ 영상과 소리의 상관관계를 인식하며 TV 뉴스를 제작해야 하지. 독립적으로는 불완전한 요소인 시각 정보와 청각 정보를 유기적으로 잘 융합해서, 뉴스가 표현하고자 하는 상황이나 맥락을 구체화할 수 있어야 한다는 말이야. 예를 들어, 어떤 상황을 여러 시점에서 찍은 화면들을 결합하면서, 소리는 한 화면 속에 포함된 것만을 사용한다고 가정해볼까? 이런 경우에는 컷의 변화에 따라 시점의 변화가 발생하겠지만 한곳에서 녹음한 소리가 내내 유지되면서 한결같은 공간감을 조성할 수 있어. 이런 효과는 TV 뉴스에서 영상 서사의 연속성을 형성하는 데 큰 도움을 주겠지. 물론 학술적으로 TV 뉴스의 영상과 소리는 동기화하는 것이 좋겠지만 기자가 생각하는 사실에서 크게 위배되지 않거나 오히려 현상을 제대로 전달하는 데 도움이 된다면 동기화에 너무 집착할 필요는 없다고 생각해.

김 ▶ 영상과 음향이 어떻게 교류하느냐에 따라 TV 뉴스의 효과는 달라지죠. 서로 부족한 부분을 채우는 방식으로 뉴스의 전달력을 높일 때가 대부분일 거예요. 하지만 서로의 영역을 과도하게 침범하면 오히려 시청자들이 뉴스에 몰입하는 것을 방해할 수도 있어요. 영상과 소리의 상관관계를 전혀 예측할 수 없는, 즉 기자만 이해할 수 있는 편집을 할 경우가 대표적이겠죠. 또 말(소리)로 영상을 하나하나 설명하려고 하면 시청자들이 영상에 관해 상상하거나 해석할 수 있는 영역을 축소하거나 침해할 소지가 있어요. 그렇게 되면 방송 뉴스가 영상을 대동함으로써 가지는 여러 강점을 오히려 약화하는 결과를 초래할 수도 있죠. 반대로 영상이 지닌 정보가 많지 않은데도 현란한 편집으로 영상의 의미를 억지로 창출하려고 한다면, 말로 간단 명료히 표현할 수 있는 의미를 제대로 전달하지 못하는 결과를 낳을 수도 있어요. 영상과 음향의 조화가 중요하다는 얘기죠.

❹ 기사와 앵커 멘트

박 ▶ 지금부터는 이번 〈현장 36.5〉에서 활용된 소리에 관한 요소에는 어떤 것들이 있는지 알아볼까? 우선 〈현장 36.5〉에는 앵커가 직접 읽어주는 내레이션(기사)이 있지. 아마 귀에 가장 쏙 들어와서 TV 뉴스 속 소리의 헤게모니를 쥐고 있다고 해도 과언이 아니야. 미셸 시옹의 구분에 따르면 오프스크린 사운드(off-screen sound)로 분류되는데, 화면에서 보이는 피사체들과 전혀 상관없는 것에 의해 만들어지는 소리지. 영상과는 별개의 시공간 즉 화면 밖 멀리에서 들려오는 소리로, 주관적인 느낌을 줄 수 있고 때로는 전지적인 느낌까지 줄 수 있어. "당신이 보는 영상은 이런 의미이다"라고 판결을 내려주는 듯한 해설적 성향도 크기에, TV 뉴스에 미치는 영향력이 상당하지. TV 뉴스에서 기사를 작성할 때 이미지에 대한 개입을 자제하려 한다든지, 개입하더라도 객관적이고 중립적인 태도를 유지하려는 것도 이런 힘을 의식했다고 볼 수 있어.

김 ▶ 영상뉴스에서 기사 혹은 내레이션은 아주 짧은 분량으로도 많은 정보를 제공할 수 있고, 뉴스 속 상황을 규정할 수도 있는 아주 효율적인 요소죠. 특히 영상이나 현장음에 치중해서 영상뉴스를 구성하면서 발생하는 시간 낭비나 의미의 모호성을 없애주는 데 큰 역할을 해요. 영상뉴스의 특성상 이번 뉴스 속에는 기사의 분량이 그렇게 많지는 않아요. 다만 앵커 멘트 또한 기사의 한 부분이라는 걸 고려하면 그렇게 적은 분량도 아니죠. 앵커 멘트는 기본적으로 시청자들의 시청 욕구를 자극하는 단어를 활용해서 아이템을 소개하는 파트죠.

되도록 기사의 내용과 겹치는 부분이 없도록 만들어서, 뉴스의 본 내용과 유기적인 관계를 형성할 수 있다면 더 좋겠지만 현실적으로 그렇게 작성하기란 쉽지 않아요.* 그래서 이번 아이템에서도 본 기사에 등장하는 내용이지만, 할머님들이 랩을 하는 배경에는 "배우지 못한 한이 서려 있다"라는 내용을 앵커 멘트에 넣었어요. 단순히

* 김문환, 『TV 뉴스 기사 작성법』, 커뮤니케이션북스, 2018, 37~39쪽 참조.

흥미 위주의 뉴스가 아니라는 걸 강조하려는 의도였죠. "데뷔 배경이 조금 특별합니다"라는 부분은 그나마 시청자들의 관심을 끌기 위해 뉴스에서는 잘 쓰지 않는 캐주얼한 표현을 쓴 거라고 할 수 있어요.

'표 1'을 보면 본 기사는 총 여섯 줄이에요. "할머님들은 랩을 어떻게 시작하게 된 걸까요?"라는 첫 기사는 할머님들이 랩을 하게 된 계기를 한글 선생님이 설명하기 직전에 나와요. 사실 없어도 무방한 부분이죠. 하지만 뉴스 도입부에서 질문을 던짐으로써 주의를 환기하는 동시에 시청자의 참여를 유도하는, 일종의 추임새 같은 역할을 의도했어요. "할머님들은 여러 시대적 상황으로 한글을 배우지 못한 마지막 세대가 되었습니다"라는 기사는 뒤에 나올 인터뷰를 미리 요약해서 설명해주는 역할을 하죠. 비효율적으로 보일 순 있으나 인터뷰가 바로 나오는 것보다 시청자의 이해를 도울 수 있어요.

일반 뉴스였다면, 연이어 등장하는 수니 할머님과 이필선 할머님 인터뷰 영상이 잘 맞도록 그 사이에 기사를 한 줄이라도 배치하는 것이 통상적이겠죠. 하지만 영상뉴스에서는 인터뷰 영상의 앞부분을 다른 영상으로 덮는 게 비교적 자유로워서 인터뷰 영상이 서로 충돌한다는 느낌을 없앨 수 있었어요. 그래서 따로 기사를 추가하거나 인터뷰의 위치를 옮길 필요가 없었죠.

"늦게 배운 한글이라 더 애착이 갑니다"라는 기사는 뒤에 나오는 현

구성	기	승			전	결
기사	"할머님들은 랩을 어떻게 시작하게 된 걸까요?"	"할머님들은 여러 시대적 상황으로 한글을 배우지 못한 마지막 세대가 되었습니다."	"늦게 배운 한글이라 더 애착이 갑니다."	"할머님들의 생활 밀착형 랩은 벌써 아이들 사이에서 인기입니다."	"떠나간 남편을 그리워하는 랩도 준비하고 있다는 박점순 할머님."	"이제 배우지 못한 한이 풀렸느냐는 질문에 할머님은 노래로 답합니다."
주요 역할	참여 유도, 주의 환기	신 전환, 다음 내용 예고	리듬 조절, 다음 내용 예고	신 전환, 다음 내용 설명	리듬 조절, 다음 내용 설명	리듬 조절, 다음 내용 설명

표 1.

장음을 살리기 위한 포석 정도의 역할이에요. 밭에서 수니 할머니가 "오이밭에 오이 따고 호박밭에 호박 따고"라는 랩을 하는 모습은 인상적일 뿐 아니라, 잠시 뒤에 나올 동네 아이들에게 랩을 가르치는 장면의 편집을 위해서라도 꼭 살려야 할 부분이에요. 하지만 아무런 설명 없이 그냥 나오면 시청자가 느끼기에 조금 뜬금없을 것 같아서 기사를 한 줄 넣은 거죠. "떠나간 남편을 그리워하는 랩도 준비하고 있다는 박점순 할머님." 역시 뒤에 나올 내용들을 미리 알려주는 역할이에요.

하지만 그보다 더 중요하다고 생각되는 기능은 신(scene)이 바뀌고 새로운 상황이 시작되는 지점에서 배경에 대한 시청자의 인식을 재설정하는 거죠. 스토리텔링 측면에서 보더라도 감정이 최고조에 도달하기 직전이라 기사가 꼭 필요한 시점이라고 생각했어요. 그런 분위기를 강조하기 위해서 일반적인 문장의 순서가 아닌, 주어를 마지막으로 위치시키는 식으로 기사를 썼어요. "이제 배우지 못한 한이 풀렸느냐는 질문에 할머님은 노래로 답합니다"라는 기사 역시 뉴스를 마무리하는 단계에서 분기점을 만들어주는 리듬 조절 역할을 하는 동시에 앞으로 나올 내용을 예고하죠. 할머님의 노래가 너무 갑작스러울 수 있어서 "노래로 답합니다"라는 중복적인 설명이 들어갔고요.

❺ 사운드바이트와 인터뷰

박 ▶ 사운드바이트는 확보한 발언의 일부를 짧게 따서 뉴스에 사용하는 걸 말하는데 기사나 내레이션에 비하면 간접적으로, 현장음이나 음악 등에 비하면 직접적인 방식으로 뉴스의 메시지를 전달하는 소리 요소라고 할 수 있어. 기사에는 기자의 주관이 가미되는 느낌이 있는 반면, 사운드바이트는 다른 사람의 입을 빌려 뉴스를 전달하기 때문에 객관적인 느낌을 주는 장점이 있지.

보통 시청자들은 제작진이 사운드바이트를 입수하는 동안 그것의 내용에 개입하지는 않았을 거라는 믿음이 있어. 그런 만큼 사운드바이트는 뉴스의 공정성과 신뢰도에 아주 큰 영향을 미치는 요소라고 말할 수 있겠지? 뉴스 제작진이 의도하지 않은 실수라 할지라도 인터뷰 같은 사운드바이트의 조작 논란에 휘말리게 되면, 방송사가 공식적으로 사과해야 하는 상황까지 발생하는 경우도 있지.

'사진 7'을 보면, 뉴스데스크에서 '파인애플 껍질도 뚫어, 당근칼 주의보'라는 제목으로 초등학생들이 사용하는 당근칼의 위험성을 보도하면서 인터뷰 내용을 잘못 전달한 경우가 있었어. "여자애들도 해요"라고 말한 부분의 자막을 "여자애들 패요"로 잘못 방송한 거지. 또 '사진 8'처럼, '개헌에 대한 시민들의 생각'을 전하면서 지인의 인터뷰를 방송해서 사과방송을 했던 경우도 있어. 전자는 인터뷰 과정에서 선명한 음질을 확보하지 못한 것에서 기인한 실수 같고, 후자는 인터뷰이 적절성에서 도덕적 결함이 생겼던 거라고 생각해. 사운드바이트를 기자의 의도에 맞춰 지나치게 토막 내서 문장을 조합하는 것 또한 바람직하지 않지. 시청자가 인터뷰를 볼 때 편집 지점이 여러 번 발견된다면 그 수만큼 말의 신뢰도 역시 하락한다고 생각해. 사운드바이트의 내용을 의역해서 자막으로 설명하는 것도 지양해야 해. 있는 그대로 쓰되, 시청자의 이해를 돕기 위해 생략된 부분을 괄호 속에 추가하는 정도로 제작하는 게 바람직하지.

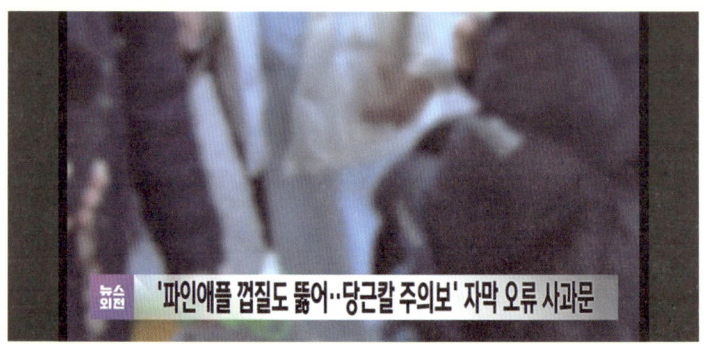

사진 7과 사진 8. 각각 2023년 11월 22일 뉴스외전, 2018년 1월 2일 뉴스데스크 방송이었다.

김 ▶ 참 어려운 문제예요. 취재 환경이 어수선한 상황에서 즉흥적으로 인터뷰를 진행한다거나, 영상 스케치를 하는 과정에서 의도치 않게 녹음되는 경우도 많기에 선명한 소리를 녹음하기란 쉽지 않아요. 어쩌면 '바이든 vs 날리면' 논란도 이런 과정에서 발생한 거죠. TV 뉴스를 제작하면서 항상 신경쓰는 부분이에요. 한편 방송 제작 현장에서는 사운드바이트를 여러 용어로 부르죠. 인터뷰, 싱크, 이펙스 등인데요. 보통 인터뷰(INT)는 형식을 갖춰서 정식으로 진행한 인터뷰 중에서 한 부분을 뉴스에 활용할 때 그렇게 부르죠. 싱크(SYNC)는 비교적 자유로운 형식에서 녹취된 대화나 발언 중 일부를 발췌해서 사용할 때 그렇게 부르는 경우가 많고요.

경우에 따라 아주 짧게 활용되는 사운드바이트를 이펙트 혹은 현장음 정도로 부르죠. 주로 고함소리, 환호, 비명 같은 게 되겠죠? 구구절절 논점 없는 인터뷰를 쓰는 것보다 때로는 현장의 분위기를 잘 설명하는 짧은 이펙트를 하나 넣는 게 오히려 효과적일 때도 있어요. 거기에다 방송 현업에서는 뉴스 곳곳에 이펙트를 배치하는 형식의 제작에 대해 완성도가 높다고 평가하는 경향이 있죠. 현장 분위기를 전달해서 몰입감을 높임으로써 뉴스 메시지를 강화한다고 믿기 때문이에요.

박 ▶ 인터뷰 같은 사운드바이트는 기본적으로 온스크린 사운드라고 할 수 있어. 말하는 사람이 화면에 보이는 거지. 뉴스에서는 보통 사운

사진 9. 2024년 10월 24일 뉴스데스크
「자유언론실천선언」 50년… 아직도 꺼질 수 없는 '횃불'.
편집 지점을 감추기 위해서 기자와 나란히 앉아 있는 영상을
사운드바이트 위에 덮었다.

드바이트를 편집할 때, 말하는 사람의 얼굴을 처음부터 끝까지 쭉 보여주는 경우가 많아. 사실성과 신뢰도 측면에서 바람직하기 때문이지. 하지만 뉴스를 보다보면, 가끔 별다른 이유 없이 다른 화면으로 얼굴을 가리는 경우를 볼 수 있어. 이런 경우는 대부분 제작 실무적 관점에서 이뤄지는 결정들이지.

예를 들어, 사운드바이트가 10초 이상 늘어지면 지루함이 발생할 가능성이 커. 이를 줄이기 위해 관련 영상으로 사운드바이트의 일부를 덮을 때가 있지. 사운드바이트를 짜깁기하는 과정에서 발생한 보기 싫은 컷 포인트, '사진 9'처럼 편집 지점을 감추기 위해 그럴 때도 있어. 물론 인터뷰 중간에 해당 발언을 설명해야 할 필요성이 느껴

질 경우에도 말 그대로 '관련 영상을 오버랩'하는 경우가 있어. 과거를 회상하는 인터뷰 같은 게 대표적이야.

이번 〈현장 36.5〉에서 사운드바이트를 이용해서 세련된 영상 내러티브를 구성한 부분이 있었어. 바로 '표 2' 이필선 할머님의 사운드바이트를 편집한 부분이야. 영상의 시작은 할머님이 직접 쓴 『이필선 할매 이야기』라는 책의 클로즈업을 컷어웨이숏으로 활용했지. 근처에서 책의 한 구절을 읽는 듯한 현장음(아웃스크린 사운드)은 들리지만, 아직 누가 소리를 내는지 알 수 없는 상태라서 음원에 대한 호기심을 자아낼 수 있었어. 다음 컷에서는 이필선 할머님이 책을 읽는 모습과 할머님 목소리(온스크린 사운드)의 싱크가 일치하게 됨으로써 호기심이 해소되는 효과가 발생하지.

영상				
사운드 바이트	(아웃스크린 사운드) 현장음	(온스크린 사운드) 현장	(오프스크린 사운드) 인터뷰	(온스크린 사운드) 인터뷰
	"무서워서…."	"학교를 가려 하니…."	"나 혼자 걸어서 학교에 갈 수가 없는 거야."	"그때는 가야산에 호랑이도 있었단 말이야."
음악	애잔한 음악			

표 2.

그다음 컷에서도 어디서 말하는지 알 수 없는 할머님의 인터뷰 음성(오프스크린 사운드)과 함께 새빨간 물체가 화면을 살짝 가린 상태에서 텃밭을 일구는 할머님의 모습이 나오지. 마지막 컷에서는 장미꽃이 활짝 핀 텃밭을 배경으로 인터뷰를 하는 할머님의 모습이 나오면서 다시 음향과 영상이 일치하게 돼. 빨간 장미꽃 같은 특색 있는 피사체를 이용해, 시청각적 연속성과 긴장감을 적절히 유지한 사례야. 음향 측면에서 보자면 현장음과 인터뷰가 잘 조화되었고 영상을 보자면 사운드바이트의 출처를 모두 드러내지도, 모두 감추지도 않으면서 구성의 긴장감을 잘 유지했다고 생각해.

❻ 현장음의 부각

박 ▶ 다음으로는 현장음에 대해서 이야기해볼까? 뉴스를 제작하는 현장에서는 BG(Back Ground) 혹은 앰비언트 사운드(ambient sound)라고도 하지. 야외촬영시 들리는 자동차 소리, 사람들의 말소리 등이 대표적이라고 할 수 있어. 아무 소리도 들리지 않는다고 느껴지는 공간에서도 룸톤(room tone) 같은 고유의 소음이 있지. 취재가 이뤄지는 장소의 분위기를 전해준다는 측면에서 일종의 현장음이라고 부를 수 있어.

신입사원 때, 국방부 관련 아이템을 취재하다가 카메라를 잘못 조작해서 현장음을 거의 녹음해오지 못했던 경험이 있어. 아이들의 로켓 만들기 대회 비슷한 거였는데, 소리가 뉴스의 주제를 부각하는 데 엄청난 영향을 미치는 아이템이었지. 어쩔 수 없이 잠시 녹음된 로켓 발사 소리를 편집 과정에서 여러 번 넣음으로써 그나마 실수를 모면했어. 하지만 뉴스가 나가고 편집실에서 선배에게 엄청나게 혼났던 기억이 나.

김 ▶ 현장음 없이는 뉴스 현장의 분위기를 전달하기란 쉽지 않죠. 영화에서야 후반작업 때 인공적으로 비슷한 음향을 만들어내는 과정인 폴리(foley)를 통해서 현장음을 보강할 수 있어요. 하지만 방송 뉴스에서는 영상을 촬영하는 과정에서 녹음된, 있는 그대로의 현장음을 사용하는 것을 원칙으로 하죠. 그뿐 아니라 원론적으로는 영상과 음향의 싱크를 정확히 맞추기까지 해야 해요.

예를 들어, 가장 멋있는 영상에 포함된 사이렌 소리가 약하다고 해서 잠시 후 찍은 다른 영상의 사이렌 소리를 가져와서 넣는 것조차 반칙으로 여기는 거죠.[*] 건물 외경을 보여주면서 건물 안의 소리를 먼저 들려주는 제이컷 같은 보편적인 편집 기법도 지양해야 한다는

---

[*] 박재영 외 6인, 『텔레비전 뉴스의 품질』, 이화여자대학교출판문화원, 2020, 176쪽 참조.

학계의 견해도 있어요. 반면 현업에서는 호기심을 유발하거나 리듬감을 조성하는 차원에서 이런 기법들을 장려하고 있죠. 현장음에 대한 학계와 현업 사이의 견해차가 크다는 얘기죠. 하지만 저널리즘의 표본으로 여겨지는 BBC 뉴스를 보더라도 실제로는 이런 원칙이 거의 무시되고 있는 게 현실이에요.

박 ▶ 조작이 아니라면 편집상 자연스럽고 설득력 있는 방식을 선택하는 게 맞는 것 같아. 그 기준은 '어떻게 편집하는 것이 내가 현장에서 객관적으로 느낀 사실과 가장 근접하는가?'라는 기자의 판단이 되겠지. 이 뉴스에서 가장 인상 깊었던 현장음은 '사진 10'처럼, 할머님이 돌아가신 남편과 친구를 생각하며 직접 만든 〈깻잎전〉이라는 랩의 한 구절을 읽으실 때였어. "들깻잎을 전 부쳐서 맛있게 먹을라 했는데, 아이고 주인 양반도 떠나고 송정댁(친구)도 떠나고 나만 혼자 남아 있네…"라고 읽은 직후, 말을 제대로 잇지 못하신 할머님. 울음을 삼키면서 내쉬는 숨소리의 여운과 흐느낌에 목이 막힌 듯한 할머님의 신음이 이 뉴스의 클라이맥스를 제대로 장식했다는 생각이 들었어.

할머님은 사랑하는 사람들이 떠난 후에야 본인의 감정을 글로 표현할 수 있게 되셨지. 그 글을 읽으면서 느낀 할머님의 복합적인 감정이 현장음으로 표출되면서 큰 울림을 줬어. 다만 아쉬운 점이 있다면 할머님이 흐느끼는 대목의 현장음을 좀더 오랫동안 사용하지 못

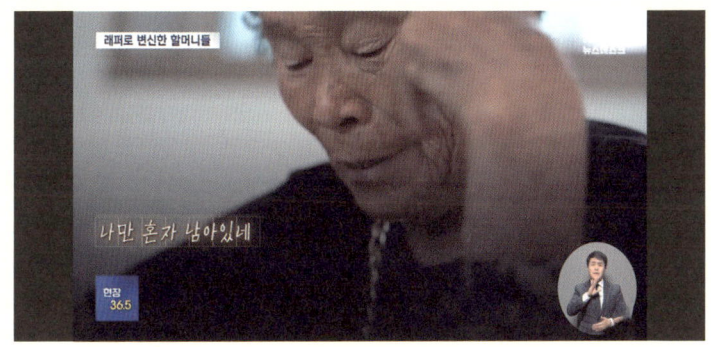

사진 10. 할머님의 흐느낌이 포함된 현장음은 이번 아이템의 클라이맥스. 시간 제약으로 길게 보여주지 못했다.

했다는 거야. 원본 영상이 그리 안정적이지 않아서 오래 쓰기에는 한계가 있었기 때문이지. 그나마 슬로모션을 활용해 많이 늘린 게 그 정도였어. 물론 〈현장 36.5〉에 배정된 시간이 3분 남짓으로 그리 넉넉하지 않은 이유도 있었고. 현장음을 더 살리지 못했던 부분이 아쉬움으로 남아.

❼ 음악의 활용

박 ▶ 마지막으로 이 영상뉴스에서 활용된 음향 요소 중 음악에 대해 짧게 이야기해볼까? 음악은 음의 높낮이, 리듬, 소리의 크기 등에 따라 시청자들의 감정에 지대한 영향을 미친다는 건 누구나 인정하는 사실이지. 앞에서도 언급했지만 소리는 그 음조에 걸맞은 이미지를 지니고 있기 때문이야. 예를 들어 상대적으로 높은 음이나 빠른 리듬의 음악은 사람들에게 들뜬 이미지를 떠올리게 하지. 날카로운 소리를 내는 악기로 연주된 음악은 사람들의 머릿속에 뭔가 긴장되는 이미지를 만드는 경우가 많겠지? 물론 조용하고 슬픈 음악은 거기에 걸맞은 분위기를 자아낼 수 있을 테고. 이런 특성을 잘 아는 기자들이 자신이 만드는 뉴스에 음악을 활용하려는 건 어쩌면 당연한 시도로 봐야 할지도 몰라.

김 ▶ TV 뉴스 속에서는 특히 뉴스의 정서가 변화하기 직전에 그 정서에 걸맞은 음악을 삽입하는 경우가 많은 것 같아요. 이번 〈현장 36.5〉의 제작에서도 '표 3'처럼, 뉴스의 정서가 바뀌는 신의 첫머리마다 신의 분위기에 부합하는 음악을 총 여섯 곡 깔았죠. 시청자들이 음악을 미리 듣고 그 음악이 지닌 이미지 혹은 모티브를 기반으로 뉴스의 내용을 예측하게 하려는 의도로 봐야겠죠?

음악을 듣고 마음이 움직일 방향을 이미 정한 시청자들은, 설사 앞으로 볼 뉴스 영상의 메시지 강도가 다소 약하더라도, 미리 정한 감정의 트랙을 크게 벗어나지 않아요. 이런 경향을 좋게 보자면, 음악과 TV 뉴스의 구성 요소들이 상호 보완적인 관계로 뉴스의 전달력을 높인다고 말할 수 있겠죠. 하지만 비판적인 시선에서 보면 음악

구성	기	승	전	결
내용	할머님들이 랩을 하는 현장	랩을 배우게 된 계기	한글을 배우지 못한 사연	아이들에게 랩을 들려주는 현장	떠나간 남편과 친구를 위한 랩 작사	한글 공부에 대한 할머님 노래
음악	비트 있는 음악	명랑한 음악	애잔한 음악	명랑한 음악	애잔한 음악	감동적인 음악

표 3.

이 뉴스의 정서를 미리 규정함으로써 시청자들의 자기 선택권을 침해한다고도 볼 수 있어요.

박 ▶ 맞아. 돌이켜보면 TV 뉴스에서 음악 사용을 극도로 자제시켰던 보도 책임자도 있었어. 음악이 동반하는 특정 이미지를 조성해서 뉴스에 영향을 미치지 않겠다는, TV 뉴스의 명분에 아주 충실했던 분이었지. 영화나 드라마에서는 음악이 관객의 특정 반응을 유도하기 위한 효과적인 수단으로 여겨지는 게 너무나도 자연스러운 일이야. 하지만 저널리즘 측면에서는 이런 음악의 효과가 시청자들에게 미칠 악영향을 간과해서는 안 된다는 견해도 있다는 거지. TV 뉴스에서 음악은 양날의 칼이라는 생각으로 적절한 선을 지켜가며 활용하는 게 중요해.

뉴스 제작의 작은 팁을 공유하며 이만 대화를 마칠까? 뉴스의 피날

레를 멋지게 장식하기 위해서는, 끝맺음이 확실한 음악을 고르는 게 좋아. 음악이 흐지부지 끝나는 게 아니라, 마지막에 쾅하고 심벌즈나 북소리 같은 확실한 임팩트가 있으면 좋다는 거지. 그런 음악을 선택한 후에는 뉴스가 끝나고 잠시 후 음악도 같이 끝나도록 타이밍을 맞추는 게 중요해. 이를 위해서는 음악 편집만큼은 뉴스가 끝나는 부분부터 하는 게 효율적이겠지?

4

축소사회, 달라진 사회의 단면들

13장

혈연을 넘어…
"그렇게
가족이 된다"

2024년 5월 25일, **한지은 영상기자**

5월, 가정의 달이 되면 수많은 가족 이야기가 미디어를 통해 소개된다. 더이상 표준적인 4인 가구가 지배적 가족 형태가 아니며 가부장적 위계질서가 서서히 흔들리고 있다. 하지만 여전히 많은 사람이 다양한 가족 형태에 낯설어하는 듯하다.

위탁가정을 선택한 이유

처음부터 위탁가정을 고려했던 것은 아니었다. 다양한 가족 형태를 떠올렸지만 결국 위탁가정을 선택한 것은 이 제도가 매년 미디어에 소개되면서도 여전히 사람들의 인식에 깊이 자리잡지 못했기 때문이다. 입양만큼 위탁가정 제도는 대중에게는 친숙하지 않다. 그래서 위탁부모들은 늘 스스로를 설명해야 하는 상황에 처한다. 찬민의 가족은 그런 어려움을 딛고 진정한 가족이 된 사례이다. 이들은 법적인 혈연관계는 아니다. 하지만 이들이 가족이 아니라고 할 수 있을까? 이 생각으로 이 리포트를 시작했다.

아이의 얼굴 공개, 신중한 접근

찬민네 가족을 섭외하면서 가장 염려했던 부분은 아이의 얼굴 공개 여부였다. 대부분의 위탁가정 리포트에서 아이의 얼굴을 가렸기에, 나도 당연히 얼굴을 가릴 생각이었다. 그러나 찬민네 가족은 얼굴 공개를 원했다. 얼굴을 가릴 경우 위탁가정을 공개적으로 소개하는 데 부정적인 인식이 생길 수 있기 때문이었다. 이 말을 들었을 때 마치 머리를 한 대 맞은 듯 충격을 받았다. 깊이 고민하지 않고 고착화된 방법을 따라가려 했던 스스로를 반성하게 되었다. 아이의 모자이크 여부는 신중하게 접근해야 한다. 하지만 이번 리포트는 고발성 리포트가 아닌 가족에 대한 이야기이기에, 아이의 천진난만한 얼굴과 표정을 보여주는 것이 시청자들에게 더 와닿을 것이라고 판단했다. 이 부분에 대해 회사 법무팀과 재단 법무팀을 통해 법적 문제가 없는지 검토하고 찬민뿐 아니라 찬민네 가족과 많은 대화를 나누었다.

찬민과 가족이 된 사연을 말할 때 찬민의 어머니는 목이 메어 말을 이어가기가 힘들어 보였다. 찬민과 가족이 되기까지 많은 사연이 있었고 그후에 그들은 누구보다 끈끈한 가족이 되었다. 그러나 이러한 복잡하고 어려운 사연들은 가족들과 충분히 대화한 후 과감히 빼기로 했다. 제작자 입장에서는 여러 스토리를 넣고 싶었지만 아이가 아직 어리기에 보수적으로 접근하는 것이 맞는다고 판단했다.

어떻게 전달할까

　영상의 시작은 기존의 뉴스 형식을 탈피하고 시청자에게 아이의 천진난만한 모습을 더욱 진솔하게 보여주기 위해 브이로그 형식을 도입했다. 찬민이 직접 카메라를 잡고 자신의 부모님을 소개하는 장면은 자연스럽고 생동감 있게 가족의 일상을 전달한다. "안녕하세요, 저는 찬민이에요. 우리 엄마 아빠 소개해줄게요!"라고 활기차게 말하는 모습은 시청자에게 따뜻한 웃음을 선사한다. 이 장면은 가족의 일상적인 모습을 생생하게 담아내며, 아이의 목소리를 통해 가족의 이야기를 더욱 친근하게 전달한다.

　영상에서 가장 신경쓴 부분은 이들의 표정을 포착하는 일이었다. 그들의 얼굴에 드러나는 미묘한 감정들을 포착하여 시청자에게 그 사랑과 애정을 전달하고자 했다. 아이가 부모님을 바라보며 짓는 해맑은 웃음, 부모님이 아이를 바라보며 짓는 따뜻한 미소는 그 자체로 강력한 메시지를 전달한다. 이러한 순간들은 가족의 유대감을 가장 잘 표현해주며, 시청자가 가족의 진정성을 느낄 수 있도록 한다. 또 영상 곳곳에서 위탁가정의 따뜻함이 드러나도록 신경썼다. 가족이 함께 식사를 준비하는 모습, 아이와 부모가 함께 축구를 하는 모습, 서로를 보며 환하게 웃는 순간들까지 모두 카메라에 담았다. 이러한 장면들은 위탁가정의 일상이 얼마나 따뜻하고 진실한지를 보여주는 중요한 요소다.

위탁가정의 현실과 지원의 필요성

가정위탁제도가 도입된 지 20년이 넘었지만 제도는 여전히 위탁부모들의 선의에 기대어 유지되고 있다. 위탁부모들이 사랑으로 아이를 양육하는 것을 응원하는 것도 중요하지만 가장 중요한 것은 제도적 지원이다. 그러나 현재의 가정위탁제도는 이들의 고충을 충분히 반영하지 못한다. 지원금의 영수증을 일일이 제출해야 하고, 아이의 여권을 발급받으려고 해도 위탁부모들에게 권한이 없는 경우가 많다. 이를 보완하기 위해 미성년후견제도를 신청할 수 있게 했지만 긴 시간이 필요하고 재단의 도움 없이 스스로 해결하기에는 많은 어려움이 따른다.

찬민의 아버지는 영상 후반부에 "가족이란 그저 이해하고 편이 되어주는 것"이라고 말한다. 아직도 우리 사회에는 '정상 가족'의 범

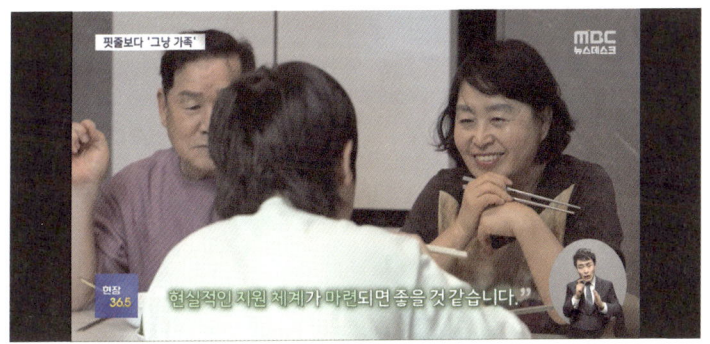

주에 묶이지 못한 수많은 가족이 있다. 누가 이들을 가족이 아니라고 할 수 있을까. 진정한 가족이란 혈연이 아니라, 서로를 이해하고 지지하는 마음에서 비롯되는 것이 아닐까. 이 영상을 통해 위탁가정의 현실을 알리고 사회적 인식이 조금이라도 변화하기를 간절히 바랐다. 다양한 가족 형태가 존중받고 그들이 필요한 지원을 받을 수 있는 사회를 만드는 데 기여하고 싶었다.

기자들의 대화

뉴스의 형식과 피처스토리

박 팀장(이하 박)
한 기자(이하 한)

박 ▶ 앵커 멘트를 포함하면 3분 20초. 뉴스의 본 내용인 VCR*만 따지면 2분 55초쯤 되더군. 일반 뉴스데스크 아이템이 보통 2분 남짓이니, 다소 긴 분량이라 할 수 있어. 그래도 이야기의 힘을 끝까지 잃지 않는 뉴스를 구성했다고 생각해.

한 ▶ 어떻게 만들면 뉴스 말미까지 시청자들의 몰입을 유지할 수 있을지 많이 고민했어요. 아무리 좋은 내용이라도 시청자가 봐주지 않으면 소용이 없잖아요? 특히 가정위탁제도처럼 다소 어렵고 무거운 내용을 보게 되면 시청자는 보통 주제에 대한 부담이나 피로감을 느끼죠. 그래서 사전 취재 때부터 좀더 편안하고 매력적인 이야기로 내용을 전달해야겠다고 생각했어요.

---

* 비디오 카세트 리코더(Video Cassette Recorder)의 줄임말. 비디오테이프로 편집하던 시절 리포트 편집 완성본을 칭하는 방송 용어. 앵커 멘트는 스튜디오에서 라이브로 방송하고, 개별 기자의 리포트는 미리 편집된 테이프를 VCR로 재생했다. 메모리로 바뀌고 네트워크화된 지금도 사용되는 용어이다.

❶ 뉴스의 다양한 형식

박 ▶ 내용만큼이나 내용을 담는 그릇인 형식의 중요성도 오래전부터 강조되어왔지. 현황, 문제점, 개선 대책 등의 구성 요소만을 나열하는 전통적 방식으로 시청자들을 사로잡는 데 한계를 느꼈기 때문일 거야. 한때 우리나라에서도 크게 유행했던 '데이터 저널리즘'을 예로 들어볼까? 방대한 자료를 찾아내고 분석해서, 유의미한 숫자를 찾아내는 방식으로 숨겨진 사실을 드러내는 뉴스 포맷이지. 하지만 데이터 뉴스가 지닌 세밀함과 정교함이라는 장점에도 불구하고, 태생적 한계인 복잡한 내용과 단조로운 형식 때문에 시청자들의 주목을 모으는 데 실패하는 경우가 많았어.* 이런 한계를 극복하자는 문제의식이 학계와 언론계 양쪽에서 생겨났고 뉴스도 이제 내러티브가 중요하다는 말까지 나오게 됐지.

한 ▶ 하지만 내러티브라는 형식이 주는 재미 탓에 뉴스를 연성화한다는 비판도 동시에 들어왔죠. 이런 부정적 시선은 스토리텔링과 내러티브를 동일시한 결과인 것 같아요. 이야기로 뉴스를 전달한다는 공통점은 있지만 둘 사이에는 약간의 차이가 있죠. 스토리텔링은 단순히 이야기를 전달하는 행위에 방점을 두죠. 반면 내러티브는 흥미를 동

---

* 안수찬, 『뉴스가 지겨운 기자』, 삼인, 2013, 140쪽 참조.

반한 이야기 전달을 필두로 종국에는 그 이면의 진실에까지 접근한다는 게 다른 점이에요.

내러티브 뉴스는 제작 난이도에서도 차이가 나요. 일반 뉴스보다 만들기 훨씬 어렵죠. 예를 들면 일반 뉴스는 정부 발표를 인용한 기사에, 미리 찍은 자료 영상만 더하면 만들 수 있어요. 하지만 내러티브가 살아 있는 뉴스를 만들기 위해서는 현장에 직접 가서, 정부 발표에 영향을 받는 사람들을 만나고, 사실관계까지 확인해야 하죠. 이렇듯 흥미나 감동을 동반한 서사로 뉴스를 전달하려는 이유가 꼭 방송사 시청률 같은 데만 있진 않아요. 오히려 시민들의 실제 이야기를 반영하려는, 시청자 중심의 뉴스를 만들기 위한 노력의 일환이죠.

박 ▶ 하지만 한때는 방송사 내에서 쉽고 재밌게 볼 수 있는 뉴스를 만들자는 고민이 부족했던 시절도 있었어. 보도국 내부에 그런 뉴스를 다소 부정적으로 바라보는 엄숙주의와 엘리트주의 같은 게 있었던 것도 사실이고. 〈현장 36.5〉 같은 피처스토리도 마찬가지야. 한동안 연성뉴스의 범주 안에서 도매금으로 취급되기도 했지. 아마 연성뉴스나 피처스토리 모두 사람들의 사례로 흥미로운 이야기를 구성한다는 유사성 때문이었을 거야. 하지만 최근에는 그 위상이 많이 높아졌지. '말랑이 아이템'이라고도 불리며 재미만 추구하는 연성뉴스와 달리 피처스토리는 주변 사람들의 이야기로, 지금 발생하는 현상의 진면목까지 보여줄 수 있는 포맷이라고 평가받고 있어.

한 ▶ 맞아요. 한때 피처스토리가 휴먼스토리로 오해받는 경우도 있었죠. 특정 분야 사람들의 이야기를 중심으로 사안을 세세하게 다룬다는 점은 비슷해요. 하지만 피처스토리가 인간적 흥미만 좇는 게 아니라 이번 가정위탁제도처럼, 얽힌 실타래 같은 소재를 다루는 경우도 많잖아요? 어려운 내용일수록 우리 주변 사람들에게서 사례를 찾아 매력적인 스토리를 구성해야 해요. 생활에 밀착해 시청자의 이해를 도모하는 거죠. 결국 선택의 문제인 듯해요. 뉴스를 둘러싼 여러 상황을 고려해서 메시지를 가장 효과적으로 전달할 수 있는 구성을 고르는 거죠.

뉴스 앵글을 고려해볼까요? 뉴스를 누구의 시점에서 만드냐에 따라 이야기는 달라져요. 참신한 앵글은 세상에 없었던 정보를 주기도 하죠. 〈현장 36.5〉는 평범한 사람들의 입장에서 상황을 바라보는 경우가 많죠. 이럴 경우는 사람들의 소소한 이야기로 시작해서 우리 사회의 구조적 문제로 접근해가는, 이른바 보텀업(bottom-up) 구성이 유리하겠죠. 그래서 그런 구성의 전형인 피처스토리를 선택하는 거고요. 뉴스 앵글이 정부 기관 같은 곳에서 형성된다면, 취재원이 제공한 정보를 톱다운(top-down) 방식으로 구성하는 게 편리하겠죠. 이런 경우에는 아무래도 경성뉴스의 대표적 스타일인 스트레이트뉴스를 선택할 확률이 높죠.

특종을 물어왔다는 상황을 가정해볼까요? 이런 경우에는 내러티브나 피처스토리 같은 재미와 설득력을 동반한 구성을 고려할 필요가 없죠. 우선 타사보다 뉴스를 빨리 내보내는 게 중요하기 때문이에요. 이럴 때는 스트레이트뉴스가 가진 장점을 십분 활용해야 해요. 육하원칙을 기준으로 중요한 정보부터 신속하고 간결히 열거하는 역피라미드 형태로 뉴스를 구성하는 거죠.

❷ 피처스토리의 특성

박 ▶ 뉴스의 형식이나 구성에 특별한 우열은 없는 것 같아. 적절성과 선택의 문제지. 이번 〈현장 36.5〉 아이템도 마찬가지야. 뉴스에서 수없이 봐왔던 가정위탁제도를 다루면서, 감동을 끌어낼 수 없는 구성을 선택할 순 없잖아? 당연히 피처스토리처럼 흥미로운 에피소드로 시작해서 사람들의 사례로 시청자와 공감대를 쌓아가며 종국에는 정책적인 부분까지 건드릴 수 있는 구성을 선택해야지.
피처스토리의 서사적 특징을 좀더 이야기해볼까?

한 ▶ 우선 구성적 특징은 도입, 전개, 정리 또는 기승전결 같은 이야기 구조를 활용한다는 거죠. 도입부에서는 주제의 노출을 삼가고 시청자의 흥미를 유도하는 정도에서 그치는 게 일반적이에요. 뉴스가 전개

될수록 생생한 사례와 증언을 기반으로 주제에 대해 좀더 심층적으로 접근하게 되죠. 뉴스가 마무리되는 단계에서는 지금까지 보여준 상황에 대한 원인을 직접 밝히거나, 사례 당사자의 바람이나 희망을 담은 사운드바이트를 통해 대안을 간접적으로 보여줘요. 이런 이야기 구조를 차용하는 이유는 시청자들의 몰입도를 마지막까지 유지하려는 목적이 크겠죠.

제작 방식의 차별성도 있어요. 먼저 언어적 특징을 보자면, 기사를 간소화하는 대신 사람들의 대화, 인터뷰, 현장음을 활용해 간접적으로 메시지를 전달하는 경향이 크죠. 메시지가 불명확하다는 점에서 상당히 비효율적으로 보이겠지만 소설이나 영화처럼 상황을 시각화해준다는 장점이 있어요. 기사로 표현하기에는 한계가 있는 현장의 분위기나 취재원의 감정을 고스란히 전달할 수도 있고요. 영상적 특징은 화면이 기사에 종속되어 밑그림 정도로 활용되는 것이 아니라, 주도적으로 의미를 생성해낸다는 거죠. 인물의 사례를 중심으로 이야기를 풀어나가는 피처스토리의 특성상, 인물이 처한 시간이나 장소적 상황에 따라 각각의 신(scene)이 구성되잖아요? 이런 것도 영상이 독립적인 내러티브를 가지는 데 일정 부분 영향을 줬다고 생각해요. 이런 면들은 다큐멘터리 영화나 리얼리티 예능과도 겹치는 부분이 많아요.

박 ▶ 이런 특징들은 제작 과정에도 많은 영향을 미쳐. 우선 사전 취재와 구성에 상당한 시간을 소요하게 되지. 일반 뉴스에서는 취재 과정에서 부족했던 부분을 편집 과정에서 다양한 제작 요소와 기법으로 때울 수 있는 경우가 많잖아? 하지만 피처스토리를 만들 때는 다르지. 필요한 영상이나 사운드바이트를 누락하면, 구성 논리와 제작 완성도에 큰 구멍이 생겨. 이는 기사 대신 취재원의 입을 빌려 표현하고 사례나 상황이 담긴 영상을 퍼즐 맞추듯 조합해서 논리를 전개하는 피처스토리의 장르적 특징 때문이지.

이런 이유로 일반 뉴스보다 훨씬 더 치밀한 사전 취재를 통해 많은 것을 준비한 뒤 촬영에 들어가야 해. 일반 뉴스의 취재라면 너무 많은 걸 정해놓고 시작한다는 비판을 받을 수도 있겠지. 하지만 머릿속에 제작상의 확실한 지향점, 즉 로그라인을 심고 어느 정도의 구성안까지 가지고 촬영에 들어가는 게 바람직해. 인터뷰도 마찬가지야. 현장에서 즉흥적으로 질문을 던져선 절대 안 돼. 내가 이 사람의 입에서 이런 이야기를 반드시 확보해야 구성의 논리가 선다는 전략적인 생각으로 미리 준비해야 하지. 상황이란 건 한번 지나가면 다시 촬영할 수 없기 때문이야.

지금까지 이야기한 피처스토리의 내러티브적 특징들을 이번 〈현장 36.5〉 아이템에서 찾아볼까?

스타일	소재	출처	취재	장소	정보	서술	분위기	구성	전달	영상
스트레이트	시의성 있는 중요한 사안	공적 영역, 기관, 현상	자료 분석, 사실 확인	기자실, 방송사	톱다운	육하원칙, 기사체	정보, 효율	중요도 순서, 역피라미드	기사를 통해 직접적	보조적, 밑그림
피처 스토리	삶과 관련된 흥미 있는 사안	사적 영역, 시민, 현상의 이면	사례 당사자, 사전 취재	영상 취재, 현장	보텀업	문학적, 서사체	공감, 설득	흥미 유도, 몰입 유지	진술을 통해 간접적	주도적, 내러티브

❸ 피처스토리의 제작

한 ▶ 일단 전체 구성은 기승전결의 4단계로 구분할 수 있을 것 같아요. 우선 30초 분량으로 구성한 도입부부터 살펴볼까요? 도입부는 시청자를 뉴스에 집중시키기 위한, 아주 짧게 한정된 일종의 골든 타임 비슷한 것 같아요. 사람의 집중력이 지속되는 시간은 평균적으로 8초에 불과하다고 해요. 뉴스가 시작되고 시청자들에게 이 뉴스가 가치 있다고 확신시키는 데 단 8초가 주어진다는 말이죠.* 그래서

* 매튜 룬, 『픽사 스토리텔링』, 막어진 옮김, 현대지성, 2022, 47쪽 참조.

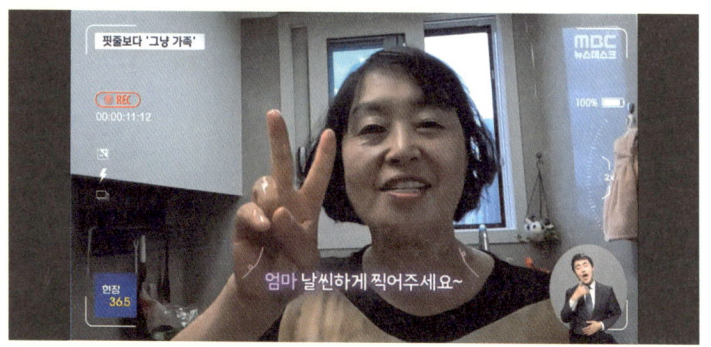

사진 1. 뉴스 도입부는 찬민이 직접 찍은 브이로그 형식의 영상으로 구성해서 시청자의 흥미를 유도했다.

'사진 1'처럼, 찬민이 직접 찍은 브이로그 형식의 이색적이고 인상적인 출발로 구성했어요. 형식도 밝은 톤을 고수했지만 내용도 "엄마 날씬하게 찍어주세요~"라는 대화, 소파에서 아빠를 넘어뜨리는 스킨십, 찬민이 빵을 떨어뜨리는 실수 등 주제를 직접적으로 드러내지 않는 흥미 위주의 일화들로만 꾸몄죠.

50초가량 배정한 전개 단계에서는 가정위탁제도의 긍정적인 모습을 상징적으로 보여주는 사례들로 구성되었어요. 우선 찬민의 어머니 진술로 이 가정이 어떤 연유로 이뤄졌는지 설명했고 얼마나 돈독한지 보여줬죠. 가족이 수영장을 찾은 에피소드를 추가해서 위탁가정의 단란한 분위기를 시청자들이 체감할 수 있도록 했어요. 물론 찬민의 꿈을 물심양면으로 지원하고 응원하는 부모님들의 진정성 또한 느낄 수 있는 사례죠.

발전 혹은 전환 단계 역시 50초 정도예요. 기사의 전체 분위기가 반전되는 부분이죠. 가정위탁제도의 어두운 면이 드러나면서 화면의 톤도 따라서 어두워지도록 바꿔봤어요. 실루엣이 많이 활용되고('사진 2') 인터뷰 조명 역시 키아로스쿠로* 스타일처럼 그림자를 강조했죠('사진 3'). 가정위탁제도에 대한 사회적 인식 부족과 정부 지원의 한계를 지적한 부모님의 인터뷰는, 찬민과 아빠가 해맑게 웃으며 축구를 하는 영상으로 일부를 덮었어요. 극단적으로 대비되는 이미지를 역설적으로 보여주는 시도였죠.

마지막 정리 단계는 45초가량이에요. 사전 취재와 촬영을 거치면서 찬민의 인터뷰로 피날레를 장식해야겠다는 확신이 섰어요. 어린 소년의 표정으로 이 뉴스가 이야기하고자 하는 모든 것을 함축적으로 보여줄 수 있다고 생각했죠. 찬민이 담담히 가족에 대한 본인의 생각과 부모님에 대한 고마움을 들려주는 모습은 지금 봐도 울컥하게 되네요. 책임의 소재, 제도의 개선 방안 등을 말로 설명한다고 한들 시청자의 마음속에 진한 여운을 남기기엔 부족하겠죠? 시청자의 공감을 자아내서 조금이라도 현실이 나아지게 하려면, 이런 식의 마

---

* chiaroscuro. 르네상스시대의 회화 기법으로 영화에서도 활용되는 용어이다. 명암의 극명한 대비를 통해 3차원적 입체감을 조성한다.

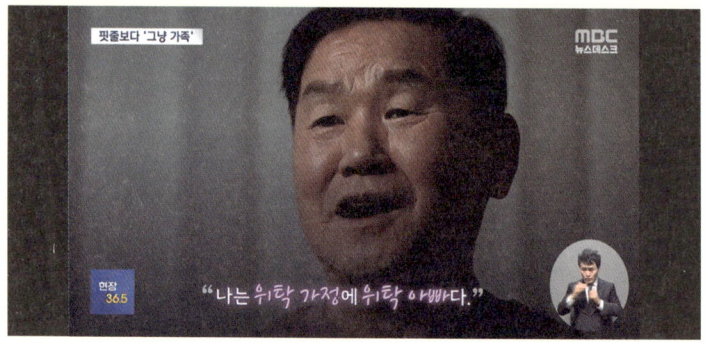

사진 2와 사진 3. 가정위탁제도의 부정적인 내용을 이야기하는 시점에서는 영상의 분위기 역시 기사의 톤에 따라 어둡게 맞춰졌다.

사진 4. 질문까지 포함하면
더 친절하고 선명하고 현장성 있는 구성이 된다.

무리가 훨씬 소구력 있다고 생각했어요.

박 ▶ 나도 동의하는 부분이야. 찬민의 마지막 인터뷰 편집은 정말 좋았어. 부모님의 인터뷰가 끝나고 찬민의 인터뷰로 급하게 들어간 게 아니라, 잠시 휴지(休止)를 둔 것도 인상적이었어. '사진 4'처럼, 한 기자가 현장에서 질문한 "엄마 아빠를 생각하면 뭐가 가장 먼저 떠올라요?"라는 오디오를 넣었지. 결정적인 장면에 도달하기 전에 일시적으로 뉴스 전개의 속도를 줄인 셈이야. 중요한 메시지를 수용하기 전에 시청자에게 심리적 여유를 제공한다는 측면에서 현명한 결정이었어.

클로징은 찬민의 인터뷰는 "고맙고, 사랑하고. 저를… 사랑해주셔서 감사합니다"리는 짧은 내용이지. 그런데 "저를…"과 "사랑해주

사진 5. 화자의 얼굴을 계속 보여주는 것도 의미가 있겠지만
인터뷰와 부합하는 영상을 보여주는 것도 소구력을 높이는 효과가 있다.

셔서 감사합니다" 사이에는 약 8초의 공백이 있어. 방송업계에서는 소위 '오디오에 마가 뜬다'라고 표현하는 부분이지. 일반 뉴스에서는 이런 침묵의 시간은 기사로 메우거나, 들어내서 없애버리는 게 보통이야. 하지만 이 아이템에서는 8초간의 오디오 공백을 그대로 살리고 그 위를, 아빠가 찬민의 축구화 끈을 다시 묶어주는 영상('사진 5')으로 덮었지. 찬민의 회상이 플래시백 영상처럼 재생되는 느낌이었어. 8초라는 이 짧은 시간 동안 시청자들이 찬민의 머릿속에 들어갈 수도 있겠다고 생각한 설득력 있는 편집이었어. 찬민이 왜 "사랑해주셔서 감사합니다"라는 말을 하는지 확실히 이해할 수 있었기 때문이야.

▶ 더불어 이 클로징 부분에서는 감정의 과잉을 통제하려고 노력했어

요. 담담히 이야기한다지만 찬민의 감정이 그대로 드러나는 부분이기도 하잖아요? 혹시나 취재원의 슬픔을 이용한다는 느낌을 주는 건 아닌지 꼼꼼히 살폈어요. 찬민네 가족이 어렵게 취재에 응해주셨으니, 이 뉴스가 우리 주변의 위탁가정에 작은 힘이라도 보탰으면 하는 바람이에요.

14장

느린아이···
전력 질주하는
부모

2023년 12월 17일, **김희건 영상기자**

"출생률 강조가 물론 중요하지만 이미 태어나서 자라나고 있는 아이들을 (사회 속에서) 적응하며 살아가게 하는 게 또 국가의 의무라고 저는 생각하는데…."

_박선영(소아청소년과 전문의, 발달센터 원장, 놀이치료사)

합계 출생률 0.7명. 우리나라는 심각한 저출생 국가이다. 그런데 저출생만큼이나 큰 문제가 있다. 이미 태어난 아이들이 정상적으로 성장하는 데 어려움을 겪고 있다. 코로나19 바이러스를 거치며 발달 상태가 또래보다 느린 아이들이 많아졌다. 그러나 이들을 위한 우리나라 복지 시스템은 제대로 작동하지 않는다.

사회적 거리 두기를 하며 급증한 발달지연 아동

코로나19는 2019년 말부터 시작된 전 세계적 질병 재난이었다. 우리나라 정부도 코로나19 확산을 막기 위해 총력을 다했다. 국민들도 적극적으로 정부 방침에 따랐다. 2023년 5월 11일 마침내 우리나라는 코로나19의 엔데믹(endemic), 일상적 유행을 선포했다. 일상으로 돌아왔다. 그러나 일상으로 돌아오지 못한 일들이 있다. 사회적 거리 두기의 부작용이 남았다. '발달지연' 아동의 수가 가파르게 증가했다.

    건강보험심사평가원 통계에 따르면 2018년에는 약 5만 4천 명이었는데, 코로나19가 있었던 2022년에는 약 10만 3천 명으로 늘었다. 이 통계를 나는 발달지연 아동 수현(가명)의 방에 있는 레고 영상에 입혔다. 국가가 내린 코로나19 거리 두기 지침에 어린이집도 예외는 아니었다. 아직 기어다니는 아이들도 어린이집에서 종일 마스크를 쓰고 있어야 했다. 외부인 출입이 금지되며 특별활동은 사라졌다. 4단계로 격상되며 어린이집이 휴업하기도 했고, 부모가 자발적으로 아이를 보내지 않기도 했다. 뇌가 폭발적으로 성장해야 할 시기 아이들은 발달 골든 타임을 놓쳤다.

책임은 부모의 몫

    독일, 일본, 미국과 같은 선진국들은 발달지연 아동 치료를 위해 국가적 차원에서 나선다. 미국은 영유아 조기 중재* 서비스를 갖추고 있다. 그러나 우리나라에서 그 책임은 개인의 몫이다. "저희 아

---

*   Early childhood intervention. 0~3세 발달지연 위험군 아동에게 제공되는 서비스. 조기 중재를 할수록 치료 확률이 높다고 보고 영유아와 가족에게 언어치료, 물리치료, 작업치료, 가족지원, 보조 공학 장치, 심리치료 등을 모두 무료로 제공한다.

이는 다른 아이들보다 느린 걸음이지만 저와 전력으로 걷는 중입니다. 여기 계신 모든 분께 부탁드립니다. 제발 도와주세요."* 2023년 10월 12일 국정감사에서 참고인으로 나온 발달지연 아동 부모 A씨가 울먹이며 말했다. 내가 취재를 시작한 이유이다. 느린 아이를 위해, 누구보다 빠르게 전력 질주하고 있는 부모의 삶을 기록해야겠다고 생각했다. 발달장애와 관련된 뉴스는 많다. 그러나 발달지연에 대한 이야기는 별로 없다. 이 둘을 제대로 구분하지 못하는 사람이 대부분이다.

발달지연이란 해당 연령의 정상 기대치보다 25퍼센트 뒤처진 상태를 의미한다. 보통 6세 이하 아동이 대부분이다. 언어 및 인지 발달 문제, 사회성 문제, 대근육 및 소근육 문제 등으로 나타난다. 아직 어려서 장애 판단을 내리기에는 이르다. 치료를 잘 받는 경우 정상 발달로 가기도 한다. 발달이 느리더라도 사회에 적응 가능한 상태로까지 호전될 수 있다. 향후 발달장애(자폐 스펙트럼 장애, 지적장애 등) 판정을 받더라도, 그 정도를 현저히 완화할 수 있다는 것이 전문가들의 의견이다. 한마디로 '모든 가능성'을 열어놓고 적극적으로 치료해야 하는 상태이다.

---

* 김향미, 민서영, 「"우리 아이는 느린 걸음이지만 전력으로 걷는 중입니다"」, 〈경향신문〉, 2023.10.12.

목소리를 내지 못하는 이유

리포트에 등장하는 수현의 부모님을 만나기까지 어려움이 많았다. 발달지연 아동 가족들은 사는 게 너무 힘들다. 그런데 어디에 고충을 털어놓기는 더 힘들다. 특히 방송 뉴스에 노출되는 것은 어려워했다. 가장 큰 이유는 보험사에 대한 두려움이었다. 노골적으로 표현하자면 보험사에 찍히는 걸 두려워했다. 발달지연 아동의 치료 골든 타임은 5~6세 정도라고 한다. 부모들은 이 시기에 치료를 위해 모든 시간과 돈을 쏟는다. 국가에서는 최대 25만 원 바우처를 지급한다. 이마저도 소득에 따라 다 받지 못하는 경우가 많다. 그런데 한 달 치료비에 보통 200만 원 이상의 비용이 든다. 언어치료, 놀이치료, 감각통합치료 등을 균형 있게 여러 차례 받아야 하기 때문이다.

국가 바우처가 턱없이 부족하다보니 보험에 의존하고 있다. 그런데 보험금 지급이 거부되는 사례가 몇몇 있었다.[*] MBC 뉴스에서도 2024년 3월 18일 다뤄진 내용이다. 보험사에서 의료 자문을 진행한 후, 발달지연이 아닌 영구 장애(F코드) 판정을 내리는 방식

---

[*] 송정훈, 「[제보는 MBC] "진단서 못 믿어" 보험금 지급 거부에 어린이 보험 가입자 '속수무책'」, MBC 뉴스, 2024.03.18.

이다. 의료 자문 과정은 불투명하다. 영구 장애 진단을 받으면 보험사 약관을 근거로 보험금 지급이 중단된다. 이런 사례들이 생기며 부모들은 보험사의 눈치를 보기 시작했다. 그럼에도 수현의 부모님은 용기를 냈다. 우리는 수현 가족의 폭풍 같은 하루를 동행했다.

피자 판처럼 쪼개진 부모의 일정

아침 일찍 집에 갔다. 수현의 어머니인 임수진 씨는 이미 출근했다. 아버지는 수현의 옷을 입히고 있었다. 출근 전 치료센터에 데려가는 게 하루의 시작이다. 리포트는 수현이의 몸부림과 생떼로 시작한다. 사실 이건 발달지연 아동이어서가 아니라, 아이가 있는 어떤 가정에서도 쉽게 볼 수 있는 장면이다. 공감대를 형성하고 싶었다. 아빠는 우는 수현이를 달래며 "악어떼가 나온다. 악어떼!" 노래를 부른다. 부모라면 누구나 알 법한 노래를 구성했다. 육아 자체도 힘든데 남들보다 몇 배 더 빡빡한 일정으로 지친 아버지 모습을 보여주고자 했다. 아버지의 하루 일정은 마치 피자 판처럼 쪼개져 있었다. 모든 걸 짧은 리포트에 담아내긴 어려웠다. 하루 일정을 CG로 나눠 구성했다.

시간도 돈도 부족하다. 치료비가 필요해 엄마는 주말에도 일한다. 임수진 씨는 물리치료사이다. 다른 환자를 치료하고 있지만, 마음은 치료받고 있는 아들에게 가 있지 않을까 싶었다. 투잡을 뛰는 다른 부모도 적지 않다고 한다. 그렇게 일해서 두세 번 더 치료받을 수 있는 비용을 마련한다. 그러다보니 악순환으로 시간이 부족해진다. 어린이집과 치료센터는 물론 집에서도 아이는 계속 놀아야 한다. 아무래도 부모가 장시간 일을 하고 퇴근하니 아이와 놀아줄 시간은 줄어든다. 수현의 부모는 최선을 다하고 있었다. 지친 몸을 이끌고 잠들기 전까지 수현이 곁을 지켰다.

국가는 외면하고, 보험사는 회피하고

국가 지원은 부족하고, 그나마 의지하던 보험금도 이제 제대로 받기 어려워졌다.* 발달지연 아동 가족들과 대형 보험사 현대해상은 소송중에 있었다. '놀이치료 보험금 미지급' 관련 공방이 진행 중이었다.** 언어치료는 국가자격증이 있는 언어재활사에게 받기에

---

* 송진식, 「국가도, 보험사도 외면하는 발달지연 아동… "치료 중단 위기"」, 〈경향신문〉, 2023.10.31.
** 박준한, 「놀이치료사는 작업치료사다? 아니다?… 실비부지급 공방 결말 "9월로"」, 〈블로터뉴스〉, 2024.7.18.

보험금을 지급한다. 그러나 놀이치료는 민간 치료사가 하므로 보험금 지급이 어렵다는 논리이다. 보험사의 논리에 의하면, 발달지연 아동은 국가자격증을 가진 치료사에게 치료받거나 혹은 대학병원 및 상급 종합병원에 가야 한다.

부모들은 대학병원에 가려면 대기시간이 수년이 걸리기에, 골든 타임을 놓치지 않기 위해 가까운 치료시설에 간다고 한다. 또한 언어치료만으로는 발달지연 치료가 충분하지 않고, 의사에게 직접 놀이치료를 받는 것은 사실상 불가능한 일이라고 이야기한다. 발달지연 아동 권리보호 가족연대에 따르면 현대해상은 300만 원가량 놀이치료비 미지급 소송을 위해 대형 로펌 소속 열여섯 명 변호인단을 꾸렸다고 한다. 보험사와 소송에 앞서 다시 국가의 책임에 대해 생각해보게 된다. 아이들이 골든 타임 동안에라도 최선을 다해 치료받을 수 있는 급여 체제와 돌봄시스템이 필요하지 않을까.

둘째를 낳을 수 없는 한국

수현의 어머니는 눈물을 참지 못했다. "엄마가 미안하다고 부족해서…"라고 이야기하며 눈물을 흘렸다. 왜 엄마가 미안해야 할까. 수현의 부모님은 전혀 부족하지 않았다. 코로나19 시대에 아이

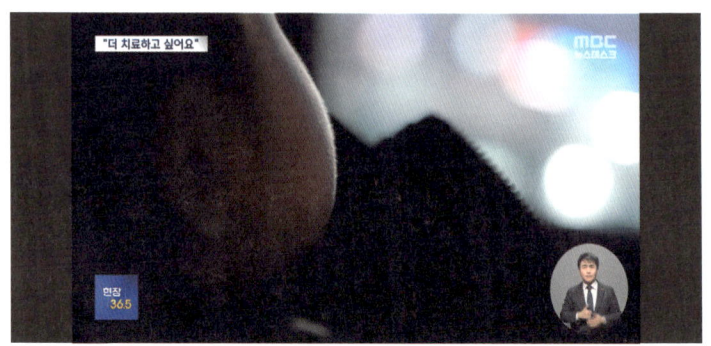

를 낳고, 사회적 거리 두기 지침을 너무 잘 따른 것이 잘못이었을까. 수현네 가족은 사실 둘째 계획이 있었다. 그러나 현실적으로 둘째를 감당하기는 어렵다고 판단했다. 부모가 모든 자원을 수현에게 쏟아부어도 부족한 상황이기 때문이다.

우리나라 정부는 부총리급 인구전략기획부 신설을 앞두고 있었다. 인구비상사태를 선언했다. 임신, 출산, 육아 전반에 걸쳐 장려정책을 펼치겠다고 한다. 출산 장려도 중요하지만, 그 아이들이 우리 사회 구성원으로 온전히 자리잡을 수 있도록 지원하는 것도 필요하다. 특히 코로나19 국가 지침에 따르며 발달지연을 겪게 된 아이들을 부모의 탓으로만 돌리는 건 비겁하다.

기자들의 대화

초상권 보호과 포커스

박 팀장(이하 박)
김 기자(이하 김)

박 ▶ 이 꼭지를 보는 내내 국가가 나서서 출생률을 높이는 것도 중요하겠지만, 이미 있는 아이들을 책임지는 모습을 보이는 것 역시 중요하겠다는 생각이 들었어. 예전에도 비슷한 생각을 한 적이 있는데, 허원철 기자와 「'시한부'… '난임'의 또다른 이름」이라는 〈현장 36.5〉 꼭지를 제작하면서였던 것 같아. 그때도 마찬가지로, 정부가 출생률 제고를 위해 이런저런 정책을 펴는 것도 좋지만 이미 엄청난 비용을 감수하며 아기를 간절히 바라는 난임 여성들을 지원하는 게 더 급선무가 아닐까, 하고 생각했었지. 김 기자는 국가의 책임, 특히 시스템이 정상적으로 작동하고 있는지에 대해 관심이 많은 것 같아. 아이들이 마음껏 놀 수 있는 놀이터, 장애 학생들의 통학 문제도 다뤘었지?

김 ▶ 공영방송에 입사하겠다는 다짐을 한 것도 이런 문제를 조명하고 싶었기 때문이죠. 최근에는 저도 아이 아빠가 되다보니 이런 쪽으로 더 많은 시선이 가게 되었어요. 말씀하신 난임 여성 지원 문제와 이번 발달지연 아동 문제는 흡사한 부분이 아주 많아요. 우선 두 문제 모두 시간이 한정되어 있어요. 난임 여성들도 아이를 출산할 수 있는 기간이 정해져 있고, 발달지연 아동들도 뇌가 폭발적으로 성장하는 5세 이전에 충분한 치료를 받아야 효과를 볼 수 있죠.

두 문제 모두 인구 감소를 걱정하는 국가가 나서서 해결해야 하는 문제라고 볼 수 있고요. 더욱이 이미 당사자 본인들 스스로 문제 해결을 위해 엄청난 투자를 하고 있어서, 정부가 재원을 낭비한다는 비난의 소지도 적겠죠? 하지만 아직 여론이 성숙하지 않은 것 같아요. 이럴 때일수록 MBC 같은 공영방송사가 시청률에 얽매이지 않고, 우리 사회의 마이너리티들을 위해 국가가 책무를 다해야 한다고 소리를 높여야 해요.

❶ 정보의 시각화

박 ▶ 나도 팀장으로서 후배들과 같이 많은 〈현장 36.5〉를 제작하면서도, 이런 정책적인 이슈를 적극적으로 발제하진 못했어. 나조차도 가치의 기준을 현장 영상이 화려하고, 시청률이 어느 정도 보장되는 쪽으로 뒀던 것 같아 반성하게 되네.

이제 이번 아이템의 제작을 이야기해볼까? 우선 취재기에서도 언

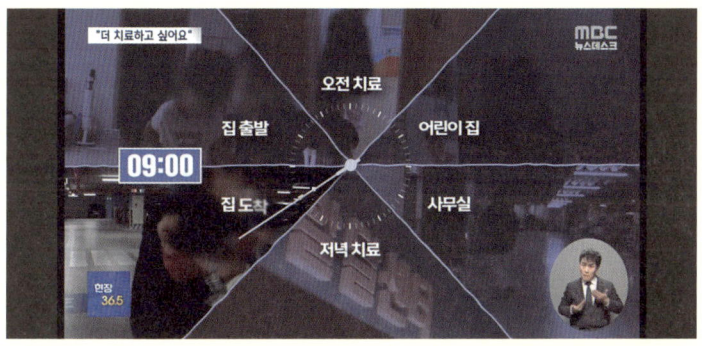

사진 1과 사진 2. 정보의 직관적인 이해를 도모하는 CG를 제작하기 위해서는 창의적인 아이디어가 필요하다.

급했지만, 아이템 초반에 CG를 활용한 게 눈에 띄었어. '사진 1'처럼 첫번째 CG는 수현 아버지의 정신없는 일상을 구구절절 설명하기보단 시각화를 통해 시청자들의 직관적인 이해를 도왔어. '사진 2'처럼 두번째 CG 역시 아이템 초반에 발달지연 아동의 정의를 말로 설명하는 동시에 그 증가 추이를 그래픽으로 잘 보여줬어. 가족들의 힘든 일상을 보여주는 감정적인 접근, 수치를 시각화하는 논리적인 접근이 동시에 진행되면서 완성도를 높였어.

김 ▶ 물론 통계를 시각화해서 현상의 사실성을 보강하는 측면도 있었죠. 한편으로는 현실적인 고민의 산물이기도 해요. 이 아이템의 주요 인물인 수현과 수현 아버지의 초상권에 대한 동의를 얻지 못했던 이유로 뉴스 그래픽을 활용해서 부족한 영상을 메운 측면도 있죠.

❷ 초상권 보호 기법

박 ▶ 아이템 곳곳을 보면, 초상권 보호를 위해 블러 처리를 한 부분이 많더군. 영상뉴스의 특성상 피하고 싶은 부분이었을 거야.

김 ▶ 앞에서도 언급했듯이 의미가 남다른 주제이기에 미학적 평가는 좀 접어둘 필요가 있다고 생각했어요. 블러 효과를 써서 일부를 가릴지라도, 주제 부각을 위해 꼭 필요한 숏이 있다면 과감하게 사용한 거

사진 3. 프레이밍은 화면을 가리지 않으면서도
뉴스 영상의 투명성을 높여준다.

죠. 블러 이외에도 이번 아이템에서 초상권을 보호하기 위해 활용된 테크닉으로는 프레이밍, 엄폐물의 활용, 얕은 포커스 등이 있어요. 블러만 후반작업 단계에서 꼭 가려야 할 부분을 결정하는 방식이고, 나머지 것들은 취재 단계 때부터 초상권 대상을 보호하려는 수단을 미리 강구한 거죠.

박 ▶ 우선 '사진 3' 속 프레이밍은 촬영 원본을 변형하지 않고 그대로 쓰는 것인 만큼, 영상 저널리즘의 원칙에 가장 부합한다고 할 수 있어. 그래서 현업에서 가장 장려되는 기법인 게 사실이고. 하지만 프레이밍은 세상의 일부, 즉 특정 단면을 틀 속에 담아내는 거라, 기자의 의도와 주관이 반영된 결과라고 할 수도 있어. 조금 극단적으로 말하자면, 취재 단계에서 기자가 어떤 대상을 프레임 속에 넣느냐 마

사진 4. 프레이밍을 어떻게 하느냐에 따라
뉴스 영상은 전혀 다른 내용이 된다.

느냐에 따라 TV 뉴스에서 그 대상의 존재 여부조차 결정되지. 그런 의미에서 기자의 선입견이나 조작 가능성도 늘 제기되는 지점이야. 기자가 대상을 어떤 배경에서 어떤 대상과 함께 프레이밍 하느냐는 기자의 취재 역량 논의를 넘어 윤리적인 영역이라고도 할 수 있어. 주사위는 바라보는 시점에 따라 그 점의 개수가 달라지고, '사진 4'처럼 대상의 어떤 부분을 포착하느냐에 따라 의미 역시 다르게 생성되기 때문이지.

한편 엄폐물을 활용하는 것은 주로 뉴스에서 신원을 보호해야 할 제보자들을 인터뷰할 때('사진 5') 많이 활용되는 기법이지. 이번 아이템에서는 장난감 등으로 수현이 얼굴을 가리는 식('사진 6')이었고. 유의해야 할 점이라면 엄폐물을 활용하는 것이 시청자가 보기엔 마

사진 5와 사진 6. 작위적이고 어색한 분위기를 방지하기 위해서는 주변에서 자연스럽게 볼 수 있는 피사체를 엄폐물로 삼아야 한다.

치 영화에서 소품을 활용하는 것과 비슷하게 보일 수 있다는 거지. 잘 짜인 미장센처럼 인공적으로 느껴질 수도 있어. 다시 말해 엄폐물의 활용은 편집 단계에서 원본을 손대지 않고 초상권을 지킬 수 있어서 제작 완성도를 높일 수는 있지. 하지만 취재 당시 기자가 현장에 개입했다는 인위적인 느낌을 줄 개연성도 있다는 거야. 물론 요즘에는 이런 관행이 많이 사라진 것 같지만, 과거에는 취재현장에서 다른 곳에 있는 물체를 가져와서 엄폐물로 활용하는 경우까지 심심찮게 있었어. 진짜 피치 못할 경우가 아니라면, 지양해야 하는 취재 관행 중 하나지.

❸ 포커스의 활용

김 ▶ 블러 역시 뉴스 영상을 평가하는 기준에서 감점 요소예요. 기본적으로 사실의 투명성을 저해하는 행위로 보는 거죠. 그래서 최대한 자제하려고 했어요. 하지만 전체적인 맥락과 배경을 설명하기 위해 뉴스 곳곳에서 설정숏 개념으로 배치해야 하는 풀숏의 경우('사진 7')에는 블러 사용을 피하기 힘들었어요. 특히 포커스를 분리해야 하는 사람들 사이의 거리가 너무 가까운 경우에는 소위 아웃포커싱을 통해 얼굴을 가리기 힘들었죠. 그래서 블러 효과에 의존할 수밖에 없

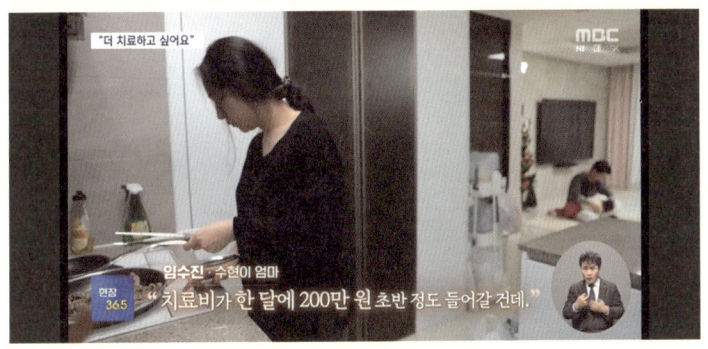

사진 7과 사진 8. 와이드한 화면일수록 포커스를 활용하기 어려워서 블러의 활용 빈도는 증가한다.

었어요. 그럼에도 포커스로 초상권을 보호하는 상황을 최대한 많이 만들기 위해, '사진 8'처럼 미러리스 카메라와 피사계 심도가 낮은 렌즈를 써서 아주 얕은 포커스를 만들기 위해 노력했죠.

박 ▶ 적절한 장비를 쓰더라도 일정한 조건이 충족되지 않으면, 얕은 심도가 만들어지지 않아. 얕은 심도가 없으면 화면 전반에 초점이 맞춰져서, 일부 얼굴만 포커스를 흐리기 힘들지. 김 기자가 말한 풀숏이라든지, 사람들 사이의 거리가 가까운 경우가 그런 조건들이라고 할 수 있어. 예를 들어 고배율의 망원렌즈로 갈수록 얕은 포커스가 만들어지잖아? 근데 좁은 장소에서 풀숏을 찍기 위해서는 어쩔 수 없이 광각렌즈를 써야 하는데 그러면 심도가 깊어져 화면을 흐리게 하기 힘들게 되지. 피사체들 사이의 거리가 멀수록, 조리개가 많이 개방될수록 소위 아웃포커싱에 적절한 환경이 만들어져. 하지만 뉴스 현장이라는 게 다른 촬영 현장과는 달리, 이런 조건들을 통제할 수 없는 경우가 대부분이잖아? 그래서 편집 과정에서 블러 화면효과를 활용해야 하는 상황이 생길 수밖에 없는 거지.

우리는 영상을 찍을 때 렌즈를 움직여서 피사체의 선명함을 조절하지. 이 렌즈를 이용한 포커스, 즉 초점은 우리 눈에서도 비슷하게 작동하는 시스템이야. 우리 눈은 어떤 사물을 보려고 시도할 때 뇌의 명령에 따라 우리가 보려는 사물에만 또렷하게 초점을 맞출 수 있어. 비록 우리 눈에는 줌 기능이 없어서 시야가 고정되어 있고 그 시야에 너무 많은 정보가 포함되는 경우도 많아. 하지만 수정체와 홍채 등으로 빛의 양과 굴절을 조정해서 그 많은 시각 정보 중에 단 하나의 사물에만 초점을 맞출 수 있지. 빠른 속도로 날아오는 야구공을 칠 수 있는 것도 이런 눈의 능력 덕분인데, 이는 렌즈의 원리와도 아주 흡사해. 실제로 우리 눈의 신체적 능력이 떨어지면 안경을 써서 렌즈의 도움을 받기도 하잖아?

김 ▶ 하지만 다른 부분도 있죠. 우리 눈은 '나의 의지'가 바탕이 된 뇌의 명령에 따라 초점을 맞추는 방식이에요. 반면, TV 화면을 만드는 카메라 렌즈는 '타인의 의도'에 따라 선택된 초점이라고 할 수 있어요. TV를 보면서 다른 이가 제공하는 초점을 수동적으로 받아들인다고나 할까요? 그래서 시청자들은 영상을 볼 때 본인의 시각적 능력으로 보는 것이 불가능한 광경들을 목격하게 되고 그 과정에서 낯선 감정을 느끼는 동시에 심미적 가치도 느낀다고 해요. 예를 들면 영상처럼 한 프레임 속에서 초점이 맞는 부분과 맞지 않는 부분이 공존한다는 건, 평상시 우리 눈을 통해서는 보기 힘든 거죠. 다른 사람의 관점이나 시선을 차용해서 대상을 바라보는 일종의 엿보기 심리나 호기심 같은 것도 이런 초점의 차이로 인해 일부 발생한다고 예상해볼 수 있겠죠?

앞에서 언급한 프레이밍과 마찬가지로 포커스 역시 기자가 자신의 주관에 따라 현상의 특정 단면을 선택적으로 보여주는 행위라고 할 수 있어요. 물론 프레이밍이 한정된 틀에 현상의 한 부분을 가두는 것이라면 포커스는 가두어진 현상 중 특정한 곳을 더 선명히 보여주는 것이라는 방식의 차이는 있죠. 대상들을 프레임 속에 포함하되, 광학적으로 시청자의 시선을 제한해서 대상들의 중요도에 우선순위를 매기는 행위라고도 말할 수 있죠. 때로는 대상을 볼 필요도 없을 정도로 형체를 뭉개버릴 수도 있고, 경우에 따라선 다른 피사체의 배경으로만 소비되도록 할 수도 있어요. 기자가 이런 선택적 행위를 할 수 있는 것은 카메라와 렌즈 같은 기계의 도움이 크겠죠.

박 ▶ 김 기자는 이번 아이템을 위해 미러리스 카메라와 심도가 얕은 렌즈를 활용했다고 했잖아? 이것 역시 포커스를 조절할 수 있는 선택의 폭을 넓히려는 방안이었어. 물론 이런 장비를 선정하게 된 밑바탕에는 지상파 방송사의 취재 환경적 요인도 있어. 우리가 기본적으로 사용하는 ENG 카메라와 ENG용 줌렌즈가 가진 한계가 바로 그것이지. 고가의 하이엔드 장비인 만큼, 빠른 줌 기능으로 피사체를 원하는 사이즈로 신속히 포착할 수 있어서 긴박한 취재현장에 아주 유용하지. 피사계 심도가 깊어서, 움직이는 피사체에 초점을 맞추는 데도 굉장히 편리해. 하지만 아마 이런 장점들이 이번 아이템에서는 단점으로 다가왔을 거야.

김 ▶ 이번 아이템에서는 초상권을 지키기 위해 포커스가 화면 전체에 맞기보단, 특정 부위에만 맞는 게 중요하잖아요? ENG용 줌렌즈는 거

ENG 카메라와 ENG용 줌렌즈.
ENG 카메라는 신속하고 안정적인 보도에 최적화되어 있지만
포커스의 표현에는 한계가 있다.
영상기자들이 기획 아이템이나 영상뉴스를 제작할 때
DSLR이나 미러리스 카메라를 선호하는 이유이다.

친 취재 환경에서도 고장 없이 잘 견디고 조작에 신속히 반응할 수 있는 신뢰도 높은 장비지만, 심도가 너무 깊어 포커스를 선택적으로 구현하기엔 아쉬움이 있는 게 사실이에요. 반면 미러리스용 단렌즈는 ENG용 렌즈와 비슷한 초점거리에서도 폭넓은 포커스 차이를 만들어낼 정도로 얕은 심도를 가지고 있죠. 그래서 긴박한 취재 환경에서 즉각적인 대처는 어려운 반면, 시간이 다소 여유로운 환경에서는 포커스의 분리를 통해 입체감을 조성하거나 초상권을 보호하는 데 아주 효율적이라 할 수 있어요.

박 ▶ 물론 그렇다고 해서 뉴스 영상에서 얕은 포커스를 남발하는 건 비판을 받을 소지가 있어. 프레임 속의 특정 피사체에만 포커스를 둔다는 것은 시청자들에게 특정 이미지를 강요하는 것과 같아서 바람직하지 않다는 견해도 있기 때문이야. 너무 원론적이고 이상적으로 들릴 수 있겠지만 이런 비판적 시각도 무시할 순 없어. 왜냐하면 이런 견해가 바로 뉴스 영상에서 딥포커스(deep focus), 즉 한 프레임 속에서 가까운 피사체와 멀리 있는 피사체 모두 초점이 맞는 촬영 기법을 추구하게 된 이론적 배경이기 때문이야. 따라서 취재현장과 다소 괴리감이 느껴지더라도 이런 비판까지 수용해서 포커스를 활용할 필요가 있어. 찬반양론이 갈리는 일반 뉴스에서는 되도록 포커스의 범위를 넓혀서, 프레임 속 이미지에 대해 시청자들이 자율적으로 판단할 수 있도록 하는 게 바람직해. 반면 시사적 쟁점이 없거나 한 인물의 삶으로 내러티브를 구성해야 하는 기획뉴스 같은 경우에는, 얕은 심도를 활용해 특정 피사체로 집중을 유도하는 것도 나쁘지 않겠지.

15장

72년의
잊지 못할 그리움,
여전히 남은
이산가족

2022년 8월 20일, **이지호 영상기자**

2018년 8월, 스물한번째 이산가족 상봉이 이루어졌다. 당시 입사 4개월 차였던 나는 우리나라의 이산가족들이 금강산호텔로 출발하기 전에 모였던 속초로 첫 국내 출장을 나섰다. 역사에 남게 될 행사를 기록한다는 자부심과 고령의 이산가족들을 취재해야 한다는 부담감, 첫 출장이 주는 두근거림과 대선배(그렇다, 본 책에서 우리와 이야기를 나누고 계신 박 팀장 되시겠다)와의 동행이 주는 긴장감까지. 여러 감정으로 복잡한 심경을 안고 떠난 출장이었고 현장에서 직접 이산가족들을 마주했을 땐 더 벅찬 심정이 되었던 기억이 난다. 취재는 수습 영상기자답게 우왕좌왕하다 끝났다. 동행했던 선배와 일정 후 숙소에서 조그만 ENG 카메라 화면으로 원본 모니터링을 했다. 많이 깨졌다(?). 그날의 가르침을 밑거름해 여태 카메라를 들고 있다.

2018년 속초 출장을 다녀온 지 약 4년이 지난 시점인 2022년, 나는 〈현장 36.5〉 제작을 위해 이산가족 어르신들을 다시 찾았다. 그중에는 4년 전 이산가족과 상봉하신 분도 있고, 늘 애탄 마음으로 상봉을 신청하지만 감감무소식인 분도 계셨다. 첫번째로 만난 분은 21차 이산가족 상봉에서 동생을 만났던 김광호 할아버님. 댁으로 방문해 상봉 당시의 상황과 마음, 동생과의 추억을 여쭸다.

이산가족 상봉을 신청하면서도, 속절없이 흐른 세월 탓에 동생이 살아 있을 거라는 기대를 하기 어려웠다는 김광호 할아버님은

"겨우 조카들이나 만나겠지" 하는 심정으로 기다린 끝에 동생이 살아 있다는 소식을 들었다고 한다. 그 말씀을 하며 보였던 해맑은 표정이 지금껏 눈에 선하다. 구순이 가까운 어르신께서 어린 시절로 돌아간 듯 맑고 밝게 웃는 표정은 그 어떤 말보다도 동생을 만난 기쁨을 잘 전달해주었다. 활자나 오디오로는 전할 수 없는 깊이의 감동이었다.

두번째로는 오덕근 할아버지를 만났다. 두 누님과 남동생과의 상봉을 신청했지만, 여전히 돌아오지 않는 연락을 기다리고 계시는 분이다. 오 할아버지께서는 드물게도 가족사진을 가지고 계셨다. 흑백사진 속 빽빽한 단체 사진에서 단박에 남매들을 짚어내셨다. 맨 뒷줄 하얀 저고리를 입은 소녀는 97세가 되었고 그 앞줄 단발머리 소녀도 아흔을 넘겼다. 맨 앞줄 귀퉁이에는 아직 소년이라고 부르기에도 턱없이 어린 꼬마 아이 '덕삼이'가 앉아 있었다. 그 꼬마 옆으로 '83세'라는 자막을 넣으며 나는 기분이 아주 이상했다.

마지막으로 만난 분은 72년 전 헤어진 동생 오광식 씨와의 상봉을 애타게 기다리고 계신 오해옥 할머님. 자그마치 72년, 내가 산 시간을 두 바퀴 반복해도 닿지 않는 시간을 두 분은 서로를 그리워하며 보낸 셈이다. 그 시간 너머, 간직하는 그리움과 애틋함이란 도대체 어떤 것일까. 흉이 졌어도 한참 전에 졌을 것 같은 세월이 흘렀음에도 오해옥 할머님께 이산가족은 여전히 생생한 상처이고 아픔

이었다.

"두 달 세 달 생각했든 시간이 7십년이 되었구나. 그리워라 만나보자. 그―언제 만나리. 청춘이 백발이 되었구나. 눈물이 목이 메인다."*

할머님은 동생이 그리울 때면, 구겨진 종이에 손 편지를 쓰셨다. 주소도, 심지어는 생사도 모르는 수신인인지라 보낼 수 없는 편지를 할머님은 마음으로 수백 수천 번 부친다.

만났던 세 분 중 유일하게 카메라 한 대를 인터뷰이 정면에 두고, 인터뷰어를 쳐다보는 대신 카메라에 직접 말씀해주시기를 부탁드렸다. 그렇게 촬영된 영상 편지로 해당 리포트를 마무리했다. 이

---

* 오해록 힐미님이 쓰신 글을 그대로 옮겼다.

산가족들의 한과 설움, 찢어진 한반도에 여전한 아픔이 담겼다. 본 글도 할머님의 절절한 외침을 인용한다.

"광식아, 잘 살고 있겠지? 광식아, 보고 싶구나. 이 좋은 세상에 이렇게 남북이 가로막혀 우리 못 보고…. 너 보고 싶어서 달님한테 물어본단다. 우리, 건강한 모습으로 우리 만나자."

2018년의 상봉을 마지막으로 2024년까지도 이산가족 상봉은 다시 이루어지지 않았다. 2023년 10월 우리 정부는 '9·19 남북군사합의'의 일부 효력을 정지했고 2024년 6월 해당 합의의 전면 효력 정지를 선언했다. 김정은 북한 국무위원장은 남북을 적대적 두 국가 관계로 규정하며 우리는 역대 최악의 남북관계를 맞았다.*

여기에 더해 평양공동선언 6주년 기념행사에서 임종석 전 대통령 비서실장은 "통일, 하지 맙시다. 그냥 따로 함께 살면서 서로 존중하고 서로 돕고 같이 행복하면 좋지 않을까요"라며 평화적 두 국가론을 제안했다. 발언의 취지와 맥락은 둘째 치고 여전히 남과 북에 한 민족 가족을 남겨둔 이들의 입장에서는 걱정스러운 말이었다. 남과 북이 갈라진 지 오랜 시간이 흘러 그 시절을 살아낸 이들은 대부분 돌아가셨다. 국가가 만든 생이별의 한을 풀어줄 시간은 아무리 낙관적으로 생각해도 그리 많이 남지 않았다.

---

* 이덕영, 「김정은 "통일 성사 안 돼… 전쟁은 현실적 실체"」, MBC 뉴스, 2023.12.31.

기자들의 대화
뉴스 아카이브와 음악의 활용

박 팀장(이하 박)
이 기자(이하 이)

박 ▶ 이 기자의 취재기를 읽고 환한 웃음을 짓게 되었어. 까맣게 잊고 있었던 2018년 여름이 생각났기 때문이야. 그때는 이 기자가 입사한 지 몇 달 지나지 않았지. 수습 기간을 보내면서 뉴스 영상에 대한 이론은 있으나 실무는 어려워하는 상태라고나 할까? 그래서 당시 내가 이산가족 상봉 행사 취재의 일진으로, 이 기자가 이진으로 설악산에 있는 한화리조트까지 갔던 기억이 나. 이 기자가 말한 대로 이 기자가 촬영해 온 원본을 콘도 방에서 두 시간 넘도록 같이 모니터링하며, 잘한 부분과 고쳐야 할 부분을 말해줬었지. 벌써 6년이 지났고 그 뒤로 나는 주로 데스크를 맡고 있다보니, 이제 오히려 내가 이 기자로부터 새로운 기술과 기법들을 배워야 할 시점이 된 것 같아.

난 이산가족 관련 취재를 할 때마다 아주 큰 고민이 하나 있어. 바로 눈물샘인데 촬영하는 내내 눈물과 콧물이 하염없이 흘러내려서 취재를 제대로 할 수 없는 지경이 되더라고. 우리 어머니를 포함한 외가 식구들도 황해도에서 피난 오신 분들이라, 개인적으로 이산가족 문제에 더 감정을 이입하게 돼. 이번 아이템도 마찬가지였어. 보는 내내 마음이 너무 아팠지. 특히 마지막에 나오는 오해옥 할머님의 영상 편지를 들을 때는 내 마음도 같이 무너지는 듯한 기분이 들었어. 지금까지 수많은 〈현장 36.5〉 아이템을 봐왔지만 그중에서도 가장 애달픈 인터뷰였던 동시에 가장 흡입력 있는 후반부였어.

이 ▶ 감명깊으셨다니 뿌듯하면서도, 그것이 어르신들의 슬픔을 통한 흡입력이란 걸 잘 알기에 마음이 편하지만은 않죠. 앞서 팀장님이 이산가족 상봉 행사 취재의 어려움을 말씀하셨는데, 많은 선배 기자도 비슷한 경험을 말씀하셨어요. 눈물이 앞을 가려서 카메라 뷰파인더를 제대로 볼 수 없을 정도로 슬프다고 하시더라고요. 60년 넘도록 생사도 모르고 떨어져 있던 가족을 만나는 기쁨, 그 짧은 만남을 뒤로한 채 이뤄지는 이별. 이제 헤어지면 죽기 전에 다시 만날 수 있을지조차 알 수 없으니 그 슬픔은 우리가 감히 헤아리기 힘들죠. 저도 아마 이런 분단으로 인한 생이별의 비극을 바로 옆에서 목도한다면 감정을 가누기 힘들 것 같아요.

사진 1. '네임 수퍼' 자막을 통해 '평양공동영상취재단'이 취재했음을 알 수 있다.

❶ 공동취재단과 풀(pool) 취재

박 ▶ 이산가족 상봉 행사의 중요성은 언론사 취재 방식을 통해서도 간접적으로 알 수 있었어. 그건 바로 공동취재단이라는 건데, 각 방송사가 일회성 행사를 위해 영상기자는 물론 취재기자까지 포함한 취재단을 꾸리는 매우 드문 경우야. 예를 들어 남북정상회담 같은 대형 이벤트 때('사진 1')나 이뤄지는 취재 방식이라고 할 수 있지. 이는 영상기자들끼리 촬영한 원본을 공유하는 풀(pool) 취재보다 더 광범위한 개념인데, 거의 모든 영역에서 협력이 이뤄지지. 중계를 위한 인적 및 물적 자원은 물론 취재기자들의 취재 정보, 심지어는 리포트까지 공유하는 경우도 있었지.

사진 2와 사진 3. 제1차 남북 이산가족 상봉 당시(2000년)에는 타 방송사의 취재기자가 자사 뉴스에 출연하는 진풍경이 펼쳐지기도 했다.

2000년 8월 15일 광복절부터 3박 4일 동안, 평양과 서울에서 동시에 진행된 제1차 남북 이산가족 상봉이 바로 그때였지. 당시에는 '사진 2'처럼 MBC 뉴스에 YTN 기자가 평양에서 제작한 리포트가 나오고, '사진 3'처럼 KBS 9시 뉴스에 MBC 기자가 등장해서 "평양에서 공동취재단 ○○○입니다"라고 보도할 정도로 방송사 사이에도 잠시나마 작은 통일이 이뤄졌지. 방송업계에서는 진풍경이었다고 할 수 있어. 자사 뉴스에 타사 기자가 만든 리포트를 방송할 만큼 이 행사를 중요히 생각했다는 방증으로도 봐야 해. 물론 우리 정부와 북한 당국의 취재 통제에 따른 조치라고도 볼 수 있겠지. 하지만 그 기저에는 과도한 취재 경쟁으로 '수십 년 만에 상봉하는 이산가족들을 불편하게 해서는 안 된다'는 기자들 사이의 공감대 역시 있었던 게 사실이야.

❷ 뉴스 영상 아카이브의 활용

박 ▶ TV 뉴스의 시작에서는 소위 후킹이 필요하지. 시청을 위한 동기, 즉 모티브를 제공하는 게 중요하다는 말이야. 시청자의 시선을 사로잡는 시청각적 자극 혹은 시청자의 예상을 넘어서는 반전이나 의외성이 있으면 좋다는 뜻이지. 그런 면에서 이번 아이템의 시작은 효과적이었어. 모두 영상 아카이브의 활용 덕분이지.

아카이브는 기록물 중 가치가 있는 것을 선별해서 따로 보관하는 장소, 그런 기록물 자체를 말해. 이 뉴스는 이산의 아픔을 겪고 계신 세 분 어르신들의 이야기로 구성되었잖아? 일반적으로 뉴스를 제작하자면, 이 세 분의 인터뷰를 토대로 인터뷰 스케치 영상이나 이산가족 상봉 행사 당시의 자료 영상을 위에 덮는 방식으로 무난하게 갈 수도 있어. 하지만 그러면 완성도 측면에서 아쉬움이 있겠지? 그래서 이번 아이템에서는 MBC 뉴스 영상 아카이브를 활용해서 김광호 할아버님의 2018년 상봉 행사 당시의 상황을 먼저 보여준 뒤, 김 할아버님의 인터뷰를 시작하는 방식을 택했지. 상당히 설득력이 있었어. 김 할아버님의 인터뷰나 혹은 아무 상관없는 사람들의 상봉 관련 자료 화면으로 뉴스를 시작했다면, 지금처럼 현실과 맞닿은 느낌이 아니었을 거야.

이 ▶ 저도 섭외를 위해 고민을 많이 했어요. 그런 효과를 잘 알고 있었기 때문이죠. 우리 MBC 뉴스 영상 아카이브에 등장하는 어르신을 섭외할 수 있느냐 없느냐가 이번 아이템의 성패를 좌우한다는 생각으로 사전 취재를 시작했어요. 이번 〈현장 36.5〉의 주제는 4년째 열리지 않는 이산가족 상봉 행사를 재개해야 한다는 거였잖아요? 이런 주제를 언어 논리적으로 전달하자면, 세 분 어르신들의 인터뷰만으로도 충분하죠. 하지만 너무 직접적인 전달 방식이라서 시청자들의 공감을 얻기에는 부족함이 있어요.

그래서 시청자들의 머릿속에 상봉 행사의 효용에 대한 인식을 심어주고 뉴스를 전개하자는 전략을 짰죠. 상봉 행사를 통해 가족을 만난 어르신의 증언과 당시의 영상 아카이브를 결합하면 가장 효율적인 설득이 될 거라 생각했어요. 하지만 대부분 고령인 탓에 섭외가 쉽지는 않았어요. 다행히 21차 상봉 행사 때 동생을 만났던 김광호 할아버님과 연락이 닿았고 흔쾌히 인터뷰에 응해주셔서 탄탄한 도입부를 구성할 수 있었죠.

박 ▶ 김광호 할아버지가 2018년 당시 남동생과 남동생의 부인을 만나는 장면은 상봉 행사의 취지와 효용 이상의 메시지를 담고 있었어. 이념을 뛰어넘는 혈육의 정도 느낄 수 있었고 이런 상황을 만들고 지속하는 정치적인 상황에 대한 문제의식 같은 것도 느낄 수 있게 했다고 생각해. 상봉 행사 당시 김광호 할아버님이 "제수씨"라고 부르며 활짝 웃는 얼굴에서 인터뷰 영상으로 넘어오는 부분도 좋았어. 아카이브에서 진술로, 과거에서 현재로 자연스레 시공간을 이동하기 위해 '표 1'처럼 그래픽 매치와 디졸브를 동시에 썼지? 시각적 몰입도를 높이는 동시에 감정의 연속성도 유지할 수 있었어.

| (과거) 상봉 당시 아카이브 | 그래픽 매치, 디졸브 | (현재) 인터뷰 |

표 1.

그 이후로도 할아버님의 인터뷰와 할아버님이 〈고향의 봄〉 노래를 부르는 동안, 2018년 당시의 상봉 행사 관련 뉴스 아카이브 영상('사진 4')을 보여줬지. 김광호 할아버님도 나오지만, 다른 이산가족들의 상봉 장면들이 주를 이루었어. 이것 역시 할아버지 이야기에 대한 시청자들의 이해를 높이는 동시에, 할아버지의 이야기가 좀더 보편적으로 들리게 하는 역할을 했어. 다만 아카이브를 화면분할과 PIP(Picture in Picture) 등을 통해 보여준 게 아쉬웠어. 제작 기술적으로 좋아 보이지는 않았거든.

이 ▶ 제 입장에서도 아쉬운 부분이에요. 영상 아카이브의 보관 문제로 인해 영상뉴스의 미적 완성도가 좀 떨어지는 측면이 발생한 건데요. 사실 2018년 이산가족 상봉 행사 관련 영상 아카이브에서 검색하다보니, 제가 〈현장 36.5〉에서 활용하고 싶은 영상들은 자막이 있

사진 4. PIP는 일반 뉴스에는 어울리지만 영상뉴스에서는 다소 이질감이 느껴지는 기법이다.

는 형태로 보관된 것들이 많았어요. 즉 클린 비디오*가 없었던 거죠. 그래서 아카이브 영상을 확대해서 자막을 없애야 하나, 블러로 자막을 지워야 하나 많이 고민했죠. 하지만 해상도 등 여러 요소를 고려한 결과, '사진 5'처럼 궁여지책으로 액자식 화면구성이나 PIP 등의 효과를 쓰기로 한 거예요. 일반적인 스트레이트뉴스 같은 느낌을 주는 효과라서 영상뉴스의 시각적 리듬이 깨지는 측면이 있어요. 만약 클린 비디오가 있었다면 예술적 완성도를 좀더 높일 수 있었을 것 같은데 아쉬운 부분이죠.

---

* 자막이 없는 상태의 영상. 앵커, 기자, 아나운서의 오디오가 포함되지 않았을 때, 활용도는 더 높아진다.

사진 5. 아카이브에 자막이 포함된 온에어 방송본만 있어서,
자사 콘텐츠임에도 액자식으로 편집했다.

❸ 영상 인용의 원칙

박 ▶ TV 뉴스에서 영상 아카이브가 얼마나 중요한지 알게 된 계기였어. 조금 벗어난 이야기지만 더 중요한 부분을 잠시 짚고 넘어갈까? 이 기자는 기술적 문제 때문에 PIP 같은 효과를 활용했다고 했는데 보통은 인용 보도의 원칙을 지키기 위해서 이런 효과를 쓰지. '사진 6' 처럼 자사 영상을 인용해서 보도할 때는 어떻게 가공하든 별 상관이 없어. 하지만 아무리 공익적 목적이라고 하더라도 타사 저작물을 우리 뉴스에 활용할 때는 기본적인 원칙을 지켜야 해.

바로 타사의 저작물은 있는 그대로 사용하고 반드시 출처를 명시해야 한다는 거지. 출처를 밝히는 건 너무나도 기본적인 부분이고, 있

사진 6. MBC 뉴스데스크에서 자사 프로그램인 〈뉴스외전〉을 인용한 경우.

는 그대로 사용한다는 건 저작권 침해의 가능성 때문이야. 물론 보도라는 공익적 목적 아래에서도 남의 저작물을 인용하는 것이 전적으로 허용되는 건 아니지. 하지만 마치 자기가 취재한 것의 일부처럼 타사의 저작물을 입맛대로 가공해서 사용한다면 문제가 생겼을 때 가중 처벌을 받을 가능성이 커. 타사 화면을 인용할 때 '사진 7'처럼 액자식 화면구성 효과를 활용하는 것도 이런 맥락에서 나온 거지. 이런 기법을 활용하면 영상의 출처를 말해주는 타 방송사 로고도 그대로 보여줄 수 있는 등 타사 화면의 훼손을 최소화할 수 있어. 물론 시각적으로도 자사의 콘텐츠가 아닌 인용을 했다는 느낌을 명확하게 주지.

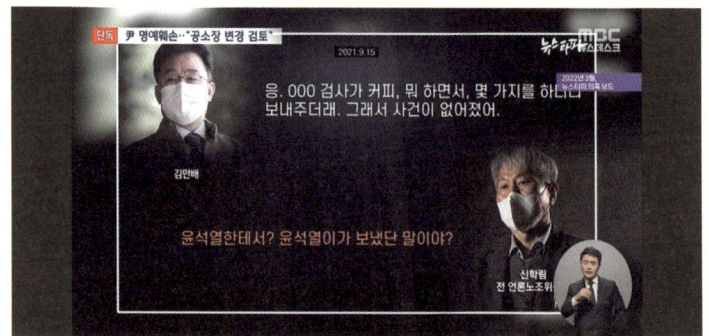

사진 7. 뉴스데스크에서 타사인 뉴스타파의 프로그램을 인용한 경우.

❹ 뉴스 영상 자산의 중요성

박 ▶ 다시 아카이브 이야기로 돌아와서, 뉴스 영상 아카이브는 영상 자산이라고도 불리지. 방송사의 가장 중요한 자산가치이기도 하고, 돈과 같다는 말로도 해석할 수 있어. 뉴스 영상이 만들어지는 과정을 한 번 생각해보면, 해외 출장은 말할 것도 없고 짧은 뉴스 영상을 찍기 위해서도 차량을 타고 이동하고 오디오맨의 도움을 받아서 고가의 장비로 촬영하지. 엄청난 비용을 지출한 결과로 만들어지는 것인 만큼 관리에도 철저해야 해. 이번에 이 기자가 겪은 것처럼 나도 과거 영상 자료를 뉴스 제작에 활용하려다가 보관 상태가 좋지 않아 쓰지 못한 경우가 몇 차례 있었어.

1981년 독일의 바덴바덴에서 서울올림픽 유치에 성공한 순간을 찍은 영상은 우리 역사의 변곡점을 기록한 귀중한 자산이지. 하지만 오디오 품질이 썩 좋지 않아서 활용하기 꺼려질 정도였어. 그런 의미에서 영상기자들의 업무 프로세스 중에서 가장 마지막으로 중요한 것은 아카이브 생성이기도 해. 촬영하고 한 달 안에 본인들이 생산한 영상의 가치를 판단해서 영상을 버리기도 하고, 장기적 자산으로 보관하는 업무지. 일로만 생각하면 귀찮은 의무로 느껴질 수도 있어. 하지만 직업적으로 생각하면 엄청난 권한이기도 해. 회사의 미래 자산을 선택적으로 축적하는 일이기 때문이지.

이 ▶ 어떤 영상 콘텐츠를 보관하느냐에 따라 방송사의 자산이 달라지는 거니까 참 중요하죠. 최근에는 그 중요성이 자주 증명되고 있어요. JMS 등 사이비종교를 다룬 넷플릭스 다큐멘터리 〈나는 신이다〉와 SBS의 〈꼬리에 꼬리를 무는 그날 이야기〉 같은 프로그램인데요. 모두 뉴스 영상 아카이브를 재가공해서 성공한 프로그램이라고 말할 수 있죠. 특히 앞으로는 AI를 통해, 아카이브에 숨은 테마를 아주 쉽게 찾아내는 시대가 올 가능성이 크다고 해요.

만약 한 정치인의 측근 비리와 관련한 다큐멘터리를 제작한다면, 지금은 일일이 메타데이터*를 검색해서 아카이브를 뒤져야 해요. 하지만 조만간 AI가 아카이브 속의 얼굴을 인식해서 영상과 인터뷰를 찾고 해당 발언을 정리해서 구성까지 끝내는 시대가 올 가능성도 크다고 해요. 결국에는 영상 아카이브를 얼마나 제대로 확보하고 있느냐가 방송사의 미래 경쟁력이 된다는 얘기죠.

❺ 사례의 개수와 구성

박 ▶ 김광호 할아버님의 2018년 당시 영상 아카이브가 없었다면, 이 아이템 자체가 좌초됐을 수도 있었을 거야. 이번에는 이 아이템을 구성하고 있는 어르신 세 분에 대한 이야기를 나눠볼까? 사례나 인물 수가 뉴스의 구성에 미치는 영향에 대한 논의야. 일반적인 리포트는 사례를 되도록 많이 확보하려는 특성이 있어. 뉴스가 다루는 사안의 보편성 내지 설득력을 높이려는 전략이겠지?

하지만 피처스토리는 좀 달라. 특히 휴먼스토리의 경우는 한 명 혹은 한 가족 등 포커스의 범위를 줄이려고 노력하지. 장르적 특성상

---

* metadata. 데이터에 대한 데이터. 아카이브를 찾는 데 필수적인 부분이라 MBC 뉴스 영상국에는 뉴스NPS팀에서 제작한 관련 가이드라인 책자도 있다.

논리뿐 아니라, 감정적 설득에도 치중하는 측면이 있기 때문이야. 상식적으로 한 명의 사례자를 다룰 경우, 시청자의 시선은 그 한 명을 향하겠지? 반면 여러 사람이 등장하면, 공통적인 상황을 겪고 있다는 것은 강조할 수 있겠지만 시청자의 집중은 분산돼 감동을 주기 힘들어.

이▶ 더욱이 감동을 통한 설득을 위해서는 특별한 경험과 충분한 시간이 필요한데, 여러 사례를 다루다보면 그런 부분이 약해진다고 생각해요. 감동은 보통 특별한 상황을 보면서, 특별한 심리적 경험을 했을 때 얻을 수 있잖아요? 그래서 여러 사람의 보편적인 이야기를 듣는 것보다 한 사례자의 개인적 경험에서 나오는 내밀한 사정을 들었을 때, 시청자가 감동받을 가능성 또한 높아진다고 생각해요. 휴먼스토리는 디테일로 승부하는 것이 유리하다는 얘기죠. 또, 2~3분 사이에 모든 이야기를 전달해야 하는 TV 뉴스의 형식을 고려하더라도 인물의 수를 줄이는 게 유리해요. 감동이 무르익기 위해서는 일정 수준의 시간이 필요하니까요.

박▶ 그럼에도 이 기자는 결국 일종의 핸디캡이 있는 구성을 선택했네. 세 명의 이산가족으로 주제의 보편성을 강화하는 형식 말이야. 물론 일반적인 뉴스처럼 앵커 멘트에서 일반적인 주제를 설명한 뒤, 리포트에서는 사례들을 단순히 나열하는 형식은 아니었어. 그랬다면 약간은 피편적으로 느껴졌을 수도 있었을 거야. 하지만 그런 느낌을 막아주는 견고한 뼈대가 아이템 전반을 관통했어. 그 일등공신 중 하나는 음악이었고 또하나는 어르신들 개별 이야기의 서사적 연결성이었어. 이산가족으로서 각자 다른 경험을 이야기하면서도 공통된 지향점을 향해 수렴한다는 느낌이 강했다는 말이야.

이 ▶ 세 어르신의 서로 다른 상황이나 인터뷰를 단순히 나열하다보면, 뉴스의 전체적인 논리가 틀어질 수도 있어요. 그렇게 되면 가뜩이나 인물의 변화에 적응하느라 바쁜 시청자에게 혼란을 줄 수도 있었죠. 그래서 어르신 세 분을 각각의 사례로 모두 활용하되, 그분들의 이야기가 하나의 스토리라인에서 논리적인 흐름을 유지할 수 있도록 노력했죠. 하지만 이번 〈현장 36.5〉에 세 분의 어르신을 동시에 등장시킨 계기는 각자가 가진 소재적 한계 때문이에요. 한 분만으로 영상뉴스를 구성하기엔 각자의 스토리가 다소 부실했다는 얘기죠. 오히려 일반 뉴스였다면 한 분으로도 그럭저럭 뉴스를 끌어갈 수 있었을 거예요. 기사 등으로 보완할 수 있는 부분이 있으니까요. 하지만 영상뉴스에서는 내레이션 분량을 마냥 늘릴 수는 없어서 '표2'처럼, 각 인물이 지닌 장점만으로 뉴스를 구성하는 상호 보완적인 방법을 선택할 수밖에 없었죠.

사례	김광호 할아버님	오덕근 할아버님	오해욱 할머니님
영상			
자격	상봉자	신청자	신청자
분량	60초	15초	65초
영상	영상 아카이브	가족사진	손 편지, 가족사진
메시지	실효성	시급성	절실함

표 2.

이 ▶ 김광호 할아버님은 2018년 당시 영상 아카이브가 있어서 도입부를 장식하기에 그만이었지만, 간절함이라는 메시지를 담기에는 부족했어요. 그래서 상봉 경험자로서 본인의 경험을 이야기하며, 이번 뉴스에서 상봉 행사의 취지와 실효성을 강조하는 역할을 맡았죠. 물론 할아버님의 〈고향의 봄〉 노래가 없었더라면 이 뉴스는 지금처럼 통일된 형식을 갖추지는 못했을 거예요. 이번 아이템의 척추 같은 역할을 했다고 생각해요.

그 당시 아흔을 바라보셨던 오덕근 할아버님은 15초가량 아주 짧게 등장하지만 상봉 신청자로서 아직 기회조차 얻지 못한 현실을 보여주며 상봉 행사의 시급함을 강조했죠. 주제의 보편성에 힘을 더해주셨다고 생각해요. 마지막으로 오해옥 할머님은 그동안 써둔 편지를 영상 편지로 읽어주시면서 애절한 마음을 전해주셨어요. 얼마 남지 않은 생이지만 끝까지 가족 상봉의 희망을 놓지 않는 이산가족들의 절실함을 몸소 보여주신 거죠.

박 ▶ 내가 아까 말한 대로 어르신들이 전하는 각자의 메시지를 하나의 스토리라인 혹은 서사에 일맥상통하게 잘 녹여냈어. 오해옥 할머님의 인터뷰는 정말 근래에 본 인터뷰 중에 가장 가슴이 찢어지는 경우였어. 별다른 밑그림 없이 할머님의 인터뷰만으로 시간을 채웠는데 나중에 막상 60초가 넘는다는 걸 확인하고 깜짝 놀랐어. 할머님의 애절함에서 나오는 흡입력으로 인해 시간의 흐름조차 잊을 정도였어. 심리적인 시간이라고 해야 할까? 정말 몇 초가 지난 듯 느꼈어.

일반적인 리포트였다면 뉴스 마지막 부분에 다시 한번 이산가족 상봉 행사의 재개에 대한 메시지를 기사로 명확히 강조했을 거야. 하지만 이번 〈현장 36.5〉에서는 오해옥 할머님이 남동생에게 보내는 영상편지만으로 충분했다고 생각해. 영상뉴스의 상징적이고 간접적인 표현 방식과도 부합하는 선택이었어.

❻ 음악을 활용한 구성

박 ▶ 앞에서도 잠시 언급했지만 이번 아이템의 구성 기술 중, 눈에 띄게 고급스러운 부분은 초반부를 관통하는 음악이야. 전반부를 〈고향의 봄〉이 끌고 갔다고 해도 과언이 아닐 정도지. 일반적인 TV 뉴스는 언어와 영상 논리성으로 전반적인 통일성을 쌓아가는데 이번 영상 뉴스의 도입부에서는 음악이 그런 역할을 했어. 영화음악과도 비슷한 측면이 있는데 한 인물의 테마곡을 여러 버전으로 만들어서 상황에 맞춰 활용하는 것처럼 〈고향의 봄〉도 마찬가지였어. 뉴스 초반, 김광호 할아버님의 주제곡으로 등장해서 상봉 행사 당시의 느낌, 어린 시절 회상, 현재의 감정까지 실로 구슬을 꿰는 것처럼 잘 연결해 줬지. 오덕근 할아버님의 이야기와 감정적 단절 없이 엮어주는 역할도 훌륭하게 수행했다고 생각해. 물론 이 기자가 영상취재 단계 때부터 구성상의 의도로 김광호 할아버님의 노래를 잘 녹음해왔기에 이런 독특한 구성이 가능했겠지?

이 ▶ 김광호 할아버님의 인터뷰 도중, "(동생이랑) 큰 살구나무에 올라가서 거기서 노래를 불렀던 기억이 나요"라는 말을 듣고 이런 구성을 떠올리게 되었어요. 다행히 편집 과정에서 음악 믹싱이 잘돼서 소기의 효과가 발휘됐어요. 말씀하신 대로 〈고향의 봄〉은 김광호 할아버님의 테마음악이죠. 우선 뉴스 처음부터 상봉 행사에서 동생 부부를 만나는 부분까지는 피아노로 잔잔히 연주한 〈고향의 봄〉을 줄곧 삽입했는데, 직접 부르신 노래와 선율이 끊기지 않게 하려고 신경썼어요.

할아버님의 노래가 시작되면, 2018년 상봉 행사 당시의 다른 이산가족 영상이 그 위를 덮으면서, 이산가족들의 보편적인 정서를 강조하려 했죠. 할아버지의 인터뷰가 재개되더라도 할아버지의 노래가 끊기지 않도록 노래를 다른 오디오 트랙으로 옮겨서 계속 유지했어요. '표 3'처럼, 할아버지의 노래가 자연스레 바이올린 연주로 바뀌도록 하여 애절함을 더하려 했죠. 한편 바이올린으로 연주한 〈고향의 봄〉은 오덕근 할아버님의 인터뷰까지 유지되도록 해서, 동병상련의 감정을 연결하는 고리 역할을 하도록 의도했어요. 영상 편집에서 점프컷을 우려하는 것처럼, 다른 음색으로 만들어진 〈고향의 봄〉 믹싱이 혹시나 불협화음이 되지는 않을까 걱정했지만 결과가 나쁘지 않았어요.

	음악을 이용한 스토리텔링					
영상	김광호 할아버님과 동생 부부의 상봉	김광호 할아버님 인터뷰	김광호 할아버님의 노래	과거 상봉 행사 관련 뉴스	김광호 할아버님 인터뷰와 상봉 행사	오덕근 할아버님 인터뷰와 사진첩
음향 ch.1	"제수씨!" "아주버님." "오냐."	"나이가 있으니까 얘도 죽지 않았겠나… 겨우 조카들이나 만나겠지 했는데 어! 동생이 살아 있다는 소식이 오더라고요. (동생이랑) 큰 살구나무에 올라가서 거기서 노래를 불렀던 기억이 나요."	"나의 살던 고향은 꽃피는 산골 복숭아꽃…."	"그 말을 했던 거 같아요. 야, 야, 네가 오래 살아서 참 기쁘다. 보이지 않을 때까지 손을 흔드는 거죠."	"야, 이제 헤어지면 또 언제 만나느냐…."	"이산가족 상봉도 안 되고 있고 또 시간이 흘러가기 때문에 노인들은 자꾸 돌아가시고. 뭐 우리도 언제 가는지도 모르는데… 참 생각하면 생각할수록 슬프고 비참하죠."

ch.2	2018년 상봉 행사 당시 현장음	할아버님 자택 현장음	앵커: "남과 북의 가족들이, 감격스러운 만남을 가졌습니다."	2018년 상봉 행사 당시 현장의 울음 소리	할아버님 자택 현장음	오덕근 할아버지 자택 현장음
ch.3			"나의 살던 고향은 꽃피는 산골 복숭아꽃 살구꽃 아기 진달래 …."			
ch.4	〈고향의 봄〉 피아노 연주곡				〈고향의 봄〉 바이올린 연주곡	

표 3.

박 ▶ 할아버님들의 절절한 이야기와 음악이 화학적으로 결합한 듯, 뉴스 분위기를 상당히 고취했어. 이는 영상과 문자가 합쳐질 때 전달력 측면에서 시너지 효과를 만드는 일종의 이중 부호화와도 비슷해 보여. 〈고향의 봄〉이라는 음악만 따로 들으면 별 감흥이 없을 수 있어. 하지만 뉴스 영상을 보면서 들으면 서로 다른 텍스트의 의미가 더 명확해지고 강화된다는 얘기지.

마지막으로 TV 뉴스에서 음악을 활용하는 것에 우려되는 점을 말해볼까? 먼저 시청자들은 TV 뉴스에 여러 소리가 동시에 나오면, 소리 하나하나를 분석적으로 듣는 게 아니라 그냥 두리뭉실하게 종합적으로 듣는다고 해.* 뉴스의 음향 요소인 인터뷰, 현장음, 음악이 동시에 들리면 음악만 따로 듣지 않고 복합적으로 듣고 이해한다는 거지. 음악이 특정 순간에 특정 감정을 자아내도록 한다는 건 대부분 동의하는 사실이야. 바로 이 두 특성 때문에 TV 뉴스에서 음악을 사용하는 건 경계해야 한다는 목소리도 나오는 듯해. 음악은 시청자가 인식하지 못하는 사이에 특정 사안에 대한 시청자의 감정을 강제할 수 있어서, 여론 조작의 개연성이 있다는 정서가 존재한다는 얘기지. 그런 측면에서 TV 뉴스에서 음악이 여러 효용을 발휘할 순 있겠지만 그것의 활용에는 언제나 신중한 고려가 필요해.

* 톰린슨 홀만, 『영화·텔레비전 사운드의 이해』, 이성진 옮김, 책과길, 1999.

16장

'그들을 조국의 품으로'…
유해발굴감식 현장

2022년 6월 4일, **장영근 영상기자**

"1번 트렌치(참호) 우측에서 유해 추정 개체 식별되었습니다."

치지직, 삑, 무전 너머로 들리는 남성의 목소리. 생각보다 차분하다. 주변 땅속에서 이름 모를 누군가의 뼛조각이 발굴되는 건 더 이상 이곳에서 희귀한 일이 아님을 나는 짐작했다. 곧이어 검은 제복을 입은 예닐곱의 남성이 산길을 따라 그곳으로 향한다. 남성들은 익숙한 듯 저마다의 역할을 수행한다. 누군가는 말뚝을 꺼내 주변에 못을 박았고 누군가는 그 위에 노란색 테이프를 친다. 다른 누군가는 붓과 현미경을 꺼내 뼛조각을 유심히 살피고, 또다른 누군가는 흰 천을 펼쳐 그것을 조심히 놓는다. 주변에는 구슬땀을 흘리는 국군 장병들이 저마다 삽과 곡괭이를 쥐고 숨죽여 지켜본다. 적막을 깨는 한 남자의 목소리.

"동물 뼈 아닙니다. 사람의 유해로 추정됩니다."

동시에 저마다의 얼굴에는 묘한 아쉬움이 감돈다. 뜨거운 태양 아래, 열사병을 이겨내며 발굴을 이어가는 이들은 유해발굴감식단이다.

2000년 4월, 6·25전쟁 50주년 기념사업의 일환으로 순국선열들의 유해가 하나둘 땅 밖으로 나오기 시작했다. 2007년, 정부는 국방부 산하 유해발굴감식단을 정식으로 창설했다. DMZ를 포함해 전국에 흩뿌려진 선배 장병들의 유해를 발굴, 수습, 감식해서 유가족에게 돌려주기 위함이었다.

취재진이 찾은 곳은 강원도 철원의 734고지였다. 이곳은 우리 국군과 중공군 사이 치열한 교전이 펼쳐졌던 곳이다. 70여 년이 지나버린 지금, 고지 위엔 초록빛 울창한 나무가 가득 들어섰다. 그러나 당시엔 민둥산 그 자체였다. 나무 한 그루 찾기 어려웠다. 게다가 734고지는 주변 고지들 중 가장 높았으니 사방을 두루 살필 수 있었다. 적의 이동 경로를 쉽게 파악할 수 있는 전략적 요충지였던 만큼 우리 군이나 중공군 모두 반드시 차지해야 할 땅이었다. 그렇기에 고지 위에서는 총성이 끊이지 않았다. 총알은 쉴 새 없이 날아들었고 총알이 떨어지면 칼을 대신 들었다고 한다. 수많은 군인이 이 땅 위에 스러졌고 70년 넘도록 땅속에 묻혀 있다가 이제야 빛을 보게 된 것이다.

취재하던 시점, 734고지의 유해 발굴은 김현우 상사가 책임지고 있었다. 김 상사는 특전사 생활을 14년 하고 유해발굴감식단으로 전입한 지 3년 차였다. 그의 할아버지는 6·25전쟁 전사자였다. 참전 용사를 가족으로 두었기 때문이었을까? 김 상사가 이 일에 매진하는 이유는 남달랐다.

"이 유해가 미래의 나일 수도 있어요. 언젠가 전쟁이 나면 북한군과 싸워서 전사할 수도 있죠. 미래의 후손이 지금의 저의 모습이 될 수 있을 것 같아요. 항상 유해를 보면서 나를 식별하고 있다, 나를 발굴하고 있다고 생각합니다."

　이날 김 상사와 15사단 장병들 그리고 유해발굴감식단이 찾은 선배 장병들의 흔적은 뼛조각만이 아니었다. 단추, 열쇠, 카빈총의 탄창과 총알, 수십 년 전 전투식량으로 사용됐던 하얀 커피 봉투까지 다시 세상 밖으로 나왔다. 흰 천 위에 하나하나 놓인 옛 흔적들. 후배 장병들은 예를 갖춰 묵념을 한 뒤, 조심스레 함 안에 넣어 봉송한다.

　취재진이 철원을 떠나 찾은 곳은 서울 현충원이었다. 이곳엔 전국 각지에서 발굴된 유해가 모이는 중앙감식소가 있다. 이곳에서만 15년 이상 일해온 이수훈 감식관은 고고학과 인류학을 전공했다. 하지만 지금은 흰 가운과 장갑 그리고 마스크를 쓰는 게 더 익숙했다. 전처리 과정으로 오염물질을 제거하고 DNA를 추출, 증폭, 분석하는 일을 하는데 이를 통해 성별과 나이와 키 등을 파악한다. 보람찬 일을 하고 있지만 언제나 마음 한구석엔 무거운 짐이 있었다. 바로 감식소 아래층에는 아직 가족의 품으로 돌아가지 못한 채로 유해보관소에 잠들어 있는 분이 너무 많았기 때문이다.

"신원이 확인된 분들도 있지만 그 비율이 굉장히 적거든요. 결국 대조를 할 수 있는 유가족분들의 시료가 있어야 신원이 최종 확인되는 것이기에 유가족분들의 참여가 절실합니다."

취재가 진행됐던 2022년 당시 통계만 보더라도 발굴된 유해가 1만 2893구인 데 반해, 신원이 확인된 유해는 192구뿐이었다. 전체 발굴 유해 중 신원 확인 비율이 1.5퍼센트에 그쳤다. 유해보관소를 담당하는 조수훈 중사 역시 유가족들의 유전자 시료 채취를 강조했다.

"6·25전쟁으로부터 많은 시간이 지났습니다. 유가족들의 나이도 점점 고령화되고 있습니다. 유해 발굴도 잘 돼야 하지만, 신원 확인을 위해서는 보다 빠르게 유가족분들의 시료를 채취해야 합니다."

취재 마지막 날, 우리는 유해발굴감식단과 함께 울산으로 향했다. 도착한 곳은 한 임대주택이었다. 칠순을 넘긴 딸이 192번째 영웅, 고(故) 김진욱 일병이자 아버지를 만나는 날이었다. 노란 보자기에 정성스레 싼 '호국의 얼' 함엔 위로패, 유품, 당시 관을 덮고 있던 태극기가 담겼다. 일찍이 아버지를 잃고 사진 두 장이 전부인, 마음이 주름진 딸은 어떤 마음이었을까?

"잠 못 잤습니다. 마음이 벙벙하고 덤덤해서 잠을 그렇게 잘 못 잤어요. 아버지의 '아' 자도 불러보지 못했는데 지금 상황에 아버지를 만나게 되니까 감사하고 고맙고…."

사진을 매만지며 이야기하는 따님의 목소리는 의외로 담담했다. 펑펑 울 거라는 생각과 달리 너무나도 차분했다. 아버지가 그립지 않아서는 아니었을 것이다. 다만 전쟁 이후, 파도같이 북받쳤던 감정마저 70여 년의 세월이 잠재운 게 아니었을까 하는 생각이 들었다. 과학기술이 나날이 발전하면서 참전 용사들의 유해를 가족의 품으로 안길 가능성도 점차 커지고 있다. 다만 시료를 채취한다고 해서 아버지와 오빠와 남편을 찾을 수 있을까, 이제 찾은들 무슨 의미가 있을까, 하고 생각하시는 분들이 적지 않다고 한다. 홍보와 인식 개선이 필요한 부분이다.

그들을 조국의 품으로. 국방부 유해발굴감식단은 오늘도 이 단훈 아래, 휴전선 인근 고지에서는 비지땀을 흘리고 있다. 하지만 시간은 얼마 남았다. 한국전 참전 용사들의 유가족들이 대부분 고령에 접어들었기 때문이다. 단 한 명의 전사자라도 더 가족의 품으로 돌려보내려는 국가의 노력은 나라를 위해 숭고한 목숨을 바친 이들에 대한 당연한 책무이다. 이런 기반 위에서 국가는 국민에게 애국심을 논할 수 있다. 그 어떤 비용을 들여서라도 해야 할 사업이다.

한정된 시간과 싸우는 유해발굴감식단의 고군분투가 정부의 홍보와 유가족들의 협조로 더 큰 성과를 거둘 수 있길 희망한다.

기자들의 대화

카메라의 높이

박 팀장(이하 박)
장 기자(이하 장)

박 ▶ 한국 남성이라면 누구나 병역의 의무가 있잖아? 그래서 가족 중에 군인이거나 군인이었던 적이 있는 사람이 있는 경우가 대부분이지. 가장 아름다운 시절에 본인의 청춘을 혹은 목숨까지 바친 이들에 대한 예우는 수차례 강조해도 지나치지 않아. 우리 외할아버지도 한국전쟁 당시 돌아가셨어. 어릴 때는 대수롭지 않게, 전쟁고아와 다름없는 엄마가 참 불쌍하다는 생각만 했었지. 근데 얼마 전 서울 국립현충원을 찾아 문득 외할아버지의 비석을 보는데 너무나 허무하다는 생각이 들더군. 1953년 5월 20일에 강원도 양구지구에서 전사. 휴전을 불과 두 달 앞둔 시점에 돌아가셨다는 게 비현실적으로 느껴졌어. 물론 이번 아이템을 보면서, 그나마 시신을 수습해서 현충원에 안장됐다는 사실에 감사해야 하나 하는 생각도 들었고.

장 ▶ 이번에 알게 된 사실이지만 선배 어머니 같은 한국전쟁 유가족들이 아직 많이 계시더라고요. 전 군대도 다녀왔지만 사실 평소에 전쟁이라는 게 피부에 와닿지는 않았거든요. 하지만 취재차 철원에 가보니, 이 땅 위에 일어난 전쟁의 참상이 정말 엊그제 일처럼 절절히 느껴지더라고요. 땅을 헤집을 때마다 드러나는 전쟁의 치열한 흔적들, 그 시대의 상흔들을 보면서 한없이 숙연해졌어요. 장병들도 마찬가지였어요. 유해를 발굴하는 요원들은 의무복무를 하기 위해 입대한 어린 군인들이 대부분이었어요. 뙤약볕 아래에서 땅을 파는 일이 무척 고달팠을 텐데 그 누구도 힘든 내색을 할 수 없는 분위기였어요. 본인들과 비슷한 나이에 순국한 이들의 유골이 바로 눈앞에 있었기 때문이겠죠.

박 ▶ 장 기자는 이 아이템을 제작한 뒤, 우크라이나와 이스라엘 전쟁을 현지에서 직접 취재하고 왔잖아? 내가 어느 휴일에 운동하러 가고 있었는데 장 기자의 전화를 받았던 기억이 나. 당시 선배 영상기자를 돕기 위해 후배 중 누군가 한 명은 따라 보내야 했었는데 지원자가 없어서 좀 난감한 상태였어. 근데 장 기자가 자원하는 전화를 해와서 고맙게 생각했던 기억이 나네. 전쟁은 권력자들에 의해 시작되지만 그 피해는 주로 평범한 국민에게 남겨지지. 이번 취재의 주제였던, 휴전선 인근 땅속에 묻힌 이들과 그들의 가족들이 대표적이겠지. 2024년 12월 3일, 윤석열에 의해 자행된 비상계엄도 마찬가지야. 내란의 피해자는 본인의 의사와 상관없이 어디로 가는지도 모르고 동원된 어린 군인들과 이에 맞선 시민들이지. 그들이 앞으로 겪어야 할 트라우마가 정말 걱정이야.

❶ 영상기자와 시청자의 시선

박 ▶ 이번 시간에는 카메라의 높이에 대해 한번 이야기해보는 시간을 가져볼까? 피사체를 바라보는 영상기자의 시선에 대한 이야기라고도 할 수 있어. 가끔 어린이와 대화하기 위해서 자세를 한껏 낮춘 유명 인사를 찍은 보도사진을 보면서 사람들은 좋게 평가하잖아? 그 유명 인사가 어린이의 시선에 본인의 눈높이를 맞추려고 한 노력을 좋게 보는 거겠지.

사람들은 시선의 높이에 따라 달라지는 이미지의 성격을 본능적으로 이해할 수 있어. 타인의 눈높이에 나의 시선을 맞추면 타인과 비슷한 풍경을 보면서 비슷한 정서를 공유하는 거지. 그러면서 타인의 입장을 이해하게 되는 거고. 영상기자는 카메라를 통해 어떤 현상이나 대상을 바라볼 때 이런 부분도 염두에 둬야겠지? 카메라의 높이를 간과하면 안 된다는 말이야. 카메라의 높이를 바꾸는 아주 단순한 행동이 피사체에 대한 시청자의 정서적 변화도 가져올 수 있다는 점을 유념해야 해.

장 ▶ 같은 시선에서 비슷한 감정을 느낀다는 것은 아주 중요한 포인트예요. 그런데 한편으로는 시청자가 미디어를 소비하는 형태의 한계를 말해주는 표현이기도 한 것 같아요. 시청자는 영상기자가 카메라를 통해 바라보는 시선을 그대로 받아들일 수밖에 없잖아요? 영상기자의 카메라는 시청자들이 뉴스에 참가할 수 있는 단 하나의 시점이라는 거죠. 소파에서 제아무리 몸을 이리 틀고 저리 틀어도 영상기자에 의해 프레임 속에 가둬진 세상을 다른 각도로 볼 순 없다는 얘기예요. 다른 시선으로 바라본 현상 혹은 사안을 볼 수 있는 방법이라곤 리모컨으로 TV 채널을 돌리는 게 전부인지 몰라요. 그래서 시청자들은 어쩔 수 없이 수동적이고 종속적으로 되는 듯해요. 그나마 요즘에는 채널 선택권이라도 있죠. 예전처럼 미디어 독점이 심각했던 시대에는 지금보다 훨씬 더 소수 언론사와 그 기자들의 시선에 종속되었겠죠?

그런 맥락에서 현장에 나갈 때면, 피사체를 바라보는 나의 시점에 항상 신중해야겠다고 생각해요. 내가 바라보는 시선이 곧 시청자의 시선이 될 텐데 지금의 내 시선이 과연 시청자들이 수용하기에 객관적이고 일반적일지, 제3자적 시점은 잘 유지하고 있는지 자문을 해보는 거죠. 물론 제가 찍어 온 원본들도 회사의 논조라는 큰 틀에서 움직일 수밖에 없는 한계는 있어요. 가공 단계에서 기사나 편집에 의해 의미가 덧붙는다는 이야기죠. 하지만 원본을 생산하는 시작 단계인 촬영만큼은 최대한 건조한 시점으로 주제를 포착해서, 시청자들이 객관적으로 주제를 이해하고 판단할 수 있도록 해야겠다고 다짐하죠.

박 ▶ 좋은 태도라고 생각해. 영상기자의 시선에 따라 사안이 잘못 전달될 수도 있고 왜곡될 수도 있잖아? 단순히 영상 기술적으로만 생각해 보더라도 어떤 대상을 적절하지 않은 위치에서 바라보면, 그 대상이 지닌 본연의 모습이나 특징을 제대로 포착할 수 없지? 또 친밀감이나 적대감 같은 영상기자의 내재된 선입견 역시 대상을 어떻게든 왜곡할 소지가 있어. 그런 의미에서 시청자에게 제대로 된 사실을 전달하려면 취재 대상에 대한 자신의 물리적, 정서적 시점을 항상 확인할 필요가 있다고 생각해.

그렇다고 항상 관조적인 시점으로만 대상을 포착해야 하는 건 아니야. 그렇게 되면 너무나 일반적인, 이도 저도 아닌 영상들로만 뉴스가 채워지겠지? 때로는 영상기자의 입장에서 시청자들이 꼭 알아야 할, 대상의 본질이라고 생각되는 부분을 클로즈업으로 과감하게 보여줄 필요도 있어. 시청자들의 시청 동기를 유지하기 위해 대상을 왜곡하지 않는 수준에서의 창의적이고 심미적인 시선도 필요해.

장 ▶ 영상기자 시선의 위치에 따라 사안의 외견이 달라지고 사안의 의미 역시 달라지니까 참 다양한 걸 고려하면서 피사체를 포착해야 할 것 같아요. 일반 뉴스는 길어야 2분 남짓이고 기획뉴스라고 해봐야 3분 정도잖아요? 시청자들은 이 짧은 시간 동안 영상기자에 의해 한정된 시선과 한정된 개수의 숏들로 구체화된 상황만으로 사안을 이해해야 하죠. 그런 의미에서 보도 영상을 찍는다는 건 누구나 할 수는 있지만 제대로 잘하기는 쉽지 않아요. 객관적인 시선을 기본으로 영상을 촬영하되 때론 주관적인 시점에서 야마(핵심)를 포착해서 시청자들의 이해도 도모해야 하고 예술적 완성도 역시 추구해야 하니 말이에요.

❷ 카메라의 높이가 만드는 효과

박 ▶ 누구에게나 그런 능력이 있는 건 아니니까, 몇 달씩이나 소요되는 오랜 전형 과정을 통해서 검증된 인력만 뽑는 거 아니겠어?

난 개인적으로 이번 아이템에서 로앵글(low angle)이 눈에 많이 띄었어. 로앵글은 비교적 낮은 위치에서 피사체를 찍는 것을 말하는데, 영상기자 사이에서는 앙각이라고도 이야기하지. 이 아이템 곳곳에서는 낮은 곳에서 바라보는 시선으로 대상의 특징을 부각하거나 현장의 분위기를 묘사해낸 경우가 많았어.

기본적으로 앵글에서 로 또는 하이를 이야기할 때 그 기준이 되는 것은 피사체와 카메라 사이의 상대적인 높이가 되겠지. 만약 피사체가 사람이라면 그 기준을 사람의 눈으로 봐야 하고. 즉 카메라가 촬영되는 사람의 눈보다 낮으면 로앵글이 되는 거지. 카메라와 찍히는 인물의 눈높이가 같을 때 우리는 이를 아이레벨(eye-level)이라고 불러. 인물과 시청자의 눈높이가 동일하기에 동등하다고 느낀다는 특징이 있지. 사물을 찍을 때도 마찬가지야. 카메라를 보통 사람의 눈높이로 설정하여 촬영하면 다소 심심할 순 있으나 아주 평범하고 객관적이라는 느낌을 줄 수 있어. 그런 이유로 보도 영상에서는 시민들이 일상에서 지나치다 바라보는 수준의 자연스러운 카메라 높이를 추구하지. 물론 부조리나 부실처럼 숨어 있는 것들을 발견해서 드러내려면 평범한 눈높이로는 불가능한 경우도 있겠지?

장 ▶ 그때는 또 시선의 높이를 달리해야겠죠. 눈동자를 포착한다는 건 영상을 찍을 때 참 중요한 듯해요. 인물의 눈동자는 시청자와 인물 사이의 감정선을 연결해주는 역할을 하기 때문이죠. 그래서 인물을 찍을 때는 카메라를 너무 높게 하거나 낮게 해서 눈동자를 가리지 않도록 조심해야 하는 거고요. 이번 아이템에서는 이런 실무적이고 기술적인 이유로 로앵글을 구사한 경우가 많았어요. 왜냐하면 '사진 1'처럼, 국군장병들이 대부분 모자를 쓰고 유해 발굴을 하고 있었기 때문이죠. 장병들의 진정성이 담긴 눈동자를 포착하기 위해서는 하이앵글은 아예 불가능하고 아이레벨에서도 부족했어요. 눈동자가 모자의 챙에 의해 가려지거나, 챙이 만든 그림자가 눈에 드리워지는 바람에 노출이 부족한 경우도 생겼죠. 이런 실무적인 이유 때문에 로앵글로 장병들을 촬영한 경우가 제법 있었어요.

박 ▶ 프로야구선수들을 인터뷰할 경우에도 이런 부분을 고려해서 카메라의 높이를 미리 설정해두는 경우가 많지. 이번에는 유해발굴감식

단원들이 모여서 체로 흙을 걸러내며 유해를 찾고 있는 그룹숏('사진 2')을 한번 볼까? 이 역시 앙각을 활용했는데 체의 아래에 카메라를 놓고 촬영함으로써 체가 전경에 위치하게 되었지. 체가 프레임의 전경에서 아주 크게 포착되니까 그 움직임이 제대로 잘 드러났어.

로앵글로 찍어서, 태양 아래서의 장병들 노고가 아주 잘 그려졌어. 의도적인 프레이밍으로 태양이 화면의 천장으로부터 들어오도록 만들었고 이는 렌즈 플레어*가 장병들 사이로 퍼져나가는 효과를 낳았지. 태양광선의 시각화라고 해야 하나? 빛이라는 게 원래 눈으로 이렇게 보이는 게 아닌데, 로앵글을 잘 활용했기에 이런 무형의 광선도 이미지로 건질 수 있었다고 생각해. 한 프레임 안에서 장병들과 태양 그리고 플레어의 배치가 훌륭했어.

장 ▶ 뉴스의 주제도 부각하고 미학적으로도 나쁘지 않은 결과라 만족스러운 앵글이었어요. 로앵글이라는 게 기본적으로 색다른 시선이잖아요? 우리가 어떤 대상을 볼 때 보통 일부러 숙이거나 엎드리지 않는 이상 아이레벨에서 바라보는 게 대부분이죠. 그런 맥락에서 아이레벨은 아주 익숙한 시선이라고 할 수 있어요. 앞서 말씀하신 대

---

* 광원이 렌즈에 직접 닿을 때 다양한 형태로 발생한다. 각도를 조정해가면서 의도적으로 조성하는 경우가 대부분이다. 최신 렌즈들은 반사 방지 코팅이 되어 있어 플레어를 만들기 오히려 힘든 경우가 많다. 영상기자들이 사용하는 ENG 카메라의 경우, 렌즈 후드가 플레어 현상을 방지하는 역할을 하기에 플레어를 만들려면 이를 제거하는 게 좋다.

사진 1. 모자를 착용한 사람을 촬영할 때는 눈을 포착하기 위해 어쩔 수 없이 로앵글로 찍을 수밖에 없다.

사진 2. 로앵글을 구사한 덕분에 뜨거운 태양광선을 플레어로 시각화할 수 있었다.

로 객관적이기도 하고요. 반면에 평범한 시각에서 벗어나 앙각으로 찍은 영상은 시청자들이 몸을 숙여야만 볼 수 있는 광경이기에 낯선 느낌을 조성하죠. 자신이 평소에 볼 수 없는 높이의 시선을 영상기자가 대신 제공해준다면 시청자들은 아이레벨보다 신선한 감정을 느낀다고 말할 수 있겠죠?

박 ▶ 드론을 활용하고 접사렌즈나 망원렌즈 등을 쓰는 것도 마찬가지지. 경우에 따라서는 피사체를 포착하는 물리적 방법이 그것밖에 없어서 이런 장비를 쓸 때도 있어. 하지만 뉴스에서 이색적인 시선, 즉 시각적 충격을 조성하기 위한 목적으로 쓰이는 경우도 많지. 그러나 장 기자가 방금 말한 것처럼 아이레벨이 조성하는 객관적인 시각 역시 절대 무시하면 안 돼. 로앵글이든 하이앵글이든 기본적으로 아이레벨을 벗어난다는 것은 시청자의 심리적 반응의 변화를 동반한다는 사실을 알아야 해. 단지 시각적 만족감을 위해 로앵글을 남발하면 이로 인해 시청자들이 뉴스를 곡해할 소지도 생긴다는 거야. 카메라의 높이에 따른 시청자의 심리적 반응은 잠시 뒤에 다시 얘기해보도록 하고, 로앵글에 대해 좀더 말해볼까? 개인적으로 삽으로 땅을 파는 장병의 모습이 실루엣으로 포착된 장면('사진 3')도 인상적이었어.

장 ▶ 실루엣은 시각 정보를 숨길 수 있어서 더 매력적인 촬영 기법인 것 같아요. 로앵글로 피사체를 촬영하면 배경이 하늘로 잡힐 가능성이

사진 3. 실루엣은 확실한 의도를 가지고
노출을 조정해야 확보할 수 있는 결과물이다.

높잖아요? 그러면 자연스레 역광을 이용하게 되고 실루엣이 드러나는 경우가 많죠. 하늘과 하늘을 등진 장병 사이에는 상당한 조도 차이가 발생하기에 이런 조건이 맞아떨어지는 거예요. 물론 하늘과 장병 양쪽 모두 적당히 보이도록 노출을 타협할지 아니면 장병은 까만 형태만 남기고 하늘과 나무 같은 배경에 적정 노출을 맞출 것인지, 양 갈래의 길에서 명확한 선택을 해야 이런 실루엣을 촬영할 수 있어요.

신입 영상기자 시절에는 사실 이런 선택을 하는 게 두려웠던 경우도 많았어요. 확신이 부족했던 거죠. 그럴 때는 여러 가지 노출로 상황을 담아보는 것도 방법이에요. 모든 상황이 영상기자가 의도한 대로 찍혀서 멋진 결과를 낳진 않으니까요. 이 리포트에서는 실루엣으로 찍힌 병사의 모습과 배경이 적절하게 대비되면서 이색적인 볼거리로 시선 집중도를 높인 만족스러운 영상이었어요.

❸ 카메라의 높이가 조성하는 정서

박 ▶ 아까 잠시 이야기했던 카메라의 높이에 따른 시청자의 심리적 반응을 알아볼까? 영상을 전공한 사람들에게는 지극히 상식적인 이야기가 될 것 같아. 모두가 본능적으로 알 수 있는 이야기일 수도 있지. 아돌프 히틀러와 함께 해맑게 웃고 있는 여성('사진 4')이 있어. 레니 리펜슈탈이라는 당대 최고의 영화감독이지. 홀로코스트를 옹호하는 등 나치당 최고 선전가로 활동했던 요제프 괴벨스에 의해 리펜슈탈은 발탁되었어.

전형적인 프로파간다 영화지만 엄청난 영상 예술적 성과를 낳은 〈의지의 승리〉라는 다큐멘터리를 제작하게 되지. 말이 다큐멘터리지, 괴벨스에 의해 전폭적인 지원을 받은 리펜슈탈이 철저히 연출한 영화라고 봐야 해. 지금 보면 대단할 것 없다고 느낄 수 있어. 하지만 당시에는 전례 없던 구도와 편집 그리고 항공촬영 같은 엄청난 제작 완성도를 보여주었어. 이 영화 이후로 비슷한 기법을 활용해서 찍은 여러 영화를 발견할 수 있지.

사진 4. 레니 리펜슈탈은 천재라는 평가와 함께
나치 부역자라는 비난을 받는 인물이다.

리펜슈탈은 다큐멘터리라는 사실적인 형식을 빌려 독일 사람들의 심리를 움직이려고 했어. 특히 카메라의 높낮이가 조성하는 이미지에 대한 사람의 반응을 치밀하게 계산해서 영상을 만들었지. 예를 들어 다큐멘터리 초반부터 히틀러가 비행기를 타고 하늘에서 군중을 내려다보고 군중들은 히틀러를 로앵글에서 우러러보도록 영상을 찍었어. 히틀러의 사진('사진 5')을 볼까? 군중의 시점에서 찍은 숏이지. 앙각에서 바라보는 히틀러는 실제 본인의 체격보다 훨씬 크게 보여서 강력하게 느껴져. 히틀러가 리펜슈탈과 찍은 그룹숏('사진 4')을 보면 실제로는 상대적으로 작은 히틀러의 체격이 드러나. 하지만 히틀러 혼자 앙각으로 찍은 숏에는 비교 대상이 없는 만큼 히틀러는 상당히 우람하고 권위적인 느낌을 주지.

반면에 하이앵글에서 촬영된 나치 병사들의 모습('사진 6')을 볼까? 우선 풀숏으로 찍어서 병사 개개인은 아주 작게 포착되었어. 한없이 나약한 느낌을 주지. 부감으로 내려다보이게 찍었기에 누군가의 지배를 받고 있다는 분위기도 주지. 이렇듯 카메라의 높이에 따라 피사체는 힘을 가지기도 하고 잃기도 한다는 얘기야. 지금으로부터 거의 100년 전에 이런 이미지의 성격을 간파했다는 게 대단해.

한편 카메라의 높이에 따라 변하는 정서 혹은 메시지에 대중이 부지불식간에 젖어든다는 걸 알게 된 후 권위가 필요한 인물들은 주로 로앵글로 사진을 찍게 되었어. 박정희 대통령이나 영국 수상 윈스턴 처칠의 사진('사진 7')이 유사한 앵글에서 찍힌 걸 보면 카메라의 높이에 대한 생각은 동서양을 막론하고 비슷했던 것 같아.

장 ▶ 로앵글이 조성하는 가장 대표적인 정서는 보통 권위라고들 이야기하죠. 전 개인적으로 우리나라의 거대한 공공기관 건축물의 양식을 볼 때 그런 기분을 느끼곤 해요. 국회나 법원 청사 같은 경우가 대표적이에요. 우리나라를 대표하는 건축가 김수근이 설계한 서울법원종합청사('사진 8')는 언덕 위에 위치하는데도 계단이나 도로를 따라 올라가야 들어갈 수 있는 구조죠.

국회 본회의장 건물은 평지에 있는데도 많은 계단 위에 정문을 만들었고요. 시민들 시점에서 이런 건물의 출입구를 바라보거나 접근할 때 로앵글이 형성될 수밖에 없겠죠? 그렇다보니 친밀감보다는 권

사진 5. 로앵글은 물리적으로 인물을 건장하게 보이도록 만들어 권위를 부여한다.
사진 6. 하이앵글은 대상을 위축시키는 효과를 만들어 피지배적인 느낌을 조성한다.

사진 7. 카메라의 높이가 만드는 이미지의 정서는
정치적으로 활발히 활용되어왔다.

위적인 느낌이 들 테고요. 물론 시민들의 이런 정서적 반응을 의도하고 그렇게 설계했는지도 모르죠. 무릇 법원의 권위는 시민들이 납득할 만한 판결로 만들어지는 건데, 오히려 이런 건물이 불통이나 선민의식 같은 법원의 부정적인 이미지를 만들 수 있다는 생각도 들어요.

박▶ 뉴스도 마찬가지야. 영상기자의 의도와 무관하게 카메라의 높이에 따라 조성되는 이미지의 성격이 있어. 시청자는 그런 이미지의 성격에 대해 어느 정도 정해진 반응을 하게 되지. 얼마 전 〈기자협회보〉에서 재밌는 기사를 읽은 적이 있어. 기자들이 취재할 때 수첩을 쓰다가 노트북으로 그 수단이 바뀌면서 달라진 이미지에 대한 한 기자의 생각이 담겨 있었지.

사진 8. 로앵글이 만드는 권위적인 분위기는
건축물에서도 발견할 수 있다.

수첩을 사용할 때는 취재원들과 비슷한 눈높이에서 취재하기에 정서적 교감을 통한 소통에 유리하고, 영상에 포착되더라도 동등한 이미지를 줄 수 있다는 거야. 실제로 과거에 국회 출입기자들이 민주당 원내 지도부 회의를 취재하는 장면('사진 9')을 보면 그런 느낌을 알 수 있어. 기자들은 취재 수첩을 든 채로 의원들 뒤에 서서 더 높은 곳에서 내려다보고 있지. 국민을 대신해서 의정을 주도적으로 감시한다는 어떤 힘 같은 게 느껴지는 장면이야.

반면에 최근 뉴스에서 국회 출입기자들의 모습을 보면 정반대의 정서를 느끼게 돼. '사진 10'을 예로 들면 기자들은 바닥에 앉아 한동훈 대표의 말을 한마디라도 놓치지 않으려는 듯 노트북에서 눈을 떼지 못하고 있어. 몇 년 전에는 한 국회의원이 비공식 질의응답인 '백

사진 9. 2003년 4월 24일에 방영된 MBC 뉴스데스크 장면.
사진 10. 2024년 9월 11일에 MBC 뉴스데스크 장면.

브리핑'을 취재하기 위해 바닥에 앉아 있던 기자들의 모습을 걸레질에 비유해서 논란이 된 적도 있었어.

정치인과 기자들 사이에 발생하는 시선의 높이 차이가 상호 간의 힘의 불균형을 만들기에 정치인의 눈높이에서는 그렇게 보일 수도 있는 노릇이야. 마치 어미 새가 먹이를 물어다 주기를 기다리는 아기 새들의 종속적인 모습처럼 느껴지기도 해. 이런 취재 환경이 기자들의 위상을 위축시켜서 제대로 된 취재를 못하게 하면 앞으로 문제가 될 수도 있지. 국회에서 출입기자들에 대한 대우가 박한 건지, 아니면 단지 우리나라 기자들이 좌식문화에 익숙한 건지, 어쨌든 다른 나라에서는 보기 힘든 기이한 풍경인 것 같아.

❹ 다양한 시점의 효과

박 ▶ 이 아이템에서 괜찮았던 부분을 몇 가지 더 이야기해볼까? 우선 가끔 등장하는 시점숏(POV)이 좋았어. 보통 행동의 주체가 되는 인물을 보여준 뒤, 인물이 바라보는 대상을 보여주는 것이 일반적인 시점숏의 진행 패턴이지. 하지만 카메라가 소형화되면서 보디캠 혹은 고프로 같은 액션캠을 행동의 주체에 부착하는 경우가 늘어났어. 뉴스 초반 삽으로 땅을 파는 병사의 헬멧에 액션캠을 단 장면('사진 11')

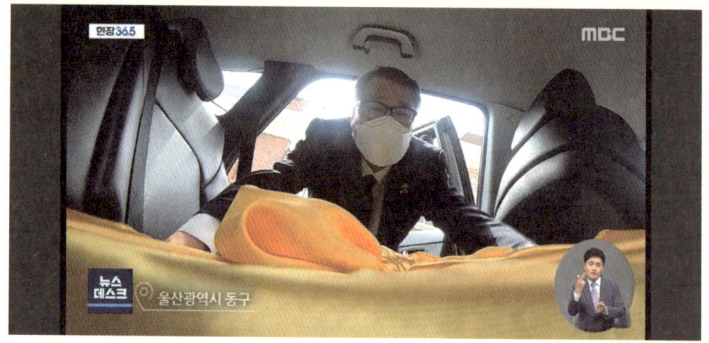

사진 11. 액션캠을 활용하면 시청자들이
뉴스 속 인물의 시선을 경험하도록 도와줄 수 있다.
사진 12. 사물에 액션캠을 부착하면
때로는 작위적인 느낌을 줄 수도 있어서 조심해야 한다.

이 대표적이지. 병사의 눈높이 인근에 카메라를 부착했기에 유해 발굴단이 하는 일을 병사의 시점에서 자연스레 보여줄 수 있었다고 생각해. 좀 흔들리고 거칠어도 뉴스에 생동감을 주는 영상이었어. 이렇듯 영상 내러티브의 전개에서 한 번씩 시점을 극적으로 바꿔줄 필요가 있지. 시각적 신선함으로 몰입도를 높일 수 있거든.

후반부에 나온 시점숏의 경우에는 행동의 주체가 아닌 객체인 사물로 시점이 옮겨간 경우야. 유해 봉안함을 딸이 있는 울산으로 옮기는 과정에서 선친의 유해가 담긴 나무 상자에 카메라를 부착하여 차에서 꺼내는 장면('사진 12')이지. 예전에는 상당히 보기 드문 기법이었어. 이 역시도 카메라의 소형화가 기여했다고 봐야겠지? 사물로 시점이 옮겨갔다고 생각할 수도 있지만 난 개인적으로 유골함 안에 있는 아버지의 시점 같다고도 느껴졌어. 좀 비약처럼 들릴지 모르겠지만, 오랜 시간이 지나 겨우 발굴되어 작은 상자에 담긴 채로 딸을 만나러 가는 여정을 아버지의 입장에서 바라보는 느낌이 든 거야. 아주 짧은 컷이었지만 마음이 살짝 무거워지는 순간이었어.

장 ▶ 말씀하신 대로 작은 액션캠을 부착해서 시점숏을 확보하는 경우가 많이 늘어났어요. 예를 들어 일반적인 뉴스를 제작할 경우 오랜 시간을 기다려야 포착할 수 있는 사안이 많죠. 그럴 때 액션캠을 활용하죠. 멧돼지를 쫓는 사냥개의 몸에 액션캠을 부착했다고 생각해보면, 운이 좋은 경우 사냥개가 멧돼지를 잡는 장면도 바로 눈앞에서

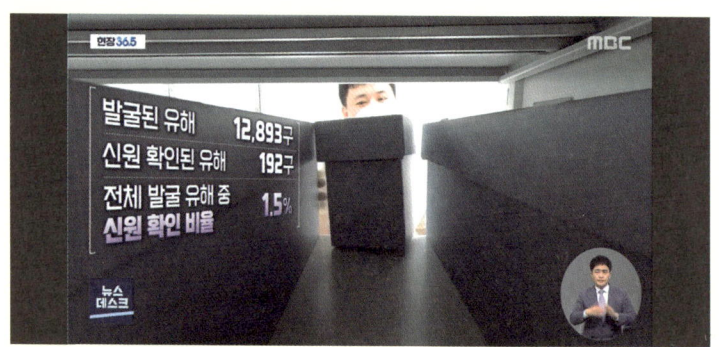

사진 13. CG의 등장과 위치도 참신한 아이디어와 결합하면
뉴스의 몰입도를 높이는 계기로 만들 수 있다.

볼 수 있죠. 아니면 달리는 사냥개의 시점숏을 인서트 컷으로 활용해서 뉴스 영상에 박진감을 부여할 수도 있고요.

외부 제공 화면에서도 시점숏을 자주 발견할 수 있어요. 최근에는 경찰, 해경, 관세청 공무원 등 검거 작전을 펼치는 공무원들의 보디캠으로 촬영된 영상이 방송사에 많이 제공되고 있죠. 기관의 업무 성과를 홍보하는 게 주된 목적일 거예요. 하지만 카메라의 부착 목적 중 시민들의 인권을 보호한다는 측면도 있는 만큼 가끔은 공무집행 과정의 부조리나 대처 미숙 같은 부정적인 이미지가 드러나는 경우도 있죠. 흑인의 생명도 중요하다는 'Black Lives Matter' 운동 같은 경우도 조지 플로이드를 체포할 당시 모습이 담긴 경찰의 보디캠이 공개되면서 더 거세졌어요.

박 ▶ 신원이 확인되지 않아 유해보관소에 보관돼 있는 케이스를 설명하는 부분도 인상적이었어. '사진 13'처럼, 감식관이 박스를 꺼내는 행동에 맞춰서 CG(컴퓨터그래픽)이 순차적으로 나타나도록 편집했지. 이 그래픽은 피사체 형상 위에 각도를 맞춰, 반듯이 놓인 듯 보여서 참신함도 있었어. 작은 아이디어와 정성이 뉴스 영상의 품위를 높여 준 사례라고도 말할 수 있겠지?

❺ 그 밖의 제작 기법들

박 ▶ 현충원을 떠나서 대구의 유가족 집에 도착하는 과정을 편집한 부분도 좋았어('사진 14~19'). 서울에서 대구로 유해가 이동하고 유가족에게 전달되는 과정을 10초라는 짧은 시간에 감각적으로 구성했다고 생각해. 공간을 이동하는 과정의 상징적인 이미지를 순서대로 빠르게 병치하면서 시간을 압축한 거지. 몽타주 편집 기법의 전형이라고 말할 수 있어. 빠른 리듬과 특징적인 클로즈업을 통해 의미를 쌓아가는 것이 몽타주 편집의 특징이지. 시청자들은 몽타주 편집을 통해 시간의 압축을 감각적으로 이해할 수 있어. 그래서 짧은 시간에 정보를 전달해야 하는 방송 뉴스에서 몽타주는 아주 효율적인 기법이라고 할 수 있어.

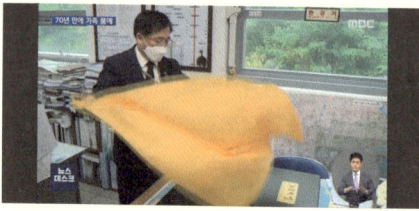

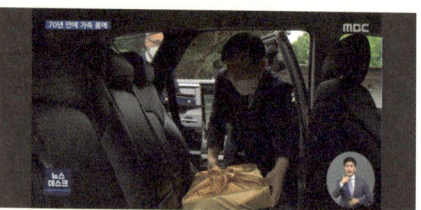

사진 14~19.
아주 긴 시간에 발생한 일들을
몽타주로 압축적으로 보여주는
효율적인 편집을 했다.

노년이 된 딸이 아버지의 사진을 바라보는 신(scene)의 편집 순서도 좋았어. '표 3'처럼 먼저 딸이 사진을 보는 전체 장면을 보여주고, 커버리지숏 개념으로 바라보는 주체인 딸과 대상인 사진을 연속으로 붙이는 게 일반적이지. 하지만 정직한 편집이어서 힘이 느껴지지 않을 가능성이 커. 더욱이 사진을 바라보는 행위가 바로 전 장면에서 일어나던 게 아니어서 어색할 수도 있지. 그런 의미에서 '표 1'처럼 딸의 얼굴을 찍은 익스트림클로즈업을 컷어웨이숏으로 활용하면서 신의 편집을 시작했던 전략이 좋았어.

'표 2'처럼 딸의 손과 사진이 동시에 포착된 클로즈업숏을 제법 긴 시간에 먼저 보여주는 것도 괜찮았을 거라고 생각해. 물론 뭘 바라보고 있는지 그 정답을 먼저 보여주는 느낌이라서, 시청자의 호기심을 유지하면서 뉴스를 전개하는 방식은 아니야. 숏 순서의 조합에 따라 시청자에게 전달되는 감정 역시 달라지기에 영상기자 본인이 현장에서 느낀 감정을 기반으로 올바른 선택을 해야겠지?

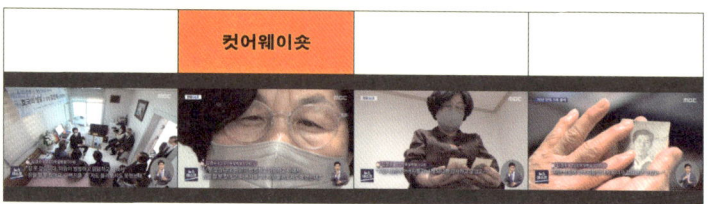

표 1.

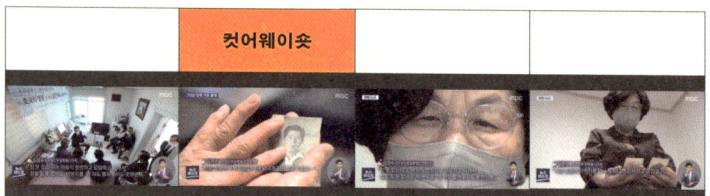

표 2.

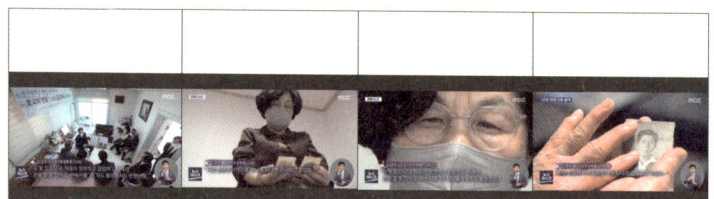

표 3.

마지막으로 '표 4'처럼, 딸의 주름진 손과 아버지의 젊은 모습이 대조를 이루는 클로즈업과 유해 발굴 현장의 풀숏을 디졸브로 이어붙인 것도 좋았어. 발굴단의 노력과 그 결과라는 인과관계를 역순으로 보여주는 전개지. 보통의 디졸브 지속 시간보다 다소 긴 2초 이상 효과를 준 것이 주효했어. 그렇기에 두 컷이 촘촘히 연결된 직물처럼 느껴지기도 하고, 화학적으로 결합한 것처럼 느껴지기도 했어. 즉 충분한 시간의 트랜지션 효과를 통해 시청자들이 두 컷 사이의 의미를 충분히 곱씹고 결부할 수 있도록 유도한 접근이었어.

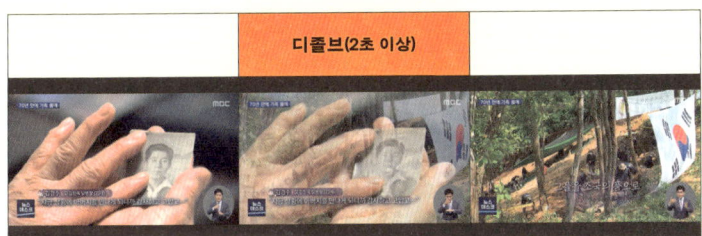

표 4.

17장

동심까지 치료하는 장난감 병원

2022년 5월 21일, **김동세 영상기자**

2022년 2월 24일, 러시아가 우크라이나를 침공한 날 나는 우크라이나와 국경을 접한 폴란드의 프셰미실이라는 도시에 도착했다. 3주가 넘는 전쟁 취재 출장 끝에 몸도 마음도 피폐해진 상태였다. 두 달 넘도록 끝나지 않는 전쟁 소식을 접하며 좀처럼 마음의 안정을 회복하지 못하던 5월, 가정의 달을 맞아 제작하는 〈현장 36.5〉만큼은 무겁지 않고 따뜻한 이야기를 담고 싶었다. 5월의 주인공은 뭐니 뭐니 해도 어린이 아니겠는가. 아이들에 관한 이야기들을 검색하며 인터넷의 바다를 누비다가 우연히 다다른 단어들이 눈길을 사로잡았다. 장난감 병원. 장난감 수리 센터가 아니고 병원이라고?

병원에서 운영하는 포털 사이트의 카페를 찾아 들어가니 무척 흥미로운 내용들이 많았다. 장난감을 환자로 대하고 그 환자를 치료(수리)하기 위해서는 입원 치료 의뢰서를 작성해야 한다는 것, 직접 내원할 수도 있고 택배로 환자를 보낼 수도 있다는 것 등등. 내과, 일반외과, 정형외과, 심장외과 등 진료과도 분류되어 있었다. 더구나 병원인데 치료비는 무료였다. 뭐지?

이곳은 키니스(Kinis) 장난감 병원. 공동 설립자 중 한 분인 김종일 이사장님에 따르면 아이(Kid)와 실버세대(Silver)의 앞 두 글자 그리고 n(and)을 조합해 '키니스'라고 이름 지었다고 한다. 장난감을 매개로 어린이와 실버세대가 함께 어우러진다는 의미이다. 장난감이니까 kid는 알겠는데 그럼 silver는 왜 들어갔을까? 여기에서 이 장난감 병원의 가장 핵심적인 콘셉트를 확인할 수 있다.

이곳에서 장난감을 '치료'해주시는 '박사님'들은 평균 나이 75세의 어르신들이었다. "젊은 시절의 생업을 끝내고(정년 퇴임 뒤) 그간 자신이 받은 것을 평생에 걸쳐 사회에 환원하는 것이 삶의 목적이 되었는데, 그중에서도 자기의 재능을 일부라도 살릴 수 있다면 어마어마한 보람을 느낄 수 있을 것 같았다"는 설립 취지로 장난감 병원을 세우셨단다. 그렇기에 재능 기부 형태로 운영되며 치료 비용도 무료일 수 있었던 것이다. 이 소중한 뜻으로 의기투합한 박사님들의 소위 '현역' 시절 면면도 화려하다. 금속공학과 조선공학 박사 출신 교수님들, 공업계 고등학교 선생님, 전자업체 연구원, 중공업 기술 연구원 등등.

키니스 장난감 병원의 박사님들과 이야기를 나누면서, 무선통신 공학자 출신으로 우리나라 TV 방송 초기 인프라 구축에 힘쓰시며 후학을 양성하셨던 나의 할아버지가 떠올랐다. 무척 과묵하셨지만 나에게 뭐라도 도움이 될까 싶은 정보들을 늘 신문에서 스크랩해두셨다가 건네주며 당신의 다정함을 표현하셨던 분이다. 그래서일까, 장난감 박사님들의 이야기를 더 자세히 듣고, 더 많은 사람에게 이곳을 소개하고 싶었다.

장난감과 병원이라는 익숙한 소재이지만 이 둘의 결합이 빚어낸 장소는 생소하고 신기했다. 한쪽 벽면을 가득 메운 장난감과 아이들의 감사 편지, 치료 데스크마다 쌓인 각종 수리 도구와 부품들까지, 흥미로운 물건들로 가득한 환경이 선사하는 독특한 미장센을 다양한 앵글로 담아내고 싶었다. 그래서 구성안을 짜고 취재를 계획하던 단계에서부터 장난감의 오밀조밀하고 미시적인 세계를 최대한 가까이에서 담아 보여주고자 했다.

이를 위해 사용했던 주요 장비 중 하나는 라오와의 24mm f/14 probe macro lens*였다. 자그마한 칩에 얇은 전선을 납땜인두로 연결하거나, 회로판에 미세 드릴로 구멍을 뚫거나, 아기 손톱만큼 작은 부품을 핀셋으로 조립하는 세밀한 과정들을 최대한 크게 클로즈업하여 촬영하는 데 유용한 장비였다. 손에 익은 장비가 아니었던 터라 의도했던 수준만큼의 결과물을 얻지는 못했지만, 보통의 렌즈들보다 훨씬 더 오밀조밀하고 미세한 장난감 환자의 뱃속과 장기들을 탐험하는 효과는 거두었다고 생각한다. 거시적인 관점에서는 아이들이 직접 병원에 찾아가는 공간의 서사를 보여주고자 인천 시내 부감에서부터 계단을 지나 지하상가 내부로, 상가 복도에서 장난감 병원 안까지 들어가는 그림을 롱테이크로 촬영했다.

---

* 라오와(Laowa)에서 출시한 24mm f/14 probe lens는 미러리스용으로, 소총의 총열과 닮은 긴 튜브형의 배럴과 렌즈 팁이 특징이다. 화각은 85도 정도로, 벅스 아이 뷰(bug's eye view)를 구현한다. 마치 자신이 개미가 되어 커피콩, 산딸기, 벌레, 떡잎처럼 자그마한 물체 위를 직접 걷는 것과 같은 느낌으로 촬영이 가능하다.

본 취재는 이틀로 충분했지만 왠지 마음이 이끌려 꼬박 하루를 더 머물면서 박사님들과 아이들을 관찰했다. 왜 계속 그 공간에 머물고 싶었는지 돌이켜보면, 장난감 병원에서 접했던 박사님들과 아이들의 환한 미소를 계속 보고 싶었기 때문이었던 것 같다.

아이와 어른을 막론하고 장난감 병원에서 만난 모든 이가 집중한 화두는 오로지, 동심을 지키는 일이었다. 그 어떤 의도나 계산도 없었다. 아이들은 치료받고 회복된 친구를 다시 만나 그저 기뻐했고 박사님들은 수리된 장난감을 건네거나 아나바다 본부*에 있던 장난감을 선물로 주면서 함박웃음을 지었다. 어르신들의 활짝 웃는 표정이 아이들의 그것과 그토록 빼닮을 수도 있다는 것을 나는 이곳에서 목격했다. 박사님들은 인터뷰에서 이렇게 말했다.

"우리만큼 장난감을 잘 아는 할아버지는 한국에 없을 거예요."

"아이들의 즐거운 표정은 안 변해요."

"있는 건 뭐든지 주고 싶죠, 애들이 원하면. 주어서 기쁘면 된다. 주어서 기쁘면…."

"한번 끝까지 해보고 싶어요. 할 수 있을 때까지는."

수익 모델 없이 후원만으로 운영되는 이 장난감 병원이 유지되

---

* 키니스 장난감 병원 한쪽의 아나바다 본부에서는 이곳저곳에서 기증받은 장난감들이 진열되어 있다. 아이들이 싫증난 장난감을 가져와 다른 장난감과 교환할 수 있고, 원하는 장난감을 선물받을 수도 있는 공간이다.

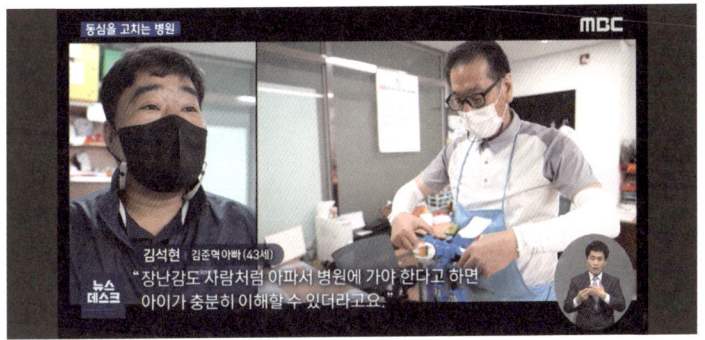

고 성장할 수 있었던 공고한 토대는 다름 아닌 박사님들의 열정과 아이들을 향한 사랑임을 깨닫는 건 그리 어렵지 않았다. 그리고 언젠가 능력과 기회가 주어진다면 나도 은퇴 후에 이곳에서 아이들과 장난감과 함께 오롯이 하루를 보내는 일상을 살고 싶다는 생각이 들었다.

그로부터 2년이 지났고 나는 늦깎이 아빠가 되었다.

장난감 병원 취재 현장에서 만났던, 당시만 해도 낯설었던 타이니러브 모빌, 에듀테이블, 꼬꼬맘, 깜짝볼, 튤립 사운드북과 같은 '국민 육아템'들이 이제 몽땅 우리집 거실에서 뒹굴고 있었다. 매일 그 장난감들을 물고 빨고 당기고 던지는 아들을 보며, 키니스 장난감 병원을 자주 떠올렸다. 그곳에서 치료받고 회복되어 본래 기능을 되찾은 환자들의 표정과 음성도 생생했다. 조만간 기회가 닿는

대로 우리 아이의 친구들을 데리고 다시 그곳을 찾아, 박사님들을 만나뵙고 어르신들께 감사 인사를 전하고 싶다.

기자들의 대화
이미지 표현의 역사 속 뉴스 영상

박 팀장(이하 박)
김 기자(이하 김)

박 ▶ "아이들의 즐거운 표정은 안 변해요." "있는 건 뭐든지 주고 싶죠, 애들이 원하면. 주어서 기쁘면 된다. 주어서 기쁘면…." 뉴스 마지막 무렵 할아버지의 인터뷰는 아이들을 사랑하는 마음이 정말 잘 드러났어. 전국에서 보내온 고장난 장난감들을 고쳐주는 병원이 있다는 소식은 지역 일간지를 통해 알게 되었지. 평균 나이 75세, 우선 박사님들의 화려한 과거가 눈에 띄었어. 대기업 출신에 박사학위는 기본이고, 교수님에 학회장까지. 보는 순간 '이거 아이템이 되겠는데…'라는 생각이 들었어. 우리 〈현장 36.5〉가 가장 눈여겨보는 사회 문제 중 하나가 저출생이잖아? 그래서 그동안 '놀이터가 있는 학교' '난임에 대한 지원' '발달지연 아동' '소아외과 부족 문제' '아빠들의 육아' 등 다양한 소재를 다뤄왔었지.

김 ▶ 〈현장 36.5〉가 조명한 저출생 관련 문제만 해도 여럿이죠. 그만큼 저출생 문제의 해결책이 간단하지 않다는 얘기가 되겠죠? 마음놓고 아기를 낳을 수 있는 정부의 지원이나 시스템 같은 기본적인 것도 필요하겠지만 사회 전반적으로 바뀌어야 할 게 한두 가지가 아니에요. 지나치게 높은 부동산 가격, 여성의 경력 단절, 지역 사이의 교육 격차, 학벌 중심의 사회 등 아주 복잡한 난제들이 실타래처럼 서로 얽혀 있죠. 우리도 뾰족한 해결책을 제시할 수 없는 건 마찬가지죠. 하지만 장난감 병원의 할아버님들, 소아외과를 지키는 할머님 의사 선생님 등 부모가 되려는 사람들에게 사회 일각에서 용기를 주는 이들을 발굴하는 것만으로도 의미가 있다고 생각해요. 출산 혹은 가족 친화적인 사회적 분위기가 조성되는 데 어느 정도는 기여하는 거잖아요?

❶ 이미지 표현의 역사

박 ▶ 이번에는 이미지 표현의 역사와 뉴스 영상을 연관해서 이야기해보는 시간을 가져볼까? 주로 회화가 비교 대상이 될 것 같아. 시각 정보를 표현하거나 기록한다는 점에서 뉴스 영상 역시 그림의 연장선에 있다고 봐도 무방하다고 생각해. 실제로 취재현장에서 뉴스 영상을 그림이라고 일컫는 것도 아마 그런 맥락에서 나왔을 거야. 회화는 사상이나 기술의 발전에 따라 진화를 거듭해왔지. 수만 년 전 동물의 뼈나 자연염료를 이용해서 동굴 벽에 암벽화를 그리는 것으로 시작했지만 아주 오랜 시간을 거쳐 뉴스 영상이라는 장르까지 분화했다는 얘기야.

기술의 혁신을 거듭하면서 표현의 수단은 동물의 뼈에서 붓과 필름을 거쳐, 디지털카메라로 찍은 이미지를 모니터에 재현하는 단계까지 도달했지. 사상의 진보 측면에서 보자면, 선사시대 회화는 주술적 의미가 강했던 반면, 고대 그리스나 로마 미술은 주로 이상적인 아름다움을 추구했어. 중세에는 종교적 신앙의 표현에 치중했다면, 르네상스시대에 이르러서는 다시 고대 그리스처럼 사실적인 아름다움이 대두되었지. 다른 점이 있다면, 신이 아닌 사람의 시선 그리고 이성과 과학을 바탕으로 세상을 바라보는 인간 중심적 사고가 시작되었다는 거야.

❷ 르네상스시대의 원근법

김 ▶ 그게 바로 르네상스의 핵심 가치인 인본주의죠. 이런 휴머니즘 사상이 이미지를 표현하는 데 미친 영향 중 가장 중요한 게 원근법의 발견이에요. 신이 아니라 한 인간인 자신을 중심으로 세상을 바라보게 되면서 입체감 역시 창조됐다고 볼 수 있죠. 나의 관점에서 멀리 있는 건 작게, 가까이 있는 건 크게 보인다는 단순한 원리가 시각예술

그림 1. 라파엘로 산치오, 〈아테네 학당〉, 1509~1511,
프레스코, 바티칸미술관 소장.

에 적용되기까지 아주 오랜 세월이 소요되었어요. 과학의 발전, 특히 기하학의 도움을 받게 되면서 비로소 2차원 평면에 3차원적 이미지를 구현하는 데 성공한 거죠. 그런 의미에서 르네상스시대는 완벽한 비례로 현실을 있는 그대로 반영하려던 인간의 열망이 이뤄진 시기예요.

라파엘로 산치오가 그린 〈아테네 학당〉('그림 1')을 보면, 아치형의 여러 문 크기가 다르죠. 소실점과 가까운 것은 작게, 먼 것은 크게 그리고요. 이를 통해 입체감과 깊이감으로 원근법을 완성한 거죠. 취재현장에서 뉴스 영상을 촬영할 때도 무엇보다 중요하게 여겨지는 가치 중 하나가 입체감이잖아요? 내가 취재하는 대상을 가장 사실적으로 표현하는 기준이 바로 입체감이기 때문이겠죠. 그 근원이

르네상스시대와 맞닿는다는 게 참 흥미로워요.

❸ 바로크시대의 명암법

박▶ 르네상스의 원근법만큼이나 최근 뉴스 영상의 추세와 궤를 같이하는 게 17세기 바로크시대의 명암법인 듯해. 키아로스쿠로(chiaroscuro)라고도 불리는 명암법은 빛과 그림자의 극적인 대비를 강조해서 입체감을 부각하는 기법인데, 그 탄생 배경이 재미있어. 르네상스시대의 인본주의적 사고는 종교개혁으로까지 이어졌고 가톨릭교회는 대중의 신앙심을 새로운 화풍의 종교화로 고양하려 했지. '그림 2' 이탈리아의 카라바조 역시 이런 목적의 작품을 그리도록 의뢰받은 화가 중 하나였어. 명암의 대조를 바탕으로 인간의 감정을 사실적으로 포착한 카라바조 스타일은 유럽 전역에서 선풍적인 인기를 얻게 되었지. 근데 아이러니한 점은 그의 화풍을 가장 적극적으로 수용해서 꽃피운 곳이 종교개혁의 결과로 신교 국가가 된 네덜란드라는 거야. 로마가톨릭교회와 카라바조의 의도와는 다른 결과지? 렘브란트('그림 3'), 베르메르 등 바로크시대를 대표하는 화가들이 바로 네덜란드 출신이지.

박▶ 평면에 그려진 시각 정보에 리얼리티를 더해주는 게 입체감이잖

그림 2. 카라바조, 〈마태를 부르시는 예수〉, 1600, 캔버스에 유채, 산 루이지 데이 프란체시 성당 소장.
그림 3. 렘브란트 하르먼스 판레인, 〈자화상〉, 1640, 캔버스에 유채, 내셔널 갤러리(런던) 소장.

아? 앞에서도 말했지만 르네상스시대에는 이런 입체감이 주로 기하학적인 관점에서 부각되었지. 하지만 시간이 흘러 바로크시대에 이르러서는 명암의 대비라는 광학적인 관심까지 더해져, 한층 더 사실적인 작품이 나타났어. 이는 바로크시대로부터 수백 년이 지난 지금의 뉴스 영상에도 유효한 부분이야. 특히 기획뉴스를 제작할 때, 명암법을 아주 적극적으로 차용하지. 편집실에서 촬영 원본을 모니터링하다가 영상이 너무 플랫(flat)하다고 말하곤 하잖아? 주로 영상에 명암이 잘 드러나지 않아 깊이감이 부족하고, 따라서 입체감이 잘 느껴지지 않을 때 그렇게 말하지. 플랫한 영상은 제작 완성도 측면에서도 평가받기 어려울 뿐 아니라, 사실성이 떨어져 뉴스의 전달력에도 악영향을 미쳐.

김 ▶ 참 어려운 이야기예요. 뉴스 제작 현장에서는 있는 그대로의 사실을 보여주기 위해서 노력하잖아요? 그런 맥락에서 영상기자가 현장에 개입하는 것도 최소화하고요. 그런데 문제는 있는 그대로의 조건 아래에서 피사체를 찍으면, 영상이 너무 플랫하게 보인다는 거죠. 현실 세계는 상당히 입체적인데 실제 카메라로 찍어보면 평면적으로 보이기 십상이라는 거예요. 사실성을 살리자는 좋은 저널리즘적 취지가 시각적인 비현실성을 강화하는 경우라고 할 수 있겠죠?
이런 현상이 나타나는 주된 이유는 천장에 달린 형광등처럼 있는 그대로의 조명 환경 아래에서는 빛과 그림자의 대비가 좀처럼 드러나지 않기 때문이에요. 인공적인 방송 조명 없이 찍은 영상이 오히려 인공적으로 보일 때가 있다는 업계의 통설도 아마 그런 의미에서 나왔겠죠. 사실성을 살리기 위해 인위적인 부분을 가미해야 한다는 게 역설처럼 느껴지는 부분이에요.

박▶ 이런 현실적인 부분을 고려할 때, 바로크시대의 회화들은 영상기자들에게 훌륭한 교과서가 될 수 있다고 생각해. 빛을 관찰해서 명암을 섬세하게 표현한 당시의 그림들을 참조하면서 조명을 설계하는 거지. 실제로 몇몇 필름 스쿨에서는 바로크시대의 회화와 비슷한 장면을 재현하는 과제를 내주기도 한다고 해. 빛의 성질을 파악하고, 명암 대비를 통해 평면 디스플레이 위에 3차원적 입체감을 부여하는 방법을 터득하도록 하는 교육적 의도가 있겠지.

'사진 1'처럼, 뉴스 제작 현장에서도 '렘브란트 라이팅'이라는 용어가 통용될 정도로 바로크시대의 명암법은 자주 활용되잖아? '시네마틱 라이팅'이라고도 불리는 이런 조명 스타일은 명칭에서도 알 수 있듯이 렘브란트의 〈초상화〉에서 발견할 수 있는 특징을 재현하는 방식이지. 간단히 설명하자면, 인물의 정면보다는 45도 근처에 광원을 둠으로써, 얼굴에 적당한 음영이 생기도록 만드는 조명 기법이야. 얼굴의 윤곽과 입체감을 살려줌으로써 표정에서 감정을 잘 드러나게 하는 장점이 있지.

박▶ 뉴스 영상에도 트렌드가 있는 것 같아. 아니면 우리의 시선이 점차

사진 1. 렘브란트 라이팅은 코 옆에 그림자를 만들면서
눈 밑에는 삼각형의 빛을 만드는 게 특징이다.

서구적인 기준을 따라가는 걸 수도 있고. 내가 입사한 2000년대 초반만 하더라도 인터뷰이 얼굴에 그림자가 드리워지면 선배들에게 혼도 나고 했거든. 여의도 사옥에 있는 뉴스센터 스튜디오의 조명을 세팅할 당시에도 그런 분위기가 있었어. BBC 스튜디오를 구축했던 경험이 있는 해외 엔지니어들을 초빙해서 도움을 받았다는데, 그 사람들은 명암이 도드라지도록 조명을 세팅했다고 해. 그들 입장에서는 그게 고급스럽고 입체적으로 보였겠지. 그런데 당시에 우리 선배들이 보기에는 좀 어두컴컴하고 어색했나봐. 그래서 비싼 비용을 들여 컨설팅한 조명을 앵커와 기자의 얼굴이 쨍하게 보이는 예전 스타일로 되돌렸다고 해. 지금 보면 좀 플랫해 보이는 다소 촌스러운 조명 스타일로 돌아간 거지.

조명으로 뉴스 영상의 제작 완성도를 높일 필요도 있겠지만 더 중요한 부분은 기사의 논리와 마찬가지로 빛의 논리성도 잃지 않아야 한다는 거야. 조명이 인위적이거나 비상식적인 분위기를 조성하면, 그만큼 시청자들은 뉴스가 현실적이지 않다고 느낄 가능성이 높아. 뉴스에 감정을 이입하기 힘들어지지. 뉴스의 조명 활용은 기존 광원을 강화하면서 입체감을 살리는 방식이어야 한다고 생각해. 프레임 안에 보이는 불빛인 프랙티컬 라이트(practical light), 창문을 통해 들어오는 자연광의 위치나 방향성을 잘 고려해서 조명을 배치해야 한다는 말이야.

입체적인 영상을 얻기 위해 뉴스의 생명인 리얼리티를 떨어뜨린다는 건 안 하느니만 못한 돈 낭비, 시간 낭비지. 다시 한번 강조하지만 뉴스 조명은 빛의 원천을 고려한 논리적이고 자연스러운 사실주의적 표현이 중요해. 물론 품격 있는 영상을 제작하기 위해서는 조명 이외에도 구도나 렌즈의 심도처럼 입체감을 살리는 다양한 요소를 적절히 조화해야 한다는 점도 잊지 않아야겠지?

❹ 인상파와 빛

박 ▶ 이제 1800년대 중후반으로 넘어가볼까? 이때 등장한 인상파 화가들은 사물의 고정된 모습이 아닌, 시시각각 변하는 빛을 반사하면서 보이게 되는 형상을 표현하려 했지. 이성을 기반으로 과학이 발전하면서 예술가들도 점차 생각이 바뀐 거겠지. 대상에 고정된 색이나 모양이 있는 게 아니라, 대상에서 반사되는 빛이 우리 눈에 그렇게 맺힐 뿐이란 걸 지각하기 시작했던 것 같아. 이런 인식의 진전이 이뤄진 건 당시에 휴대용 물감이 발명되면서, 야외에서도 자유롭게 빛을 관찰하고 그 자리에서 그림을 그리는 게 가능해졌기 때문이야. 또 카메라의 발명으로 사진이 나오면서 화가의 그림과 경쟁 구도가 형성됐던 이유도 있었고. 기술의 진보에 따라, 시각 메시지도 같이 진화한 또하나의 예라고 할 수 있어.

카메라가 필름에서 화학적으로 빛을 순간 포착했다면, 인상파 화가들은 사람의 심상에 빛이 어떻게 맺히는지 표현하려고 노력했어. 인상파의 거장 클로드 모네가 처음으로 대중의 인기를 얻게 된 작품이 〈건초더미〉 연작이야. 이 일련의 작품들은 똑같은 건초더미가 광선이 변할 때마다 색과 모양을 달리하는 것을 표현했어. 흐린 날 혹은 해가 뜨거나 질 때 붉거나 푸른 빛으로 건초더미를 그리면서, 사물은 고유한 형태와 색을 지닌다는 기존 개념에 도전한 거지.

이후로도 모네는, '이건희 컬렉션'에도 포함되었던 〈수련〉 연작을 그리면서 빛과 대상의 관계를 표현했어. 시각 메시지를 생산하는 영상기자 입상에서 인상주의시대의 의미를 찾는다면, 세상을 한층 더 논리적인 시선으로 바라보기 시작했다는 거 아닐까? 인상파 이전에는 대상의 변하지 않는 철학적 본질에 얽매였다면 이제는 눈에 보이는 것들은 빛에 따라 변할 수도 있다는 유연한 사고로, 보이는 그대로를 표현하게 된 거지.

김 ▶ 보이는 것을 보이는 그대로 보여준다는 말이 너무나 당연한 것 같지만 영상 제작자 입장에서는 쉬운 일이 아니에요. 어떤 사물을 모니터에 재현할 때, 카메라 앵글에 따라 그 사물이 뭐가 뭔지 이해하기 힘든 경우도 생기잖아요? 이 역시 빛의 반사에 따라 대상이 수시로 다른 모습으로 보이기 때문이죠. 그래도 다행인 점은 회화나 사진과는 달리 뉴스 영상은 여러 화면을 조합해서 편집할 수 있다는 거죠. 그런 맥락에서 영상기자들은 자신이 바라본 현상이나 대상을 시청자도 비슷하게 이해할 수 있도록, 다양한 관점에서 촬영을 하죠. 물론 때로는 방송이 임박해서 촬영 시간이 충분하지 않은 경우도 있어요. 그럴 때는 카메라 녹화 버튼을 누를 기회가 적기에 더욱 신중을 기하죠. 뉴스 주제를 제대로 바라보고 있는지 스스로 질문하며 촬영하는 경우가 많아요. 주제가 되는 대상은 어떤 광선을 받았을 때 가장 객관적으로 보일까, 현상은 어떤 위치에서 바라봤을 때 왜곡되지 않을까, 하는 질문들이죠.

박 ▶ 나도 현장에서 한창 일할 때는 비슷한 고민을 했었지. 데스크를 마치고 현장에 나가게 되면, 또다시 같은 질문을 하면서 일할 테고. 영상기자 초년병 시절을 돌이켜보면, 화이트 밸런스*를 설정할 때 그런 고민이 가장 깊었어. 당시에는 선배들이 어떤 색의 조명 아래에서든 피사체가 지닌 본연의 색상과 비슷하게 찍어 오라고 교육했었거든. 시청자 다수가 공감할 수 있는 본질적인 것을 추구하느냐, 아니면 취재현장의 상황, 특히 빛에 따라 달라지는 형상을 반영할 것인가, 하는 두 질문 사이의 선택 문제였지. 하지만 최근에는 그런 경향이 많이 사라졌다고 생각해. 새벽 풍경은 푸르스름하게, 반도체 공장 내부는 '사진 2'처럼 노르스름하게 촬영하는 게 일반화되었잖아? 영상기자의 눈에 보이는 대로 촬영하는 거지. 한 20년 전에 그렇게 찍었으면 화이트 밸런스가 맞지 않는다고 나무라는 선배도 일부 있었을 거야.

❺ 신인상파와 픽셀

박 ▶ 이번에는 1800년대 말에 등장한 신인상주의와 뉴스 영상을 연관

---

* 자연광, 백열등, 형광등 등 빛은 각기 다른 색온도를 지니고 있다. 우리 눈은 빛이 지닌 색온도를 보정하여 사물의 본래 색을 인식할 수 있다. 하지만 카메라는 노란 백열등 아래에서 흰색 종이를 노란색으로 포착한다. 그래서 흰색이 실제로도 흰색으로 촬영될 수 있도록 카메라의 화이트 밸런스를 조성할 필요가 있다.

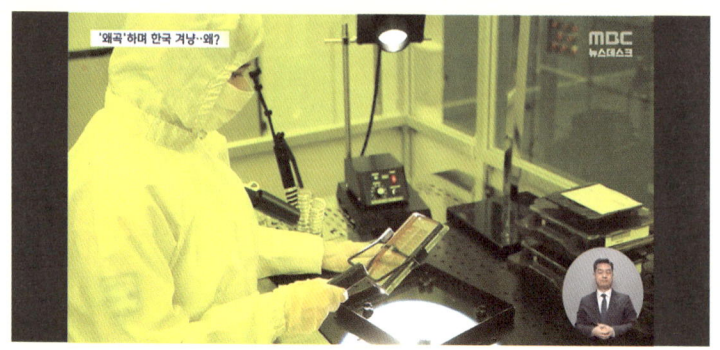

사진 2. 빛도 현장의 특성을 설명하는 하나의 제작 요소이다.
화이트 밸런스의 조정도 이 부분을 고려해서 해야 한다.

지어 생각해볼까? 인상파가 빛의 변화에 따른 형상의 변화를 인지하기 시작했다면, 신인상파는 한층 더 과학적인 방식으로 시각 메시지를 창조하기 시작했어. 바로 광학과 색채 이론을 바탕으로 그림을 그린 거지. 신인상파 화가들은 우리가 어떤 대상을 특정 색상으로 인식한다는 것은 그 대상이 어떤 색은 흡수하고 특정 색상만 반사하기 때문이란 걸 알게 되었지. 우리 눈의 색각 세포는 빛의 삼원색인 빨강, 초록, 파랑(RGB)만 볼 수 있다는 것, 이 빛의 삼원색을 혼합하면 모든 색을 만들 수 있다는 것도 인지하게 되었어.

이런 이론적 기반으로 신인상주의를 대표하는 기법이 바로 점묘법이지. 그 시작을 알린 화가가 프랑스의 조르주 쇠라야. 쇠라는 빛과 색채에 대한 과학적인 분석을 통해, 서로 다른 삼원색이 나란히 놓여 빛을 반사하면 우리 눈은 이를 동시에 인식하면서 하나의 색으로 본다는 원리를 활용했어. 예를 들어 빨강과 초록을 합치면 노랑, 빨강과 초록과 파랑을 합치면 하양이 되는 방식이지. 이런 원리를 이용해서 물감을 섞지 않고, 무수히 많은 점을 일정한 간격과 크기로 나열해서 이미지를 만들었어. 이런 광학에 기반한 방식은 요즘 시대에도 유효해.

김 ▶ 우리가 늘 보는 텔레비전이나 스마트폰 디스플레이의 최소 단위 화소인 픽셀과 쇠라의 점은 같은 역할을 하네요. 텔레비전 화면을 확대해보면, 세 가지 색상의 빛을 내는 화소가 촘촘히 박혀 있잖아요? 이 빛들의 상대적인 밝기를 조절하여 색조를 만들어내고요. 이런 유사성을 고려하면, 신인상주의가 추구한 시각 정보의 표현 방식이 TV라는 매체가 탄생하게 된 기술적인 모티브이지는 않을까 하는 생각도 드네요. 무의미할 것 같은 픽셀들이 하나하나 모여 완성된 이미지를 형성하는 TV의 원리도 이번 〈현장 36.5〉의 주제인 저출생과 비슷한 맥락이 있는 것 같아요. 아기를 낳고 싶은 사회 역시 누구 하나의 노력으로 해결되는 게 아니잖아요? 정부의 지원 확충이나 제도 개선, 시민의식 등 다양한 퍼즐이 TV의 픽셀처럼 맞춰져야 해결될 수 있는 문제라는 거죠.

박 ▶ 그렇게 생각해볼 수도 있겠네. 난 쇠라의 그림과 TV를 같이 보면, 기술의 발달과 함께 이미지 표현의 역사는 정말 지속적으로 흘러가는구나 하는 생각이 들어. 물감을 혼합하는 시대에서 점묘법으로, 필름 시대를 거쳐 디지털로…. 참고로 쇠라의 대표작인 〈그랑드자트섬의 일요일 오후〉('그림 4')의 크기는 세로 2m, 가로는 3m에 달한다고 해. 무려 22만여 개의 점으로 구성됐는데, 2010년대 초반까지 대세를 이뤘던 SDTV*가 35만여 개의 픽셀을 가졌다는 걸 감안하면 상당한 해상도라고 봐야겠지. 실제로 점을 하나하나씩 찍어가는 작업은 3년 가까이 소요되는 힘든 일이었다고 해. 요즘 대중화된 Full HD 텔레비전은 200만 개가 넘는 픽셀을 가지고 있고('사진 3'), UHD가 상용화되면 그보다 더 선명한 이미지를 볼 수 있는 시대가 올 거야. 물론 해상도 높은 영상이 진실을 더 선명히 드러내는 건 아닌 만큼 언론 본연의 책무도 잊지 않아야겠지.

❻ 초현실주의와 뉴스 영상

박 ▶ 이번에는 20세기에 등장한 초현실주의로 넘어가서 시각 메시지에 대한 인식이 어떻게 진보했는지 알아볼까? 인상주의시대에는 현상

---

* Standard-Definition Teleision. 디지털 표준 텔레비전으로 아날로그 텔레비전과 유사한 수준의 해상도를 가지고 있다.

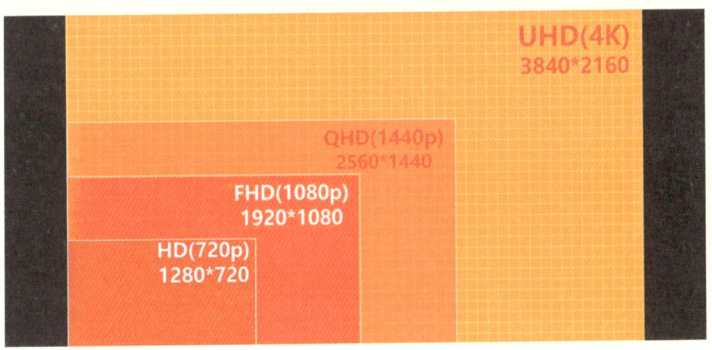

그림 4. 조르주 쇠라, 〈그랑드자트섬의 일요일 오후〉, 1884~1886, 캔버스에 유채, 시카고미술관 소장.
사진 3. 벤큐코리아 공식 블로그.

이 고정된 것이 아니라 빛에 의해 유동적이라는 걸 인식하기 시작했지. 그런데 초현실주의 창작자들은 예전보다 더 직설적으로 이미지에 대한 개념을 정립해갔어. 가장 유명한 사람은 아마 벨기에 출신의 르네 마그리트이지 않을까. 그는 〈이미지의 배반〉('그림 5')이라는 작품에서 담배 파이프를 너무나 사실적으로 그린 뒤, 그 아래에 "이것은 파이프가 아니다"라고 썼지. 사람들은 파이프 그림을 보고 파이프라고 믿지만 사실 그 이미지는 단지 파이프라는 대상을 비슷하게 그려서 재현한 것일 뿐이라는 의미야. 난 거의 100년 전인 마그리트의 통찰력이 지금의 미디어 환경, 특히 TV 뉴스 영상에도 비슷하게 적용될 수 있다고 생각해.

뉴스 영상도 마그리트의 생각처럼 하나의 모사된 이미지일 뿐이잖아? 세상에서 일어나는 현상을 제아무리 사실적이고 객관적으로 재현한다고 해도 그게 진짜일 순 없다는 얘기야. 그런 의미에서 영상기자들은 미디어에 표출되는 시각 메시지의 태생적 한계를 직시하면서 뉴스를 제작해야 해. 현상이나 대상을 TV로 실체와 똑같이 전달하는 건 애초에 불가능하다는 개념을 알아야 한다는 말이기도 하지. 그렇다면 차선책을 선택해야 하는데, 자신이 다룰 대상이나 현상의 실체적 진실에 가장 근접한 이미지를 확보하는 거야. 실무적으로 말하자면 취재현장에서는 머리와 두 발을 부지런히 움직여서 대상을 다각도로 분석한 뒤, 가장 사실적인 앵글로 대상을 포착해야

그림 5. 르네 마그리트, 〈이미지의 배반〉, 1929, 캔버스에 유채,
로스앤젤레스 카운티 미술관 소장.

겠지. 편집실에서는 이미지가 메시지를 왜곡하지 않도록 경계하면서 원본을 적절하게 이어붙여야 할 테고.

김 ▶ 과거에는 텔레비전 매체를 통한 이미지의 왜곡이 상당히 심각했던 것 같아요. 지금은 그나마 유튜브나 SNS 등 뉴미디어의 등장으로 미디어 시장의 독점이 깨지면서 그런 것들이 많이 사라졌죠. 이미지를 생산하는 주체가 다변화되고 이미지들이 서로를 검증하게 되면서 왜곡된 이미지들은 설 곳을 잃는 원리예요. 하지만 불과 20여 년 전만 하더라도 소수의 지상파 채널이 이미지, 특히 동영상을 독점하는 시대였잖아요? 지상파에서만 한정적으로 볼 수 있는 이미지를 시청자들이 불변의 진리로 인식하기도 했죠. 물론 문해력 같은 시청자의 교육 수준이나 정치 성향 혹은 이미지에 대한 비판적 수용 의지 등이 복합적으로 연관된 문제였지만, 미디어 독점이 낳은 이미지 정보량의 절대적 부족이 그런 현상의 가장 큰 이유였어요. 물론 현재도 지상파의 시청률이나 신뢰도 그리고 보편적 접근성 등의 제반 조건들을 고려하면, 대중에 대한 지상파의 이미지 영향력이 미미하다고 할 순 없죠.

특히 정치 분야와 관련된 이미지가 대중에게 가장 강력한 영향을 미쳐요. 제가 1년 남짓 출입했던 국회에서의 기억을 떠올려보면, 미디어에 노출되는 정치인의 이미지는 실제와는 다른 경우가 많아요. 하지만 대중들은 TV라는 매스미디어를 통해, 그들이 가공한 방식대로 정치인을 보는 수밖에 없잖아요? 그런 이유로 국회의원들은 언론을 담당하는 관계자들과 함께 가장 근사한 이미지를 만들어서 영상 기자들에게 노출하고, TV를 통해 이 이미지를 대중에게 각인시키려고 노력하죠. 대중과 미디어의 생리를 아주 잘 이용하는 거예요. 물론 그 과정에서 노량진수산시장 어항 속 바닷물을 손으로 퍼서 마시는 것 같은 전략적 악수를 두는 경우('사진 4')도 있죠. 차후에는 본인의 공천을 좌지우지할 사람들에게 보내는 좀 다른 성격의 시각적 메시지였다는 게 밝혀졌지만 당시에는 참 너무한다는 생각이 드는 이미지였어요.

박 ▶ 그런 이미지로 인해 대중의 입방아에 오른 정치인도 많이 있었지. 재미있는 그림을 하나 더 볼까? 마그리트가 그린 〈잘못된 거울〉('그

사진 4. 정치인들이 일방적으로 제공하는 이미지를
무비판적으로 보도하는 관행은 개선되어야 한다.

림 6')이라는 작품이야. 누군가의 눈동자 속에, 바라보는 대상인 하늘과 구름이 있지. 마그리트는 우리가 보는 대상은 다른 무언가를 숨기고 있기에, 드러나는 것은 일부분일 뿐이며 절대적인 것도 아니라고 주장했어. 그런데 마그리트가 이 그림을 그린 시기는 TV가 대중적으로 판매되기 시작했던 때이기도 해. 마그리트는 이미 TV가 대중에게 미칠 이런 허상이나 부작용 같은 것을 간파하고 이 그림을 그렸는지도 몰라.

그런데 우습게도 미국 방송사 CBS가 〈잘못된 거울〉을 모티브로 자신들의 회사 로고를 제작하는 일('사진 5')이 생겼지. 당시 〈잘못된 거울〉은 뉴욕현대미술관에 전시돼 있었는데, 공교롭게 CBS 사옥도 미술관 바로 옆에 있었다고 해. CBS가 마그리트의 작품을 무단 도용했을 가능성이 높은 거지. CBS는 세상을 있는 그대로 정직하게 보여주는 시청자의 눈이 되겠다는 의미로 아마도 마그리트의 이미지를 차용했던 것 같아. 하지만 마그리트가 이 그림을 통해 말하려는 건, 미디어가 제공하는 이미지에 대한 경고가 아니었을까? 그의 그림은 미디어 속 이미지가 조작되었을 수도, 오류가 있을 수도 있는 만큼 비판적으로 수용해야 한다는 경고를 담은 듯해. CBS가 아전인수식으로 이미지를 차용했다고 볼 수 있는 대목이지.

그림 6. 르네 마그리트, 〈잘못된 거울〉, 1928, 캔버스에 유채, 뉴욕현대미술관 소장.
사진 5. 마그리트의 그림과 CBS 로고는 시각적으로 무척 닮았다.

뉴스에서 체온을 찾습니다

그늘 속 이야기를 비추는 MBC 뉴스데스크 〈현장 36.5〉 제작기

초판 1쇄 인쇄 2025년 9월 15일
초판 1쇄 발행 2025년 9월 25일

지은이 박지민 김동세 김승우 김준형 김희건 손지윤
        위동원 이지호 장영근 한지은 허원철

편집 이고호 | 디자인 조아름 | 마케팅 김다정 박재원
브랜딩 함유지 박민재 이송이 박다솔 조다현 김하연 이준희 복다은
저작권 박지영 형소진 주은수 오서영 조경은
제작 강신은 김동욱 이순호 | 제작처 상지사

펴낸곳 ㈜교유당 | 펴낸이 신정민
출판등록 2019년 5월 24일 제406-2019-000052호

주소 10881 경기도 파주시 회동길 210
전화 031.955.8891(마케팅) | 031.955.2680(편집) | 031.955.8855(팩스)
전자우편 gyoyudang@munhak.com

홈페이지 www.gyoyudang.com
인스타그램 @thinkgoods | 트위터 @think_paper | 페이스북 @thinkgoods

ISBN 979-11-94523-84-0 03070

싱긋은 ㈜교유당의 교양 브랜드입니다.
이 책의 판권은 지은이와 ㈜교유당에 있습니다.
이 책 내용의 전부 또는 일부를 재사용하려면 반드시 양측의 서면 동의를 받아야 합니다.

이 책은 방송문화진흥회의 지원으로 출간되었습니다.